한 권으로 끝내는

금융데이터법

정세진

박영사

머리말

"데이터가 경쟁력인 시대", "데이터가 답이다."

최근 데이터의 중요성을 강조하는 말을 쉽게 접할 수 있다. 기업들의 최고 관심사도 단연 "데이터"이다. 양질의 데이터를 얼마나 많이 보유하고 있고 어떻게 잘 활용할 수 있는지가 기업의 가장 중요한 척도가 되었다.

데이터 중에서도, 특히 금융데이터가 각광을 받는다. 개인의 신용도와 밀접한 데이터이기에 그 가치와 활용도가 무궁무진하다. 그런데, 활용가치가 큰 만큼 개인의 사생활과의 밀접도 또한 크기에 금융데이터를 활용하고자 할 때면 늘 개인의 프라이버시가 문제가 된다. 따라서 금융데이터를 활용할 때면 늘 금융데이터법을 염두에 두고 관련 법적 의무를 일일이 체크해가면서 업무를 수행하여야 한다.

"금융데이터법 관련 기초지식을 쌓기 위해 부담없이 읽을 수 있는 책이 한 권 있다면 얼마나 좋을까?" 또는 "금융데이터 관련 업무를 하면서 종종 꺼내서 읽어보고 법률이슈를 체크할 수 있는 책이 있다면 얼마나 유용할까?" 이 책은 이러한 고민 속에서 집필을 시작한 책이다.

법조항을 한 조항 한 조항 꼼꼼히 설명하기보다는 실제 업무를 하면서 자주 접하게 되는 내용들에 대해서만 집중하여 설명하려고 노력하였다. 따라서, 신용정보법이 주요 내용이지만 개별 이슈에 따라 개인정보 보호법, 금융실명법, 금융지주회사법 등 다양한 법률들을 연결하여 입체적인 이해가 가능하도록 하였다. 또한, Q&A와 규제기관의 해석을 적절히 추가하여 실무에 실질적인 도움이 될 수 있도록 구성하였다.

어찌보면 본서는 법(法)서가 아닌 실무(實務)서라고 하는 게 더 적합한 표현일지도 모른다.

두 번째로 집필한 책이었으나 썼다 지웠다를 여러 번 반복하였고 여전히 글쓰기는 어렵다는 것을 깨닫는 시간이었다. 그럼에도 불구하고, 반드시 알아야 하는 내용만을 담은 책이니 이 책을 다 읽고 나면 금융데이터법에 대한 자신감이 생길 것이라고 기대한다.

필자에게 공학과 법학 그리고 정보보호에 대한 가르침을 주신 지도교수님인 이용훈 교수님, 임건면 교수님, 권현영 교수님께 감사드린다.

무엇보다도 집필 내내 격려와 응원을 아끼지 않았던, 나의 가장 소중한 두 사람인 아내와 아들에게 무한한 사랑과 감사의 마음을 전한다.

이 책을 통해 모든 독자들이 금융데이터법의 기초를 다질 수 있기를 바란다.

2024년 9월
정 세 진

차례

II   신용정보법외 금융데이터 관련 법령

I

신용정보의 이용 및 보호에 관한 법률(신용정보법)

제**1**부

신용정보법의 적용범위

흔히 개인정보와 관련된 법령에 대해서 이야기할 때면 "데이터3법"이라는 용어를 주로 사용한다.

일명 "개망신법"이라고 불리는 개인정보 보호법, 정보통신망 이용촉진 및 정보보호 등에 관한 법률(이하 **정보통신망법**), 신용정보의 이용 및 보호에 관한 법률(이하 **"신용정보법"**)을 통칭하여 데이터3법이라고 부르는데, 이는 2020. 8. 5. 개정 데이터3법이 시행되기 전까지는 맞는 이야기였지만 현재는 틀린 이야기이다.

2020. 8. 5. 시행된 개정 데이터3법에서 정보통신망법에 있었던 개인정보 보호 관련 규정을 개인정보 보호법으로 일원화하였다. 쉽게 말해 정보통신망법에 있었던 개인정보와 관련된 규정들을 전부 개인정보 보호법으로 옮겨버린 것이다. 따라서 현재는 데이터3법이 아닌 데이터2법으로 부르는 것이 더 정확한 표현이고 "개망신법"도 "개신법"이라고 부르는 것이 더 정확한 표현이다.[1]

---

1) 그러나 현재에도 여전히 개인정보 보호 관련 법률들을 데이터3법이라는 용어로 통칭하고 있으므로 본서에서도 그대로 데이터3법이라는 용어로 표현하였다.

제2장 개인정보 처리 관련 법령 간의 관계

금융권의 개인정보 처리와 관련된 법률은 데이터2법인 신용정보법 및 개인정보 보호법 이외에도 금융실명거래 및 비밀보장에 관한 법률(이하 "**금융실명법**"), 금융지주회사법 등이 있다. 다만, 신용정보법과 개인정보 보호법을 제외한 다른 법률에서는 일부 조항에서만 개인정보와 관련된 내용을 다루고 있다. 이러한 법률 중 어떤 법률이 우선 적용되는지에 따라 준수하여야 하는 의무의 내용이 달라질 수 있으므로 개별 법령 간의 관계를 잘 알고 있어야 한다.

개인정보 보호법 및 신용정보법에서는 다른 법률과의 관계에 대해 다음과 같이 정하고 있다.

개인정보 보호법

제6조(다른 법률과의 관계) ① 개인정보의 처리 및 보호에 관하여 다른 법률에 특별한 규정이 있는 경우를 제외하고는 이 법에서 정하는 바에 따른다.

신용정보법

제3조의2(다른 법률과의 관계) ① 신용정보의 이용 및 보호에 관하여 다른 법률에 특별한 규정이 있는 경우를 제외하고는 이 법에서 정하는 바에 따른다.
② 개인정보의 보호에 관하여 이 법에 특별한 규정이 있는 경우를 제외하고는 「개인정보 보호법」에서 정하는 바에 따른다.

개인정보 보호법과 신용정보법 간에는 신용정보법이 우선 적용된다(신용정보법 제3조의2 제2항). 한편, 신용정보법과 개별 금융법에 있는 개인정보 처리와 관련된 규정들 간에는 개별 금융법이 우선 적용된다(신용정보법 제3조의2 제1항). 이를 간단히 정리해보면 다음과 같다.

법적용 순서

1) 개별 금융법 내의 개인정보 관련 규정, 2) 신용정보법, 3) 개인정보 보호법

따라서, 회사에서 개인신용정보를 처리하는 경우라면 1) 우선 해당 업무에 금융실명법, 금융지주회사법 등 개별 금융법이 적용되는지를 확인하여야 한다. 2) 적용되는 경우라면 해당 법 내의 개인신용정보 처리 관련 규정을 먼저 보아야 한다. 3) 해당 규정 이외의 내용은 신용정보법을 기준으로 검토하면 되는데, 이때 일반법인 개인정보 보호법도 보충적으로 적용된다.[2]

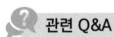 관련 Q&A

Q 「개인정보 보호법」, 「신용정보의 이용 및 보호에 관한 법률」 중에 어느 법이 더 우선 적용되는지?

A 「개인정보 보호법」 제6조 제1항에 따라 개인정보의 처리 및 보호에 관하여 다른 법률에 특별한 규정이 있는 경우에는 다른 법률을 우선 적용하고, 다른 법률에 특별한 규정이 없는 경우에만 개인정보 보호법이 적용된다.

즉, 다른 법률에서 특별히 「개인정보 보호법」의 기준보다 강화하거나 완화하는 내용의 조문이 있는 경우에만, 해당 조문별로 「개인정보 보호법」의 적용이 배제된다. 따라서, 「신용정보의 이용 및 보호에 관한 법률」이 적용되는 경우라고 하여 해당 법률의 적용을 받는 자

---

[2] 본서의 주요 내용은 신용정보법이지만 금융실명법, 개인정보 보호법 등 금융데이터를 다루는데 있어서 알아야 할 내용에 대해서도 함께 설명하였다.

에 대하여 「개인정보 보호법」 전체의 적용을 전면적으로 배제하는 것은 아니다.

예를 들어, 개인신용정보의 제3자 제공에 대한 동의를 받는 방법은 신용정보법 제32조 제1항 각 호에서 정하고 있으므로 이에 따라야 하나 개인신용정보의 수집에 대한 동의를 받는 방법은 달리 정하고 있지 아니하므로 개인정보 보호법(시행령 제17조 제2항)에 따라야 한다.

◈! 참고

데이터 관련 업무를 하면서 신용정보법, 개인정보 보호법 이외에 자주 확인하게 되는 규정을 정리해보았다.[3] 일부는 개인(신용)정보[4]만을 대상으로 하는 것이 아니라 신용정보나 일반정보를 대상으로 하는 규정이다. 그러나 신용정보나 일반정보의 범위 안에 개인(신용)정보가 포함될 것이므로 함께 알아둘 필요가 있다.

> 금융실명법 제4조, 제4조의2
> 금융지주회사법 제48조의2
> 여신전문금융업법 제54조의5
> 자본시장과 금융투자업에 관한 법률(이하 **"자본시장법"**) 제45조
> 특정 금융거래정보의 보고 및 이용 등에 관한 법률(이하 **"특정금융정보법"**) 제5조의2
> 전자금융감독규정 제13조 제1항 제10호
> 금융회사의 정보처리 업무 위탁에 관한 규정(이하 **"정보처리위탁규정"**) 제5조

---

3) 필자가 업무를 하면서 자주 찾아보는 규정만 정리한 것이다. 실제 개별 금융법 내의 개인(신용)정보 관련 규정은 더 많이 있다.
4) 흔히 개인정보와 개인신용정보를 모두 포함하는 개념으로 개인(신용)정보라는 단어를 사용한다. 본서에서도 동일한 의미로 이 단어를 사용하였다.

제3장

신용정보법의 적용범위

어떤 법률을 검토하든지 간에 가장 먼저 학습해야 하는 것은 1) 그 법률이 누구를 대상으로 하는지(즉, 누구에게 적용되는지)와 2) 무엇을 대상으로 하는지(즉, 적용 대상이 무엇인지)이다. 나 또는 내가 속해 있는 회사가 법률의 적용대상에 해당하지 않거나 내가 하고 있는 업무가 법률의 적용대상에 해당하지 않는다면 애초에 그 법률을 검토할 필요가 없기 때문이다. 따라서 1), 2)를 정확히 아는 것이 가장 기본적인 것이면서 가장 중요한 것이기도 하다.

개인정보 보호법을 예로 들어 설명해보면, 개인정보 보호법은 "개인정보처리자"의 "개인정보"에 적용된다. 따라서, 개인정보처리자는 누구를 의미하며, 개인정보는 무엇을 의미하는지를 제대로 알아야 내가 하고 있는 업무가 개인정보 보호법 적용대상인지 여부를 판단할 수 있다.

이를 신용정보법에 적용해보면 신용정보법은 "신용정보회사등"에게 적용되고 적용대상은 "신용정보[5])"이다. 따라서 신용정보법을 공부하기 위해서는 "신용정보회사등" 및 "개인신용정보"의 개념을 정확하게 아는 것이 가장 중요하다.

[5) 신용정보는 법인신용정보와 개인신용정보를 모두 포함하는 개념이다. 한편, 신용정보법의 대부분의 규정은 "개인신용정보"만을 적용대상으로 하고 있으므로 본서에서 특별한 설명이 없다면 개인신용정보에 대한 내용이라고 생각하면 된다. 법인신용정보인 경우에도 적용되는 규정에 대해서는 해당 부분에 이를 별도로 언급하였다.

신용정보법의 대부분의 규정은 "신용정보회사등은..."으로 시작하므로 신용정보법은 "신용정보회사등"을 대상으로 한다고 생각하여도 무리가 없다.[6)]

신용정보법에서는 ① 신용정보회사, ② 본인신용정보관리회사, ③ 채권추심회사, ④ 신용정보집중기관 및 ⑤ 신용정보제공 · 이용자를 통칭하여 "신용정보회사등"이라고 정의하고 있다(법 제15조 제1항). 즉, ①~⑤에 해당되는 자가 모두 신용정보법 적용대상이 되는데, ① 신용정보회사(법 제2조 제5호), ② 본인신용정보관리회사(법 제2조 제9의3호), ③ 채권추심회사(법 제2조 제10의2호), ④ 신용정보집중기관(법 제2조 제6호)은 금융위원회의 허가를 받은 자만 가능하므로 이에 해당하는지 여부를 판단하는 것은 어렵지 않다.

결국 그 개념을 명확히 알아야 하는 부분은 "신용정보제공 · 이용자"이다.

> **신용정보법 제2조(정의)** 7. "신용정보제공 · 이용자"란 고객과의 금융거래 등 상거래를 위하여 본인의 영업과 관련하여 얻거나 만들어 낸 신용정보를 타인에게 제공하거나 타인으로부터 신용정보를 제공받아 본인의 영업에 이용하는 자와 그 밖에 이에 준하는 자로서 대통령령으로 정하는 자[7)]

신용정보제공 · 이용자의 개념을 이해하기 위해서는 다음 두 가지를 잘 알아야 한다.

첫째는, 단순히 신용정보를 처리하는 자라고 하여 일률적으로 신용정보제공 · 이용자에 해당하지 않는다는 점이다. "고객과의 금융거래 등 상거래를 위하여 본인의 영업과 관련하여… 하거나… 본인의 영업에 이용하는 자"라는 요건이 충족되는 경우에만 신용정보제공 · 이용자에 해당한다.

---

6) 다만, 일부 규정은 "신용정보제공 · 이용자는…"으로 시작하여 신용정보회사등 중에서 신용정보제공 · 이용자만 적용대상이 되는 경우가 있다. 이러한 규정에 대해서는 해당 내용을 다루는 부분에서 별도로 언급하도록 하겠다.

7) 신용정보법 시행령 제2조 제18항.

예를 들어, 회사는 ① 직원들에게 임금 등을 지급하기 위해 직원들의 계좌번호를 보유하고 있다. 또한, ② 채용과정시 채용예정자의 신용상태를 확인하기 위하여 종종 신용도를 알 수 있는 정보를 수집하곤 한다. 이어서 설명하겠지만 "계좌번호"나 "신용도를 알 수 있는 정보"는 신용정보의 정의에 포함될 수 있으나 ①, ②의 경우에 신용정보법이 적용되지는 않는다. 직원 또는 채용예정자가 고객에 해당하지 아니할 뿐만 아니라 회사가 금융거래 등 상거래를 위한 경우나 본인의 영업에 이용하는 경우에도 해당하지 아니하여 회사가 "신용정보제공·이용자"가 되지 않기 때문이다.

둘째는, 금융회사가 아닌 경우에도 신용정보제공·이용자에 해당할 수 있다는 점이다. 흔히 신용정보법은 금융회사에만 적용되는 법이라고 잘못 생각하는 경우가 있는데, 신용정보제공·이용자의 정의를 충족하는 자가 신용정보를 처리하는 경우라면 누구나 신용정보법의 적용대상이 될 수 있다.

예를 들어, "상법 제46조에 따른 상행위에 따른 상거래의 종류, 기간, 내용, 조건 등에 관한 정보"도 신용정보에 해당하는데 전자상거래업체들은 고객과의 상거래를 위하여 본인의 영업과 관련하여 이러한 정보를 만들어내거나 본인의 영업을 위하여 이러한 정보를 처리하게 된다. 이때의 전자상거래업체는 "고객과의 금융거래 등 상거래를 위하여 본인의 영업과 관련하여 만들어 낸 신용정보를 타인에게 제공하거나 타인으로부터 신용정보를 제공받아 본인의 영업에 이용하는 자"가 되므로 신용정보제공·이용자에 해당한다.

관련 Q&A

Q 채권추심업 및 신용조사업 허가를 받은 회사가 신용정보법 상 '신용정보제공·이용자'에 해당되는지 여부[8]

A 신용정보법에서는 신용정보회사(신용정보법 제2조제5호) 및 채권추심회사와 신용정보제공·이용자(신용정보법 제2조제7호)를 각각 구분하여 정의하고 있다. 따라서, 채권추심업

---

8) 금융위원회, 법령해석 회신문(150403).

자와 신용정보회사에 해당하는 신용조사업자는 신용정보제공·이용자와는 구분된다고 할 수 있으며 이러한 회사에 대해서는 신용정보제공·이용자에 대한 의무사항이 적용되지 않는다.

2 개인신용정보란?

신용정보법 제2조(정의) 이 법에서 사용하는 용어의 뜻은 다음과 같다.
1. "신용정보"란 금융거래 등 상거래에서 거래 상대방의 신용을 판단할 때 필요한 정보로서 다음 각 목의 정보를 말한다.
   가. 특정 신용정보주체를 식별할 수 있는 정보(나목부터 마목까지의 어느 하나에 해당하는 정보와 결합되는 경우만 신용정보에 해당한다)
   나. 신용정보주체의 거래내용을 판단할 수 있는 정보
   다. 신용정보주체의 신용도를 판단할 수 있는 정보
   라. 신용정보주체의 신용거래능력을 판단할 수 있는 정보
   마. 가목부터 라목까지의 정보 외에 신용정보주체의 신용을 판단할 때 필요한 정보
2. "개인신용정보"란 기업 및 법인에 관한 정보를 제외한 살아 있는 개인에 관한 신용정보로서 다음 각 목의 어느 하나에 해당하는 정보를 말한다.
   가. 해당 정보의 성명, 주민등록번호 및 영상 등을 통하여 특정 개인을 알아볼 수 있는 정보
   나. 해당 정보만으로는 특정 개인을 알아볼 수 없더라도 다른 정보와 쉽게 결합하여 특정 개인을 알아볼 수 있는 정보

신용정보법상 신용정보란 식별정보, 거래내용정보, 신용도판단정보, 신용거래능력정보, 기타 신용판단시 필요정보를 의미하며, 개인신용정보란 기업 및 법인에 관한 정보를 제외한 살아 있는 개인에 관한 신용정보를 의미한다(법 제2조 제1호 및 제2호). 즉, ① 개인에 관한 식별정보, ② 개인에 관한 거래내용정보, ③ 개인에 관한 신용도판단정보, ④ 개인에 관한 신용거래능력정보, ⑤ 기타 개인에 관한 신용판단시 필요정보가 개인신용정보이고 신용정보는 법인신용정보와 개인신용정보를 포괄하는 개념이다.

여기서 한 가지 의문점이 생길 수 있다. "① 개인에 관한 식별정보"란 개인을 특

정하는 정보이므로 개인정보 보호법에서의 "개인정보"를 의미할 터인데, 이 정보가 개인신용정보의 한 유형에 해당한다면 개인정보 보호법상의 "개인정보"는 모두 개인신용정보가 되는 것이 아닌가 하는 점이다. 정확한 의문점이고 신용정보법에서는 이를 명확히 하기 위해 식별정보(①)의 경우 다른 정보(②~⑤의 정보)와 결합되는 경우에만 개인신용정보라고 명시하고 있다. 만약 식별정보만 따로 존재한다면 이는 개인정보 보호법상의 개인정보에만 해당할 뿐 신용정보법상의 개인신용정보에는 해당하지 않는다.

신용정보법에서는 개인신용정보에 해당하는 각 정보 항목(①~⑤에 해당하는 항목)의 예시를 상당히 구체적으로 열거하고 있는데, 정리하면 다음과 같다(법 제2조 제1의2호 내지 제1의6호).

표 1   개인신용정보의 분류 및 예시

식별정보	성명, 주소, 전화번호, 전자우편주소, SNS주소, 성별, 국적, 거소 개인식별번호 (주민등록번호, 외국인등록번호, 여권번호, 운전면허번호, 국내거소신고번호) 개인의 신체 일부의 특징을 컴퓨터 등 정보처리장치에서 처리할 수 있도록 변환한 정보 CI값, 특정 개인을 고유하게 식별하거나 구분하기 위해 부여된 정보, 개인통관번호, 신용관리번호
거래내용정보	신용정보제공·이용자에게 신용위험이 따르는 거래로서 거래의 종류, 기간, 금액, 금리 한도 등에 관한 정보 금융실명법에 따른 금융거래정보 보험계약에 관한 정보 및 보험금의 청구 및 지급에 관한 정보 금융투자상품의 종류, 발행·매매명세, 수수료·보수 등에 관한 정보 상법상 상행위에 따른 상거래의 종류, 기간, 내용, 조건 등
신용도판단정보	금융거래 등 상거래와 관련한 채무불이행, 대위변제, 거짓이나 속임수에 의한 신용질서문란행위와 관련된 정보 등
신용거래능력정보	직업·재산·채무·소득의 총액 및 납세실적 등
기타정보	법원의 후견, 도산, 경매 결정, 신용조회기록, 채무재조정약정에 관한 정보 세금/국가채권/벌과금/사회보험/공공요금 체납에 관한 정보 개인신용평점 등

위에서 열거된 바와 같이 신용정보법상 개인신용정보의 범위가 상당히 넓다. 따라서, 금융회사가 보유하고 있는 고객정보의 일부 정보만을 활용하여 서비스를 제공한다고 하더라도 그 일부 정보만으로도 개인신용정보에 해당할 가능성이 크다. 그러므로, 금융회사에서 개인고객의 정보를 처리하는 경우라면 신용정보법이 적용된다고 전제하고 업무를 진행하는 것이 가장 안전한 방법이다.

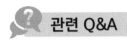 관련 Q&A

Q 개인사업자와 법인 대표자에 대한 성명과 주민등록번호가 개인신용정보에 해당하는지[9]

A 원칙적으로 개인사업자(사업을 경영하는 개인)·법인 대표자의 성명 및 연락처(이메일 주소 등)는 개인신용정보에 해당하지 아니한다.

다만, 법인, 개인사업자 정보에 해당하면서 동시에 개인에 관한 정보이기도 한 대표자를 포함한 임직원의 주민등록번호, 자택주소 및 개인 연락처 등은 개인정보 보호법상의 개인정보에는 해당된다. 또한, 예외적으로 해당 정보가 금융거래정보 등과 결합하여 사업자 개인의 직업·소득수준·활동영역·사회적 지위 등을 나타내는 정보로 이용되는 경우에는 개인신용정보로 볼 수 있는 경우도 있다.

⇨ 법인이나 법인 대표자의 정보가 개인신용정보에 해당하는지 여부를 판단할 때에는 두 단계의 분석(① 개인정보에 해당하는지 여부, ② 개인신용정보에 해당하는지 여부)이 필요하다. ①의 경우 법인을 나타내는데 필요한 최소한의 정보라면 법인정보에만 해당하나 그 이상인 경우에는 개인정보에도 해당한다는 해석이다. 따라서 대표자의 성명, 대표연락처, 회사 이메일주소 정도는 법인정보에만 해당한다고 볼 수 있을 것이나 주민등록번호나 개인 연락처(휴대전화번호)[10]가 포함되어 있다면 개인정보에도 해당한다고 봐야 한다.

---

9) 금융위원회, 법령해석 회신문(210406).
10) 개인사업자가 별도의 법인 전화번호를 두지 아니하고 개인의 휴대전화번호를 개인번호 겸 법인 전화번호로 이용하는 경우에는 일률적으로 개인정보인지 아닌지를 판단하기가 어려운 면이 있다. 이때는 구체적인 사실관계를 꼼꼼히 확인하여 case by case로 다양한 사정을 종합하여 판단을 내리고 있다.

②와 관련하여서는 ①에서 개인정보에 해당한다는 분석이어야 ② 단계로 넘어갈 수 있을 것인데, 해당 정보가 다른 정보와 결합하여 사업자 개인의 직업 · 소득수준 · 활동영역 · 사회적 지위 등을 나타내는 정보로 이용된다면 개인신용정보에도 해당한다. 이는 어찌 보면 당연한 해석이다.

◈ 참고

〈금융회사 내에서의 개인정보 · 개인신용정보의 구분〉

자문을 하다 보면 간혹 "변호사님, 이러한 정보만 처리하는 경우에는 신용정보법이 아닌 개인정보 보호법이 적용되는 게 맞지요?"라는 질문을 받곤 한다.

예를 들어, 금융회사에서 성명, 주소, 휴대전화번호만 처리하는 경우에는 개인신용정보가 아닌 개인정보이므로 신용정보법이 아닌 개인정보 보호법이 적용되어야 하지 않냐는 질문이다.

법리적으로만 해석한다면 "맞다"가 정답이다. 성명, 주소, 휴대전화번호는 "개인에 관한 식별정보"인데, 이는 개인에 관한 거래내용정보, 개인에 관한 신용도판단정보, 개인에 관한 신용거래능력정보, 기타 개인에 관한 신용판단시 필요정보와 결합하는 경우에만 개인신용정보가 되기 때문이다. 규제기관도, 금융회사에서 고객에게 택배를 발송하기 위해 택배회사에 고객의 성명, 연락처, 주소 정보만을 전달하는 경우에는 "개인신용정보의 처리"가 아닌 "개인정보의 처리"에만 해당된다고 해석한 바가 있다.

그러나 금융회사가 고객정보를 처리하는 경우에 있어 개인정보만을 처리하므로 개인정보 보호법이 적용된다는 해석은 매우 조심하여야 한다. 금융회사 내에서는 다양한 고객정보가 함께 보관되고 있으므로 ① 개인에 관한 식별정보, ② 개인에 관한 거래내용정보, ③ 개인에 관한 신용도판단정보, ④ 개인에 관한 신용거래능력정보, ⑤ 기타 개인에 관한 신용판단시 필요정보가 함께 섞여 있는 경우가 일반적이다. 또한, 고객의 정보에 접근권한을 갖고 있는 임직원이 ①~⑤의 정보에 모두 접근할 수 있는 경우가 일반적이므로 특정 서비스만을 구분하여 개인정보 보호법 영역이라고 해석하는 것은 상당한 리스크가 있는 선택이다.

따라서, 반드시 개인정보 보호법만 적용되어야 하는 사정이 있는 경우가 아니라면 금융회사에서 처리하는 고객정보는 신용정보법 적용대상으로 전제하고 업무를 수행하는 것이 안전하다.

필자의 경험상 개인정보와 개인신용정보의 구분이 의미가 있었던 경우는 다음 두 가지 정도이다. 첫째, 금융회사가 클라우드 서비스를 이용하여 개인신용정보를 처리하는 경우에는 국내에 서버가 위치한 클라우드를 이용해야 한다(전자금융감독규정 제14조의2 제8항). 이 규정으로 인해 금융회사가 개인에 관한 식별정보만을 클라우드에서 처리하고자 하는 경우 "개인정보"인지 "개인신용정보"인지에 대한 판단이 중요해졌다. "개인정보"에만 해당한다면 해외에 서버가 위치한 클라우드를 이용할 수 있기 때문이다.

> **전자금융감독규정 제14조의2(클라우드컴퓨팅서비스 이용절차 등)**
> ⑧ 제1항의 절차를 거친 클라우드컴퓨팅서비스 제공자의 정보처리시스템이 위치한 전산실에 대해서는 제11조제11호 및 제12호, 제15조제1항제5호를 적용하지 아니한다. 다만, 금융회사 또는 전자금융업자(전자금융거래의 안전성 및 신뢰성에 중대한 영향을 미치지 않는 외국금융회사의 국내지점, 제50조의2에 따른 국외 사이버몰을 위한 전자지급결제대행업자는 제외한다)가 고유식별정보 또는 개인신용정보를 클라우드컴퓨팅서비스를 통하여 처리하는 경우에는 제11조제12호를 적용하고, 해당 정보처리시스템을 국내에 설치하여야 한다.

둘째, 정보가 유출되었을 경우이다. 개인정보가 유출되었을 경우와 개인신용정보가 유출되었을 경우 금융회사가 취해야 하는 조치 및 절차에 차이가 있다.[11] 유출 중 가장 빈번하게 발생하는 경우가 이메일이나 우편의 오발송인데, 이때는 소수의 정보항목만이 유출된다. 따라서 이 경우에는 "개인정보"인지 "개인신용정보"인지 분석할 필요성이 충분하다.

3 개인신용정보 내에서의 정보항목 분류

앞서 설명한 바와 같이 신용정보법은 (개인)신용정보를 대상으로 하는 법이다. 그러나 법 조항을 읽다보면 (개인)신용정보라는 용어뿐만 아니라 민감정보, 고유식별정보, 개인식별번호라는 용어도 나온다. 따라서 각각의 용어를 구분하여 그 개념을 잘 이해하여야 한다.

또한, 개인신용정보 중 금융거래정보에 해당하는 경우에는 금융실명법이 적용될 가능성이 있고 금융실명법이 적용되는 경우에는 금융실명법이 신용정보법에 우선하여 적용된다. 따라서 금융거래정보에 대해서는 특별히 잘 알아둘 필요가 있다.

---

11) 자세한 내용은 "개인신용정보의 유출" 부분(142페이지 이하) 참고.

1) 민감정보

민감정보는 개인정보 보호법 제23조에서 정의하고 있다.

> **민감정보란?**
> 사상 · 신념, 노동조합 · 정당의 가입 · 탈퇴, 정치적 견해, 건강, 성생활 등에 관한 정보, 그 밖에 정보주체의 사생활을 현저히 침해할 우려가 있는 개인정보로서 다음의 어느 하나에 해당하는 정보를 말한다.
> 1. 유전자검사 등의 결과로 얻어진 유전정보
> 2. 「형의 실효 등에 관한 법률」 제2조제5호에 따른 범죄경력자료에 해당하는 정보
> 3. <u>개인의 신체적, 생리적, 행동적 특징에 관한 정보로서 특정 개인을 알아볼 목적으로 일정한 기술적 수단을 통해 생성한 정보</u>
> 4. 인종이나 민족에 관한 정보

민감정보란 개인정보 중에서 사생활 침해 우려가 더 높은 정보, 즉 사회적 차별을 야기하거나 현저히 인권을 침해할 우려가 있는 개인정보를 의미한다.

그런데, 개인마다 민감하다고 생각하는 정보의 정도가 다를 수 있으므로 개인정보 보호법에서는 민감정보에 해당하는 정보들을 열거하고 있다. "등에 관한 정보"라고 되어 있어 그 범위가 더 확장될 여지가 있기는 하나 "등"이라는 단어에 의미를 부여하지 않고 열거되어 있는 항목만 해당한다고 해석하고 있다.

정리하면, 사상 · 신념, 노동조합 · 정당의 가입 · 탈퇴, 정치적 견해, 건강, 성생활에 관한 정보 및 제1호~제4호에 해당하는 정보만 민감정보에 해당한다.

민감정보에 해당하는지 여부를 판단할 때 주로 고민이 되는 항목은 건강정보와 생체정보이다. 일반적인 개인정보보다 더 민감한 정보인 것은 확실한데 모든 건강정보와 생체정보가 다 민감한 정보에 해당한다고 보이지는 않기 때문이다.

먼저 건강정보에 대해 분석해보면, 개인정보 보호법에서 "건강에 관한 정보"라고만 되어 있지만 병력, 장애, 질병상태 등과 같이 다른 사람에게 알려지면 사생활 침해 가능성이 큰 정보만 이에 해당한다고 보아야 한다. 따라서 키, 몸무게, 혈액형과 같은 정보는 민감정보에 해당하지 아니하고 "건강하다"는 점을 나타내는 정보도 민

감정보에 해당하지 않는다.

회사에서 건강검진결과 정보를 수집하는 경우가 종종 있는데, 엄밀하게 구분하면 질병이 전혀 없다는 내용의 검진결과 정보는 민감정보에 해당하지 않는다고 해석될 가능성이 크다. 그러나 채용 절차 중 건강검진을 수행하는 경우와 같이 회사에서 수집·이용 동의를 받을 시 그 결과가 어떠할지 알 수 없는 경우라면 "건강검진결과"를 민감정보로 분류하여 동의를 받을 필요가 있다.[12]

생체정보에 대해 분석해보면, 개인정보 보호법에서 생체정보 중 민감정보에 해당한다고 정하고 있는 정보는 "개인의 신체적, 생리적, 행동적 특징에 관한 정보로서 특정 개인을 알아볼 목적으로 일정한 기술적 수단을 통해 생성한 정보"이다. 흔히 얼굴정보, 지문정보와 같은 정보는 "개인의 신체적, 생리적, 행동적 특징에 관한 정보"에 불과하므로 이러한 정보만으로 민감정보가 되는 것은 아니고 "특정 개인을 알아볼 목적으로 일정한 기술적 수단을 통해 생성한 정보"여야지만 민감정보에 해당하게 된다.

지문인식, 얼굴인식 등과 같이 본인확인을 위해 생체정보를 이용하게 되면 그 정보를 기술적 수단을 통해 변환한 정보를 보유하게 되는데 이렇게 변환된 정보가 민감정보에 해당한다. 따라서 단순히 사진이나 음성을 소장 목적으로 보관하는 경우에는 민감정보에 해당하지 않는다.

 관련 Q&A

Q1 지문인식 출입통제 시스템을 통해 지문정보를 수집하는 경우, 해당 지문정보를 민감정보로 보아야 하는지?

A 허가된 출입자들만 출입을 허가할 목적으로 개인별 지문정보를 등록한 후 본인확인 수단으로 이용하거나 출입기록을 관리하는 경우, 이때의 지문정보의 처리는 특정 개인을 알아

---

12) "동의" 관련된 내용은 다음 장에서 구체적으로 다룰 예정이다. 따라서 본 장에서는 개인 (신용)정보가 어떻게 구분되는지에 대해서만 설명하였다.

볼 수 있도록 기술적 수단을 통해 특정정보를 생성하는 경우에 해당하여 민감정보의 처리로 보아야 한다.

그러나 지문정보를 수집하는 경우라고 하더라도 특정 개인을 알아볼 목적이 아니라 무단으로 출입하고자 하는 사람을 통제하기 위해 출입 인가를 받은 사람의 범위에 있는지 여부만을 확인하려는 목적이라면 해당 정보는 민감정보가 아니다. 다만 이 경우에도 개인을 알아볼 수 있게 된다면 해당 지문정보는 개인정보에 해당할 수 있다.

Q2 사진인화 서비스를 제공하기 위하여 개인별로 사진을 저장하고 일정기간 보관하는 경우, 개인을 알아볼 수 있는 사진에 대하여 민감정보 처리에 관한 별도의 동의가 필요한지?

A 해당 사진을 이용하여 특정 개인을 알아볼 수 있도록 기술적 수단을 통해 특징정보를 생성하는 것이 아니라 사진 자체를 수집, 저장, 출력하는 등의 처리를 하는 것은 민감정보의 처리에 해당하지 않는다.

2) 고유식별정보
고유식별정보는 개인정보 보호법 제24조에서 정의하고 있다.

고유식별정보란?

법령에 따라 개인을 고유하게 구별하기 위하여 부여된 식별정보로서 다음의 어느 하나에 해당하는 정보

1. 「주민등록법」 제7조의2제1항에 따른 주민등록번호
2. 「여권법」 제7조제1항제1호에 따른 여권번호
3. 「도로교통법」 제80조에 따른 운전면허의 면허번호
4. 「출입국관리법」 제31조제5항에 따른 외국인등록번호

고유식별정보는 법령에 따라 개인을 고유하게 구별하기 위하여 부여된 식별정보로서 주민등록번호, 여권번호, 운전면허번호, 외국인등록번호를 의미한다. 고유식별정보는 정확히 위에 열거된 4개의 정보만을 의미하므로 다른 어떠한 정보도 고유식별정보가 될 수 없다.

3) 개인식별번호

개인식별번호는 신용정보법 시행령 제2조 제2항에서 정의하고 있다.

개인식별번호란?

법령에 따라 특정 개인을 고유하게 식별할 수 있도록 부여된 정보로서 다음 각 호의 정보

1. 「주민등록법」 제7조의2제1항에 따른 주민등록번호
2. 「여권법」 제7조제1항제1호에 따른 여권번호
3. 「도로교통법」 제80조에 따른 운전면허의 면허번호
4. 「출입국관리법」 제31조제5항에 따른 외국인등록번호
5. 「재외동포의 출입국과 법적지위에 관한 법률」 제7조제1항에 따른 <u>국내거소신고번호</u>

개인식별번호는 신용정보법에서만 사용하는 용어인데, 법령에 따라 특정 개인을 고유하게 식별할 수 있도록 부여된 정보라는 점에서는 고유식별정보와 유사하나 주민등록번호, 여권번호, 운전면허번호, 외국인등록번호 외 국내거소신고번호도 포함하므로 그 항목이 하나 더 많다.

표 2 고유식별정보와 개인식별번호의 비교

고유식별정보	개인식별번호
주민등록번호, 운전면허번호, 여권번호, 외국인 등록번호	주민등록번호, 운전면허번호, 여권번호, 외국인 등록번호 + 국내거소신고번호

4) 금융거래정보(금융실명법과의 관계)

금융실명법은 "금융거래정보(거래정보등)"를 대상으로 하고 있는데, 이때 "금융거래"란 금융회사등이 금융자산[13]을 수입(受入)·매매·환매·중개·할인·발행·상환·환급·수탁·등록·교환하거나 그 이자, 할인액 또는 배당을 지급하는 것과 이를 대

---

13) "금융자산"이란 금융회사등이 취급하는 예금·적금·부금(賦金)·계금(契金)·예탁금·출자금·신탁재산·주식·채권·수익증권·출자지분·어음·수표·채무증서 등 금전 및 유가증권과 그 밖에 이와 유사한 것으로서 총리령으로 정하는 것을 말한다(금융실명법 제2조 제2호).

행하는 것을 의미한다(금융실명법 제2조 제3호).

따라서, 개인신용정보 중 "개인에 관한 거래내용정보"는 금융실명법상의 금융거래정보에도 해당할 가능성이 크다.[14] 금융실명법이 신용정보법에 우선하여 적용되며 금융실명법의 규제가 신용정보법의 규제보다 더 엄격하므로 거래내용정보에 관한 처리에 있어서는 금융실명법 규정을 먼저 확인하여야 한다.

자세한 내용은 "신용정보법외 금융데이터 관련 법령" 부분을 확인하기 바란다.

---

14) 물론 대출, 보험 등 금융실명법 적용대상에 해당하지 않는 금융자산의 거래에 대해서는 "개인에 관한 거래내용정보"라고 하더라도 금융실명법이 적용되지 않는다(232페이지 이하 참고).

제2부

개인신용정보의 처리

제1장 / 개인신용정보 라이프 사이클

경험상 데이터 관련 법령을 공부할 때 가장 쉽게 이해하고 가장 오래 기억하는 학습방법은 데이터가 기업에 들어와서 사라질 때까지의 흐름을 정리하고 그 순서대로 법적 의무를 학습하는 것이다.

이는 신용정보법을 공부할 때도 마찬가지이다. 개인신용정보가 기업에 수집된 후 파기될 때까지의 흐름을 정리하고 그 순서대로 법적 의무를 학습하는 것이 최적의 학습방법이다. 따라서 본서에서도 개인신용정보의 라이프 사이클에 따라 각 단계별로 법적 의무를 설명하는 방식을 취하고자 한다.[1]

그림 1 / 개인신용정보 라이프 사이클

개인신용정보 라이프 사이클

수집 → 이용 → 제3자 제공 / 처리위탁 → 보관 → 파기

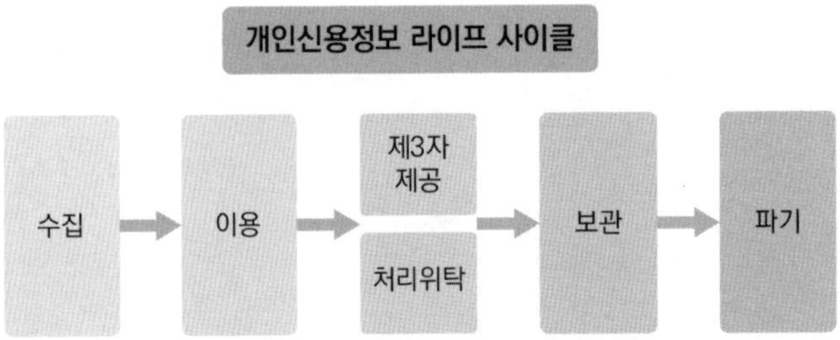

[1] 물론, 라이프 사이클만으로 신용정보법의 모든 내용을 다룰 수 없으므로 여기에 포함되지 않는 내용은 별도로 설명하도록 하겠다.

제2장 개인신용정보의 수집·이용

신용정보법은 개인정보 보호법과는 달리 개인신용정보의 수집 규정(법 제15조)과 개인신용정보의 이용 규정(법 제33조)을 구분하고 있다. 그러나 두 규정을 분리하여 생각하다 보면 오히려 이해하기가 어려워진다. 수집행위는 이용행위를 위해 반드시 선행되어야 하는 행위이므로 하나로 묶어서 학습하는 것이 좋다.

1 개인신용정보의 수집

신용정보법 제15조(수집 및 처리의 원칙) ① 신용정보회사, 본인신용정보관리회사, 채권추심회사, 신용정보집중기관 및 신용정보제공·이용자(이하 "신용정보회사등"이라 한다)는 신용정보를 수집하고 이를 처리할 수 있다. 이 경우 이 법 또는 정관으로 정한 업무 범위에서 수집 및 처리의 목적을 명확히 하여야 하며, 이 법 및 「개인정보 보호법」 제3조제1항 및 제2항에 따라 그 목적 달성에 필요한 최소한의 범위에서 합리적이고 공정한 수단을 사용하여 신용정보를 수집 및 처리하여야 한다.

② 신용정보회사등이 개인신용정보를 수집하는 때에는 해당 신용정보주체의 동의를 받아야 한다. 다만, 다음 각 호의 어느 하나에 해당하는 경우에는 그러하지 아니하다.

1. 「개인정보 보호법」 제15조제1항제2호부터 제7호까지의 어느 하나에 해당하는 경우
2. 다음 각 목의 어느 하나에 해당하는 정보를 수집하는 경우

　　가. 법령에 따라 공시(公示)되거나 공개된 정보

　　나. 출판물이나 방송매체 또는 「공공기관의 정보공개에 관한 법률」 제2조제3호에 따른 공공기관의 인터넷 홈페이지 등의 매체를 통하여 공시 또는 공개된 정보

　　다. 신용정보주체가 스스로 사회관계망서비스 등에 직접 또는 제3자를 통하여 공개한 정

보. 이 경우 대통령령으로 정하는 바에 따라 해당 신용정보주체의 동의가 있었다고 객관적으로 인정되는 범위 내로 한정한다.

개인신용정보를 수집하기 위해서는 원칙적으로 신용정보주체로부터 동의를 받아야 한다. 다만, 다음과 같이 동의없이 수집할 수 있는 예외사유를 두고 있다.

1) 「개인정보 보호법」 제15조 제1항 제2호부터 제7호까지의 어느 하나에 해당하는 경우[2]

개인정보 보호법 제15조 제1항 제2호부터 제7호는 개인정보 보호법에서 정하고 있는 동의없이 개인정보를 수집·이용할 수 있는 예외 사유이다. 따라서, 개인정보 수집·이용의 예외사유에 해당하면 개인신용정보 수집의 예외사유에도 해당한다. 또한 이 부분의 해석은 개인정보 보호법의 해석을 그대로 적용하면 된다.

가. 법률에 특별한 규정이 있거나 법령상 의무를 준수하기 위하여 불가피한 경우(제2호)

법률에서 개인신용정보의 수집·이용을 구체적으로 요구하거나 허용한 경우에만 이에 해당한다. 따라서 해당 법률에 수집·이용할 수 있는 개인신용정보의 대상·범위가 구체적으로 정해져 있어야 하고 막연히 '이런 정보를 이용해도 될 것 같은데...'라는 느낌이 든다고 해서 본 사유에 해당한다고 해석할 수는 없다. 예를 들어, 어떠한 법률에서 "A를 조사할 수 있다"라는 규정만 두고 있다고 하면, 이 규정에 근거하여 A에게 조사목적으로 개인정보가 포함되어 있는 모든 문서를 요청할 수 있다고 해석할 수는 없다. 규정에서 요청할 수 있는 문서의 범위까지 특정하고 있어야 해당 문서를 동의없이 수집·이용할 수 있다.

또한 본 사유에서 "법률"이라고만 되어 있으므로 원칙적으로 시행령이나 시행규

---

2) 제3호(공공기관이 법령 등에서 정하는 소관 업무의 수행을 위하여 불가피한 경우)는 공공기관에만 적용되는 규정이므로 본서에서 설명을 생략하였다. 또한 제5호(명백히 신용정보주체 또는 제3자의 급박한 생명, 신체, 재산의 이익을 위하여 필요하다고 인정되는 경우)는 그 의미가 명확하므로 추가적인 설명을 생략하였다.

칙은 해당하지 아니한다. 다만, 법률에 위임근거가 있는 시행령 및 시행규칙이라면 본 예외사유에 포함된다. 업무를 하다보면 시행령이나 시행규칙에 개인신용정보를 수집·이용할 수 있다고 정하고 있는 규정을 종종 접하게 되는데, 법률에 위임근거를 두고 있는 경우가 대부분이다.[3] 따라서 이 부분은 조금은 덜 고민하여도 된다.

"법령상 의무를 준수하기 위하여 불가피한 경우"에 관해서는 '불가피한 경우'라는 문구에 집중해야 한다. 법령상 의무 준수를 위해 개인신용정보의 수집·이용이 필요하다는 정도로는 부족하고 해당 개인신용정보를 수집·이용하지 않고는 법령에서 부과하는 의무를 이행하는 것이 현저히 곤란한 정도에 이르러야 한다.

나. 신용정보주체와 체결한 계약을 이행하거나 계약을 체결하는 과정에서 신용정보주체의 요청에 따른 조치를 이행하기 위하여 필요한 경우(제4호)

신용정보주체와 체결한 계약을 이행하기 위하여 개인신용정보를 수집·이용하는 경우뿐만 아니라 계약 체결의 준비단계에서 개인신용정보를 수집·이용하는 경우에도 본 사유에 해당한다. 예를 들어, 부동산거래에 있어서 계약체결 전에 해당 부동산의 소유자, 권리관계 등을 미리 조사·확인하는 경우나 거래 체결 전에 거래상대방의 신용도 평가를 위해 정보를 수집·이용하는 경우와 같이 계약 체결 준비단계에서 개인(신용)정보를 수집·이용하는 경우에도 이에 해당한다.

본 규정은 원래 "정보주체와의 계약의 체결 및 이행을 위하여 불가피하게 필요한 경우"로 되어 있던 것을 2023. 9. 15. 시행된 개정 개인정보 보호법에서 "정보주체와 체결한 계약을 이행하거나 계약을 체결하는 과정에서 정보주체의 요청에 따른 조치를 이행하기 위하여 필요한 경우"로 개정하였다는 점에도 주목할 필요가 있다. 개정 내용에서 알 수 있듯이 "불가피하게"라는 용어가 삭제되었는데 이는 그 적용범위가 확대된 것으로 볼 수 있다.

---

3) 필자가 지금까지 자문을 하면서, 법률에 위임근거가 없는 시행령이나 시행규칙이어서 동의 예외사유가 되지 못한다고 해석한 경우는 단 한 번도 없다.

개정 개인정보 보호법 안내서[4])에서도 개인정보처리자와 정보주체가 계약과 관련하여 서로 예상할 수 있는 합리적인 범위 내에서는 상호 신뢰에 기반하여 별도의 동의없이도 개인정보를 수집·이용할 수 있게 되었다고 설명하고 있는데, 이 또한 적용범위가 확대되었다는 해석으로 볼 수 있다. 따라서, 향후 본 사유가 적용되어 동의없이 개인신용정보를 이용할 수 있다고 해석하는 사례가 늘어날 것으로 보이며, 이에 대한 규제기관의 해석례도 지속적으로 확인할 필요가 있다.

관련 Q&A

Q 이용자의 개인(신용)정보나 관심사 등을 분석하여 서비스 내에서 맞춤형 콘텐츠를 추천하는 것도 재화·서비스 홍보나 판매 권유로 보아 별도의 선택적 동의를 받아야 하는지?

A 맞춤형 콘텐츠 추천이 계약의 본질적인 내용이며 해당 내용을 이용계약·약관 등에 명확히 규정하고 있고 (신용)정보주체가 충분히 알 수 있도록 조치하였다면, (신용)정보주체와 체결한 계약을 이행하기 위해 개인(신용)정보를 이용하는 경우로서 별도의 동의 없이도 수집·이용할 수 있다.

다. 명백히 신용정보주체 또는 제3자의 급박한 생명, 신체, 재산의 이익을 위하여 필요하다고 인정되는 경우(제4호)

본 사유도 2023. 9. 15. 시행된 개정 개인정보 보호법에서 "정보주체 또는 그 법정대리인이 의사표시를 할 수 없는 상태에 있거나 주소불명 등으로 사전 동의를 받을 수 없는 경우"라는 전제부분을 삭제하였다. 따라서 향후 기존 규정과 비교하였을 때 본 사유에 해당한다고 해석되는 사례가 늘어날 것이다.

---

4) 개인정보보호위원회, 개인정보 보호법 및 시행령 개정사항 안내(2023. 12.)(이하 **"개정 개인정보 보호법 안내서"**), 1페이지.

라. 신용정보회사등의 정당한 이익을 달성하기 위하여 필요한 경우로서 명백하게 신용정보주체의 권리보다 우선하는 경우(이 경우 신용정보회사등의 정당한 이익과 상당한 관련이 있고 합리적인 범위를 초과하지 아니하는 경우에 한함)(제5호)

본 사유에 해당하기 위해서는 ① 신용정보회사등의 정당한 이익이 있을 것, ② 명백하게 신용정보주체의 권리보다 우선할 것, ③ 상당한 관련성 및 합리적인 범위 내의 수집·이용일 것이라는 세 가지의 요건을 모두 만족하여야 한다.

일반적으로 본 사유에 해당하는지 여부가 문제가 되는 경우는, 신용정보회사등이 신용정보주체의 동의가 없음에도 불구하고 개인(신용)정보를 이용하려고 하는 경우이므로 신용정보회사등의 정당한 이익이 없는 경우(①번)는 거의 없다. 따라서, 결국 ②, ③의 요건에 해당하는지 여부에 따라 본 사유에 해당하는지 여부가 정해지는데, ②의 경우 "명백하게" 신용정보회사등의 이익이 월등해야 하므로 ②의 요건을 충족한다고 해석되는 경우가 드물다. 보안목적으로 CCTV를 확인하는 경우나 고객과의 소송, 분쟁 대비 목적으로 요금정산자료를 확인하는 경우 정도가 본 사유에 해당한다고 해석된 사례이다.

한편, 회사가 고객의 개인(신용)정보를 동의없이 이용하려는 대부분의 경우는 개인(신용)정보를 무단으로 수집하여 이용하려는 것이 아니라 적법하게 수집하여 보유하고 있는 정보를 동의받지 않은 새로운 목적으로 이용하려는 경우이다. 예를 들어, A서비스 제공목적으로 고객에게 동의를 받아 보유하고 있는 개인신용정보를, 새로운 부가서비스인 B서비스를 위해 이용하려는 경우이다. 이러한 경우 회사의 입장에서는 이미 보유하고 있는 정보를 이용하는 것에 불과하므로 신용정보주체의 권리침해가 크지 않다고 생각하기 쉽다. 그러나 명백하게 신용정보주체의 권리보다 우선해야 하므로 쉽게 본 사유에 해당한다고 인정되지 않는다.

①, ②에 해당하더라도 신용정보회사등의 정당한 이익과 관련성이 낮거나 합리적인 범위를 초과하는 개인(신용)정보 이용은 허용되지 않는다. 즉, ①, ②에 해당하더라도 관련이 있는 최소한의 정보만 이용하라는 의미이다.

한편, 신용정보회사등의 정당한 이익이 명백하게 신용정보주체의 침해 정도보다 우선하여야만 본 사유에 해당하는 것이므로 본 사유에 해당한다고 판단하여 동의없이 개인(신용)정보를 이용하기로 한 경우에는 정당한 이익과 침해 정도를 "비교형량"한 자료를 남겨두는 것이 좋다. 추후 규제기관이나 신용정보주체의 이의 제기에 대응하기 위해 최소한 이 정도의 자료는 갖고 있어야 한다.

◈ 참고

⟨관련 해석례(개인정보보호위원회)⟩

1. 철도차량 운전실에 폐쇄회로 텔레비전을 설치하여 운전제어대와 기관사의 두 손을 촬영한 경우

   ① 철도사고 원인규명과 승객의 안전 확보라는 정당한 이익이 있으며 ② 본건 영상정보의 수집 및 이용이 그러한 목적 달성에 필요할 뿐만 아니라 목적 달성을 위하여 합리적인 범위를 초과하지 아니하며 ③ 본건 영상정보의 촬영 대상, 보관기간 등을 고려하였을 때 한국철도공사의 정당한 이익이 정보주체(기관사)의 개인정보자기결정권보다 명백히 우선한다고 보아 예외사유에 해당한다고 해석함.

2. 야간에는 경비원의 휴식공간으로도 사용되는 관리사무소 사무실 내에 CCTV를 설치하여 상시 운영한 경우

   해당 공간이 주간에는 일반에게 공개되지만 야간에는 일반에게 공개되지 않고 경비원이 취침 등 휴식공간으로도 사용하고 있는 점 등을 고려할 때 야간 근무자의 취침공간까지 지속적으로 촬영할 필요성을 인정하기 어렵고, 사무실 전체를 모두 촬영하는 것은 개인정보처리자의 이익이 정보주체의 권리보다 명백하게 우선한다고 단정하기 어렵다고 보아 예외사유에 해당하지 않는다고 해석함.

   ⇨ 두 사례를 비교해보면, 개인정보처리자의 정당한 이익이 있다고 하더라도 수집하는 개인(신용)정보의 범위(수집항목, 수집장소, 수집시간 등)에 따라 판단이 달라질 수 있으며, 최소한의 정보만 수집하는 경우에만 예외사유가 인정된다는 점을 알 수 있다.

마. 공중위생 등 공공의 안전과 안녕을 위하여 긴급히 필요한 경우(제7호)

본 사유는 2023. 9. 15. 시행된 개정 개인정보 보호법에서 신설된 사유인데, 코로나19와 같은 상황에서 긴급히 개인(신용)정보가 필요한 경우에 이에 해당한다.

2) 신용정보주체가 스스로 사회관계망서비스 등에 직접 또는 제3자를 통하여 공개한 정보[5]

스스로 SNS나 홈페이지, 게시판 등에 자신의 정보를 공개하는 경우가 이에 해당한다. 이렇게 공개된 정보라고 하여 제한없이 이용이 가능한 것은 아니고 신용정보주체의 동의가 있었다고 객관적으로 인정되는 범위 내에서만 이용할 수 있다.

신용정보주체가 자발적으로 공개한 정보에 대해서도 별도 동의를 받을 것을 요구한다면 이는 신용정보주체의 공개의사에 부합하지 아니할 뿐만 아니라 무의미한 동의절차를 밟기 위한 비용만을 부담시키는 결과를 초래하게 된다. 따라서 동의 예외사유로 인정하는 것이다.

그렇다고 공개된 정보를 제한없이 이용하도록 한다면 신용정보주체의 의사에 반하는 범위까지 정보가 이용되어 신용정보주체의 권리를 침해할 우려가 있다. 예를 들어, 정보주체가 자신의 SNS에 개인(신용)정보를 공개하였다고 하더라도 이를 이용하여 마케팅 연락을 하는 것까지 허락하는 의사가 포함되어 있는 경우는 없을 것이다. 따라서 마케팅업체가 해당 정보를 활용하여 광고 문자 등을 보낸다면 이는 신용정보주체의 의사에 반하는 경우가 된다. 이러한 점을 종합적으로 고려하여, 공개된 정보라고 하더라도 "신용정보주체의 동의가 있었다고 객관적으로 인정되는 범위" 내에서만 이용이 가능하다고 정하고 있다.

개인정보보호위원회 고시인 「표준 개인정보 보호지침」에서도 비슷한 규정이 있는데, 이 규정에서는 명시적으로 "사회통념상 동의의사가 있었다고 인정되는 범위" 내에서만 이용이 가능하다는 제한을 두고 있다. 신용정보법의 경우에도 동일한 기준을 적용하여도 무방하다.

---

5) 법령에 따라 공시(公示)되거나 공개된 정보, 출판물이나 방송매체 또는 「공공기관의 정보공개에 관한 법률」 제2조제3호에 따른 공공기관의 인터넷 홈페이지 등의 매체를 통하여 공시 또는 공개된 정보도 동의없이 수집·이용이 가능하다. 이 부분은 추가설명이 필요하지 아니할 것으로 보여 설명을 생략하였다.

신용정보법 제15조 제2항 제2호 다목	표준 개인정보 보호지침 제6조 제4항
신용정보주체가 스스로 사회관계망서비스 등에 직접 또는 제3자를 통하여 공개한 정보. 이 경우 대통령령으로 정하는 바에 따라 해당 신용정보주체의 동의가 있었다고 객관적으로 인정되는 범위 내로 한정한다.	개인정보처리자는 인터넷 홈페이지 등 공개된 매체 또는 장소(이하 "인터넷 홈페이지등"이라 함)에서 개인정보를 수집하는 경우 정보주체의 동의 의사가 명확히 표시되거나 인터넷 홈페이지등의 표시 내용에 비추어 사회통념상 동의 의사가 있었다고 인정되는 범위 내에서만 이용할 수 있다.

다만, 신용정보법에서는 신용정보주체의 동의가 있었다고 객관적으로 인정되는 범위를 판단하는 기준을 제시하고 있으므로 실제 업무에서 본 사유를 적용할 시 참고할 필요가 있다(시행령 제13조).

① 공개된 개인정보의 성격, 공개의 형태, 대상 범위

② ①로부터 추단되는 신용정보주체의 공개 의도 및 목적

③ 신용정보회사등의 개인정보 처리의 형태

④ 수집 목적이 신용정보주체의 원래의 공개 목적과 상당한 관련성이 있는지 여부

⑤ 정보 제공으로 인하여 공개의 대상 범위가 원래의 것과 달라졌는지 여부

⑥ 개인정보의 성질 및 가치와 이를 활용해야 할 사회·경제적 필요성

한편, 대법원 판례에서도 정보주체의 동의가 있었다고 인정되는 범위 내인지를 판단하는 기준을 제시하고 있는데 이 또한 신용정보법에서 제시하고 있는 기준과 동일하다(대법원 2016. 8. 17. 선고 2014다235080 판결).

2 개인신용정보의 이용

신용정보법 제33조(개인신용정보의 이용) ① 개인신용정보는 다음 각 호의 어느 하나에 해당하는 경우에만 이용하여야 한다.

1. 해당 신용정보주체가 신청한 금융거래 등 상거래관계의 설정 및 유지 여부 등을 판단하기 위한 목적으로 이용하는 경우

2. 제1호의 목적 외의 다른 목적으로 이용하는 것에 대하여 신용정보주체로부터 동의를 받은 경우

3. 개인이 직접 제공한 개인신용정보(그 개인과의 상거래에서 생긴 신용정보를 포함한다)를 제공받은 목적으로 이용하는 경우(상품과 서비스를 소개하거나 그 구매를 권유할 목적으로 이용하는 경우는 제외한다)

4. 제32조제6항 각 호의 경우

② 신용정보회사등이 개인의 질병, 상해 또는 그 밖에 이와 유사한 정보를 수집·조사하거나 제3자에게 제공하려면 미리 제32조제1항 각 호의 방식으로 해당 개인의 동의를 받아야 하며, 대통령령으로 정하는 목적으로만 그 정보를 이용하여야 한다.

앞서 설명한 바와 같이 신용정보법은 개인정보 보호법과 달리 수집 규정과 이용 규정을 구분하고 있으므로 이용 규정에 대해서도 따로 살펴볼 필요가 있다. 정리하면서 다시 한번 설명하겠지만 수집·이용이 하나로 되어 있는 개인정보 보호법과 구조만 다를 뿐 내용은 거의 동일하다.

1) 해당 신용정보주체가 신청한 금융거래 등 상거래관계의 설정 및 유지 여부 등을 판단하기 위한 목적으로 이용하는 경우(제1호)

수집 동의 예외사유 중 하나인 "정보주체와 체결한 계약을 이행하거나 계약을 체결하는 과정에서 정보주체의 요청에 따른 조치를 이행하기 위하여 필요한 경우"와 동일한 내용이라고 보면 된다.

2) 제1호의 목적 외의 다른 목적으로 이용하는 것에 대하여 신용정보주체로부터 동의를 받은 경우(제2호)

목적을 알리고 동의를 받은 경우를 의미한다. 개인(신용)정보 수집·이용 동의시 고지한 목적 범위 내에서는 이용이 가능하다는 의미이다.

3) 개인이 직접 제공한 개인신용정보와 개인과 상거래에서 생긴 정보를 제공 받은 목적으로 이용하는 경우(상품과 서비스를 소개하거나 그 구매를 권유 할 목적으로 이용하는 경우는 제외)(제3호)

이 부분이 어떤 의미인지가 늘 애매하다.

문언적으로만 보면, 신용정보주체가 특정 목적을 가지고 회사에 정보를 제공하였다면 그 목적으로 이용하는 것은 동의없이 가능하다고 해석될 여지가 있다. 그러나 설사 그렇게 해석한다고 하더라도 전 단계인 수집 단계에서 동의가 필요하므로 실무상으로는 독자적인 의미가 없는 규정이 된다. 즉, 본 사유가 동의없이 개인신용정보를 이용할 수 있는 범위를 확대시켜 주는 사유라고 하더라도 이용을 하기 위해서는 수집이 선행되어야 하는데, 수집 단계에서 동의가 필요하므로 결국 수집·이용 전체의 과정을 보면 동의가 있어야 한다는 점에서 의미가 없는 규정이 된다는 의미이다.

4) 제32조 제6항 각 호의 경우[6]

신용정보법 제32조 제6항은 제3자 제공 동의 예외사유를 정하고 있는데, 이 사유에 해당하는 내용으로 이용하는 경우를 의미한다.

정리하면, 개인신용정보를 이용하기 위해서는 수집 행위가 선행되어야 하므로 제15조와 제33조는 함께 연결하여 해석하여야 한다. 그런데, 이를 연결하다보면 약간은 애매한 부분이 생긴다. 따라서, 그냥 제15조 제2항에 해당한다면 동의없이 수집·이용할 수 있고 그 이외의 경우에는 동의를 받아야만 수집·이용할 수 있다라고 정리하도록 하자.

---

6) 이에 대한 구체적인 내용은 83페이지 참고.

3 **개인의 질병, 상해 또는 그 밖에 이와 유사한 정보의 수집·이용**

이 규정은 개인정보 보호법에는 없는 규정이므로 개인정보 보호법과 비교하면서 이해할 필요가 있다.

"개인의 질병, 상해 또는 그 밖에 이와 유사한 정보"는 개인정보 보호법에서의 "민감정보"에 해당한다. 민감정보 부분에서 더 자세히 배우겠지만 민감정보의 경우에는 일반 개인정보와 구분하여 별도의 동의를 받아야 한다.

그런데 신용정보법은 민감정보 중 "개인의 질병, 상해 또는 그 밖에 이와 유사한 정보"에 한해서는 동의를 받더라도 다음의 1.~6.의 목적으로만 이용이 가능하다고 정하고 있다. 즉, 개인정보 보호법의 민감정보 규정의 특칙이 되는 것이다.

신용정보법 시행령 제28조의2(개인신용정보의 이용) 법 제33조제2항에서 "대통령령으로 정하는 목적"이란 다음 각 호의 어느 하나에 해당하는 업무를 수행하기 위해 필요한 경우 해당 각 호의 자가 개인의 질병, 상해 또는 그 밖에 이와 유사한 정보를 그 업무와 관련하여 이용하기 위한 목적을 말한다.

1. 「보험업법」 제2조제6호에 따른 보험회사가 수행하는 같은 조 제2호에 따른 보험업 또는 같은 법 제11조의2에 따른 부수업무로서 개인의 건강 유지·증진 또는 질병의 사전예방 및 악화 방지 등의 목적으로 수행하는 업무
2. 「여신전문금융업법」 제2조제2호의2에 따른 신용카드업자가 수행하는 같은 법 제46조제1항제7호에 따른 부수업무로서 신용카드회원으로부터 수수료를 받고 신용카드회원에게 사망 또는 질병 등 특정 사고 발생 시 신용카드회원의 채무(같은 법 제2조제2호나목과 관련된 채무에 한정한다)를 면제하거나 그 채무의 상환을 유예하는 업무
3. 「우체국예금·보험에 관한 법률」에 따라 체신관서가 수행하는 보험업무
4. 공제조합등이 수행하는 공제사업
5. 본인신용정보관리회사가 수행하는 본인신용정보관리업으로서 개인인 신용정보주체에게 본인의 질병에 관한 정보를 통합하여 제공하기 위한 업무
6. 법 제25조의2에 따라 종합신용정보집중기관이 수행하는 업무

따라서, 금융회사에서 고객의 질병정보를 처리할 때면 반드시 동 규정을 떠올려야 한다. 동의를 받는다고 하여 모든 목적으로 다 활용할 수는 없다는 것이 중요한 포인트이다.

> **⚠️ 참고**
>
> 금융회사가 질병정보를 신용정보법 제2조 제1호 나목부터 마목까지의 정보와 결합하지 않고 이용한다면, 이는 개인정보 보호법상의 개인정보에 해당할 뿐 개인신용정보에는 해당하지 아니하므로 그 수집·이용 등에 있어 개인정보 보호법 제23조만 적용될 뿐, 신용정보법 제33조 제2항의 적용은 배제되는 것이 아닌지 궁금해질 수 있다.
>
> 그러나 신용정보법 제33조 제2항은 개인의 질병, 상해 또는 그 밖에 이와 유사한 정보를 수집·조사하거나 제3자에게 제공하려는 경우의 이용 목적을 제한하는 규정으로서 그 적용대상이 개인신용정보에 해당하여야 한다는 제한을 두고 있지 않다.
>
> 따라서, 금융회사가 개인의 질병정보를 이용하고자 하는 경우, 신용정보법 제2조 제1호 나목부터 마목까지의 정보와 결합한 것인지 여부와 무관하게, 신용정보법 제33조 제2항에서 정한 목적으로만 이용이 가능하다고 보아야 한다.

제3장 / 민감정보 및 고유식별정보의 처리

개인신용정보 중 민감정보, 고유식별정보(주민등록번호 제외), 주민등록번호는 별도의 처리 제한 규정을 두고 있다.[7] 또한, 이 규정은 신용정보법이 아닌 개인정보 보호법에 있으므로 개인정보 보호법에서 해당 내용을 확인하여야 한다.

1 민감정보 및 고유식별정보(주민등록번호 제외)의 처리

신용정보법 및 개인정보 보호법은 개인(신용)정보를 일반 개인(신용)정보, 고유식별정보, 민감정보로 구분하고 있으며 고유식별정보와 민감정보의 처리에 대해서는 보다 엄격한 의무를 부여하고 있다는 점은 앞에서 설명한 바 있다.

신용정보법에서 명시적으로 민감정보 및 고유식별정보의 처리에 관한 규정을 두고 있지는 아니하나 개인정보에 관한 일반법인 개인정보 보호법에서 별도규정을 두고 있으므로 금융회사도 이를 준수하여야 한다.[8]

그 내용이 어렵지는 않은데, 고유식별정보와 민감정보를 처리하는 경우에는 일반 개인신용정보와 구분하여 별도의 동의를 받아야 한다는 점만 기억하면 된다. 주의할 점은 개인식별번호 중 "국내거소번호"는 고유식별정보에 해당하지 아니하므로 별도 동의를 받을 필요가 없다는 점이다.

---

7) 물론 이러한 정보는 "개인에 관한 거래내용정보, 개인에 관한 신용도판단정보, 개인에 관한 신용거래능력정보, 기타 개인에 관한 신용판단시 필요정보"와 결합하는 경우에만 개인신용정보가 된다(12페이지 참고).

8) 고유식별정보와 민감정보의 정의에 대해서는 "개인신용정보 내에서의 정보항목 분류" 부분(15페이지 이하) 참고.

> **개인정보 보호법 제22조(동의를 받는 방법)** ① 개인정보처리자는 이 법에 따른 개인정보의 처리에 대하여 정보주체(제22조의2제1항에 따른 법정대리인을 포함한다. 이하 이 조에서 같다)의 동의를 받을 때에는 각각의 동의 사항을 구분하여 정보주체가 이를 명확하게 인지할 수 있도록 알리고 동의를 받아야 한다. <u>이 경우 다음 각 호의 경우에는 동의 사항을 구분하여 각각 동의를 받아야 한다.</u>
> 5. <u>제23조제1항제1호(민감정보 처리 제한 규정)에 따라 동의를 받는 경우</u>
> 6. <u>제24조제1항제1호(고유식별정보 처리 제한 규정)에 따라 동의를 받는 경우</u>

한편, 신용정보법 제34조에서 개인식별번호의 수집ㆍ이용 및 제공에 대해 규정하고 있는데, 제15조(개인신용정보의 수집), 제32조(개인신용정보의 제공) 및 제33조(개인신용정보의 이용)를 준용한다는 내용이므로 별도의 의미를 부여하지 않아도 된다.

> **신용정보법 제34조(개인식별정보의 수집ㆍ이용 및 제공)** 신용정보회사등이 개인을 식별하기 위하여 필요로 하는 정보로서 대통령령으로 정하는 정보를 수집ㆍ이용 및 제공하는 경우에는 제15조, 제32조 및 제33조를 준용한다.

2 주민등록번호의 처리

> **개인정보 보호법 제24조의2(주민등록번호 처리의 제한)** ① 제24조제1항에도 불구하고 개인정보처리자는 다음 각 호의 어느 하나에 해당하는 경우를 제외하고는 주민등록번호를 처리할 수 없다.
> 1. <u>법률ㆍ대통령령ㆍ국회규칙ㆍ대법원규칙ㆍ헌법재판소규칙ㆍ중앙선거관리위원회규칙 및 감사원규칙에서 구체적으로 주민등록번호의 처리를 요구하거나 허용한 경우</u>
> 2. 정보주체 또는 제3자의 급박한 생명, 신체, 재산의 이익을 위하여 명백히 필요하다고 인정되는 경우
> 3. 제1호 및 제2호에 준하여 주민등록번호 처리가 불가피한 경우로서 보호위원회가 고시로 정하는 경우

개인정보 보호법에서 "주민등록번호의 처리"에 대한 특별규정을 두고 있는데[9] 이 규정이 주민등록번호 처리에 대해 가장 우선이 되는 규정이다. 따라서 금융회사의 경우에도 이 규정에서 정한 바에 따라 주민등록번호를 처리하여야 한다.

주민등록번호 처리 금지 규정에 따르면 주민등록번호의 처리가 가능한 경우는 세 가지가 있는데, 현재까지 제2호에 해당된다고 해석한 사례가 없으며, 보호위원회가 고시로 정한 내용(제3호)도 없으므로 결국 제1호에 해당하는 경우에만 주민등록번호의 처리가 가능하다.

따라서 회사가 주민등록번호를 처리하고자 하는 경우에는 제1호에 해당하는지 여부를 살펴봐야 하는데, 제1호와 관련하여서는 ① 허용되는 법령의 범위가 제한적이라는 점과 ② 구체적으로 요구하거나 허용한 경우에만 처리가 가능하다는 점이 어떤 의미인지 잘 알아야 한다.

1) 허용되는 법령의 범위

제1호에서 허용되는 법령의 범위를 "법률·대통령령·국회규칙·대법원규칙·헌법재판소규칙·중앙선거관리위원회규칙 및 감사원규칙(이하 "**법률·대통령령 등**")"으로 한정하고 있다. 따라서 여기에서 열거되어 있는 법령 내에 주민등록번호의 처리를 허용하는 경우에만 처리가 가능하다. 가령 시행규칙이나 고시에서 주민등록번호의 처리가 가능하다는 내용을 두고 있다고 하더라도 이를 근거로 주민등록번호를 처리할 수는 없다. 다만, 시행규칙이나 고시의 내용이 법률 또는 대통령령에서 위임을 받은 경우라면 처리가 가능하다.[10]

---

9) 이를 흔히 "주민등록번호 처리 금지 규정"이라고 부르는데, 주민등록번호의 오·남용을 방지하고 원래의 목적에 충실하게 사용될 수 있도록 그 처리를 일정 범위 내로 제한하는 것을 목적으로 하고 있다.

10) 주민등록번호 처리 금지 규정이 시행될 당시 주민등록번호의 처리를 허용하고 있는 법령을 일제히 정비한 바 있다. 따라서, 현재 시행규칙이나 고시에 주민등록번호의 처리를 허용하고 있는 규정이 있다면 이는 법률 또는 대통령령에서 위임을 받은 경우일 가능성이 매우 크다.

2) 구체적으로 요구하거나 허용한 경우

해당 규정에서 "주민등록번호의 처리가 가능하다"는 점이 구체적으로 명시되어 있어야 한다. 따라서 "주민등록번호", "고유식별정보", "개인식별번호"와 같이 주민등록번호가 포함되는 것이 확실한 용어를 사용한 경우에는 처리가 가능하나 "개인정보"나 "개인에 관한 자료" 등과 같이 구체적으로 주민등록번호의 처리를 허용하였음을 알 수 없는 용어를 사용하는 경우에는 처리가 불가능하다.

이해를 돕기 위해 법률에서 주민등록번호의 처리를 허용하고 있는 경우의 예를 들어보면, 부가가치세법에서 다음과 같은 규정을 두고 있는데, 이를 통해 사업자가 세금계산서를 발급하기 위해서 공급받는 자의 주민등록번호를 처리할 수 있다고 해석할 수 있다.

> **부가가치세법 제32조(세금계산서 등)** ① 사업자가 재화 또는 용역을 공급(부가가치세가 면제되는 재화 또는 용역의 공급은 제외한다)하는 경우에는 다음 각 호의 사항을 적은 계산서(이하 "세금계산서"라 한다)를 그 공급을 받는 자에게 발급하여야 한다.
> 공급하는 사업자의 등록번호와 성명 또는 명칭
> 공급받는 자의 등록번호. 다만, 공급받는 자가 사업자가 아니거나 등록한 사업자가 아닌 경우에는 대통령령으로 정하는 고유번호 또는 <u>공급받는 자의 주민등록번호</u>

또한 아래의 양식은 법정서식으로 소득세법 시행규칙 별지에 있는 서식[11]인데, 양식 내의 기재사항에 "⑦ 주민등록번호"가 포함되어 있다. 이는 사업자가 근로소득원천징수영수증을 발급하기 위해서 근로자의 주민등록번호를 처리할 수 있다고 해석할 수 있다.

---

11) 별지 제24호서식(1).

한 권으로 끝내는 금융데이터법

그림 2 주민등록번호가 포함된 규정 예시

■ 소득세법 시행규칙 [별지 제24호서식(1)] <개정 2014.3.14>

(8쪽 중 제1쪽)

관리번호	

[ ]근로소득 원천징수영수증
[ ]근로소득 지 급 명 세 서
([ ]소득자 보관용 [ ]발행자 보관용 [ ]발행자 보고용)

거주구분		거주자1/비거주자2	
거주지국		거주지국코드	
내·외국인		내국인1 /외국인9	
외국인단일세율적용		여 1 / 부 2	
국적		국적코드	
세대주 여부		세대주1, 세대원2	
연말정산 구분		계속근로1, 중도퇴사2	

징수의무자	① 법인명(상 호)	② 대 표 자(성 명)
	③ 사업자등록번호	④ 주 민 등 록 번 호
	⑤ 소 재 지(주소)	
소득자	⑥ 성 명	⑦ 주 민 등 록 번 호
	⑧ 주 소	

	구 분	주(현)	종(전)	종(전)	⑯-1 납세조합	합 계
Ⅰ 근무처별소득	⑨ 근 무 처 명					
	⑩ 사업자등록번호					
	⑪ 근무기간	~	~	~	~	~
	⑫ 감면기간	~	~	~	~	~
	⑬ 급 여					
	⑭ 상 여					
	⑮ 인 정 상 여					

다만, 앞서 설명한 바와 같이 법률 · 대통령령 등에서 정하고 있는 경우에만 주민등록번호의 처리가 가능하므로 시행규칙에서 정하고 있는 내용을 근거로 주민등록번호를 처리하기 위해서는 법률 · 대통령령 등에서 위임을 하고 있는지를 확인해야 한다. 소득세법 시행규칙 제100조 제26호를 보면 "법 제143조제1항에 따른 근로소득원천징수영수증"이라고 되어 있으므로 본 서식은 소득세"법"의 위임을 받는 경우라는 것을 알 수 있다. 따라서 적법한 주민등록번호 처리 근거 규정이 된다.

소득세법 시행규칙 제100조(일반서식)

26. 법 제143조제1항에 따른 근로소득원천징수영수증, 법 제146조제3항에 따른 퇴직소득원천징수영수증 및 영 제202조의3제4항 · 영 제213조제1항에 따른 지급명세서는 별지 제24호서식(1), 별지 제24호서식(2), 별지 제24호서식(3), 별지 제24호서식(4) 또는 별지 제24호서식(6)에 따른다.

신용정보법에서도 주민등록번호의 처리를 허용하는 규정이 있다.

신용정보법 시행령 제37조의2(민감정보 및 고유식별정보의 처리)

② 신용정보회사, 본인신용정보관리회사 및 채권추심회사는 다음 각 호의 사무를 수행하기 위하여 불가피한 경우 「개인정보 보호법 시행령」 제18조제2호에 따른 범죄경력자료에 해당하는 정보, 개인식별번호가 포함된 자료를 수집·처리할 수 있다. 다만, 개인식별번호를 개인으로부터 직접 수집할 경우에는 그 개인의 동의를 받아야 한다.

1. 법 제4조제1항에 따른 신용정보업, 본인신용정보관리업 및 금융거래와 관련하여 수행하는 채권추심업에 관한 사무

2. 겸영업무 및 부수업무와 관련된 사무

3. 법 제22조제1항·제2항, 법 제22조의8 및 제27조제1항에 따른 임직원 채용·고용 시 결격사유 확인에 관한 사무

③ 신용정보집중기관 및 법 제25조제4항에 따른 교환 대상자는 법 제25조제1항 및 제25조의2 각 호에 따른 업무를 수행하기 위해 불가피한 경우 개인식별번호를 수집·처리할 수 있다. 다만, 개인식별번호를 개인으로부터 직접 수집할 경우에는 그 개인의 동의를 받아야 한다.

④ 제21조제2항에 따른 기관은 금융거래를 위하여 신용정보를 이용하는 사무를 수행하기 위하여 불가피한 경우 개인식별번호가 포함된 자료를 수집·처리할 수 있다. 다만, 개인식별번호를 개인으로부터 직접 수집할 경우에는 그 개인의 동의를 받아야 한다.

⑤ 본인신용정보관리회사는 개인인 신용정보주체의 신용정보를 통합하여 신용정보주체 본인에게 제공하기 위해 불가피한 경우 개인식별번호가 포함된 자료를 처리할 수 있다. 다만, 개인식별번호를 개인으로부터 직접 수집하는 경우에는 그 개인의 동의를 받아야 한다.

⑥ 신용정보제공·이용자등(본인신용정보관리회사는 제외한다)은 보유하고 있는 개인식별번호를 법 제22조의9제4항 및 법 제33조의2제5항에 따라 개인인 신용정보주체를 식별하여 그 개인의 신용정보를 전송하기 위해 필요한 경우 개인식별번호가 포함된 자료를 처리할 수 있다.

신용정보법 시행령 제37조의2는 개인식별번호의 처리에 대해 정하고 있는 규정인데, 개인식별번호에 주민등록번호가 포함된다는 점은 이미 앞서 설명한 바 있다.

이 중 가장 주목해야하는 조항은 제4항인데 "제21조제2항에 따른 기관"에는 대부분의 금융회사가 포함된다. 따라서, 제4항의 내용을 다시 정리해보면, 금융회사가 ① 금융거래를 위하여 신용정보를 이용하는 사무를 수행하기 위하여 불가피한 경우에는 주민등록번호를 처리할 수 있는데, 이때 해당 주민등록번호를 ② 개인으로부터 직접 수집하는 경우에는 그 개인의 동의를 받아야 한다.

이를 좀 더 구체적으로 분석해보면 다음과 같다.

① 금융거래를 위하여 신용정보를 이용하는 사무를 수행하기 위하여 불가피한 경우

여기에서의 "금융거래"란 여신·수신, 보험, 금융리스, 금융채권의 매입·회수, 신용카드 등 금융업권 전반에 걸친 금융거래를 포괄하는 의미이다. 또한, "금융거래를 위하여 신용정보를 이용하는 사무"도 금융거래 계약의 체결 및 이행뿐만 아니라 이에 수반되어 이루어지는 업무까지 포함한다고 보아 비교적 넓게 그 범위를 인정하고 있다.

따라서 신용도 조회, 우대대상 조회, 타 금융상품 가입 조회 등 고객이 금융계약 관련 정보의 확인·변경·갱신 등을 요청하거나 고객의 계약관련 정보를 조회·등록·변경·통지하는 경우뿐만 아니라 기한의 도래 또는 조건의 충족으로 계약시 정한 사항을 이행하거나 계약 불이행으로 채권회수 등 사후관리를 수행하는 경우까지도 주민등록번호의 처리가 가능하다고 보고 있다.

② 개인으로부터 직접 수집하는 경우에는 그 개인의 동의를 받아야 한다.

신용정보법 시행령 제37조의2 제4항에 따라 주민등록번호를 처리하는 경우에는 그냥 처리가 가능한 것이 아니라 신용정보주체인 개인의 동의가 필요하다는 점을 꼭 기억해야 한다.

실제 금융회사가 금융상품 계약 체결시 고객에게 징구하는 개인신용정보 처리 동의서를 보면 다음과 같이 주민등록번호의 처리에 대해 동의를 받는 것을 확인할 수 있다.

그림 3 금융회사의 개인신용정보 수집·이용 동의서 예시[12]

고유식별정보	주민등록번호, 외국인등록번호, 여권번호, 운전면허번호
	위 **고유식별정보 수집·이용**에 동의하십니까?　□동의하지 않음 □동의함

신용정보법 시행령 제37조의2 제4항을 해석할 때 개인정보 보호법 제24조의2와의 관계를 정확히 파악해둘 필요가 있다.

간혹 신용정보법이 개인정보 보호법의 특별법이므로 신용정보법 시행령 제37조의2 제4항이 우선 적용되어 개인정보 보호법 제24조의2는 적용되지 않는다고 해석하는 경우를 볼 수 있는데 이는 잘못된 해석이다.

이렇게 해석한다면 개인정보 보호법이 개인정보에 관한 일반법이라는 점을 고려하였을 때 개인정보 보호법 제24조의2는 아무런 의미가 없는 규정이 되어 버린다. 주민등록번호의 처리를 허용하고 있는 다른 규정들이 다 특별법이 되어 버리기 때문에 법 해석시 개인정보 보호법 제24조의2까지 갈 필요가 없어지기 때문이다.

따라서 주민등록번호에 대해서는 무조건 개인정보 보호법 제24조의2가 우선 적용된다는 원칙을 세우고 구조를 분석해야 한다. 우선 적용되는 제24조의2 제1항에서 "법률, 대통령령 등에서 구체적으로 주민등록번호의 처리를 요구하거나 허용한 경우"에만 주민등록번호의 처리가 가능하다고 정하고 있는데 ① 그중 하나가 신용정보법 시행령 제37조의2 제4항이 되는 것이고 ② 마침 이 규정에서 신용정보주체의 동의를 받아야 수집할 수 있다고 정하고 있기에 동의를 받아야 한다는 해석이 제대로 된 해석이다.

이외 다양한 금융관련법령에서도 주민등록번호 처리 근거 규정을 두고 있다.

업무를 하면서 자주 보게 되는 규정을 꼽아본다면 다음 두 규정이 있다.

---

12) 은행연합회, 은행권 개인정보 보호준칙(2022. 1.) 일부 발췌.

① 금융실명법 제3조 - 금융자산 거래자의 실지명의 확인 목적
② 특정 금융거래정보의 보고 및 이용 등에 관한 법률(특정금융정보법) 제5조의2 - 신규계좌 개설 또는 1천만원 이상 일회성 금융거래시 고객의 신원 확인 목적

물론 이외에도 주민등록번호 처리 근거가 되는 많은 규정들이 있다. 금융위원회에서 발간한 "금융분야 주민등록번호 수집·이용 가이드라인"에서 관련 내용을 상세히 정리하여 설명하고 있으므로 업무를 하면서 주민등록번호를 처리하는 경우가 생긴다면 꼭 본 가이드라인[13]을 확인해보기 바란다.

◇ 참고

회사가 직접 고객의 주민등록번호를 수집하여 이용하는 경우에는 개인정보 보호법 제24조의2 제1항에 따라 이를 허용하고 있는 법률·대통령령 등이 있는지 확인한 후 처리하면 되는데, 이미 보유하고 있던 주민등록번호를 제3자에게 이전하는 경우에는 어떻게 해석하여야 하는지에 대해 질문을 받는 경우가 있다.
복잡하게 생각할 필요가 전혀 없고 일반 개인정보를 제3자에게 이전하는 경우와 동일하게 생각하면 쉽게 답을 찾을 수 있다.

제3자에게 정보를 이전하는 경우는 1) 처리위탁과 2) 제3자 제공으로 구분할 수 있는데, 처리위탁은 수탁자가 위탁자의 업무를 대신 처리하는 것이다. 따라서 주민등록번호의 경우에도 위탁자를 기준으로 해서 위탁하는 업무가 주민등록번호의 처리가 가능한 업무라면 당연히 수탁자에게 이전하여 해당 업무를 위해 주민등록번호를 처리하도록 하는 것이 가능하다.
제3자 제공은 정보를 제공받는 제3자가 새로운 목적으로 개인정보를 이용하는 것이다. 따라서 주민등록번호의 경우에도 이 새로운 목적을 위해 주민등록번호를 제3자에게 제공할 수 있다고 정하고 있는 별도 규정이 있는 경우에만 처리가 가능하고 그러한 규정이 없다면 처리가 불가능하다.
한편 금융분야 주민등록번호 수집·이용 가이드라인에서 금융기관 간에 주민등록번호의 제공이 가능한 경우를 한 가지 언급하고 있는데 유용하게 활용할 수 있는 경우가 많으므로 꼭 기억해두도록 하자.

---

13) 금융위원회·금융감독원, 금융분야 주민등록번호 수집·이용 가이드라인(2015. 1.).

양 금융기관 모두 당사자에 대한 주민등록번호 처리 근거가 있는 경우로서 금융기관 간 금융계약 체결을 통해 주민등록번호를 전달하는 경우에는 제3자 제공이 가능하다. 예를 들어 보험사를 통해 신용카드를 발급하는 경우에는 보험사가 적법하게 보유하고 있던 주민등록번호를 법률상 처리근거가 있는 신용카드 발급을 위해 신용카드사에 제공하는 것이 가능하다.

이를 법리적으로 분석해 보면, 정보를 제공하는 자 및 정보를 제공받는 자 모두 관련 법령에 따라 주민등록번호를 처리할 권한이 있으므로 둘 간에 그러한 목적을 위해 주민등록번호를 주고받는 것은 개인정보 보호법 제24조의2에 위반되는 바가 없다는 해석이다.

 관련 Q&A

주민등록번호의 처리와 관련하여서는 규제기관의 다양한 해석례가 존재한다. 그중 중요하다고 생각되는 내용 위주로 정리하였다.

Q1 계좌잔액 조회, 완납금액 문의, 납입일 조회 등의 업무가 신용정보법 시행령 제37조의2의 '금융거래'에 해당하여 주민등록번호의 처리가 가능한지 여부

A 고객이 자신의 금융거래정보의 조회, 확인, 변경을 요청하는 것은 금융거래 과정의 일환이므로 신용정보법 시행령 제37조의2 제4항에 따라 주민등록번호의 처리가 가능하다.

Q2 금융거래 목적을 위해 제출된 서류상에 계약자 본인 이외의 가족의 주민등록번호가 포함되어 있는 경우 보관방법

A 계약자 본인 것 외의 주민등록번호가 표기된 문서가 불가피하게 제출된 경우라면 해당 주민등록번호는 뒷자리를 알아볼 수 없도록 조치한 후 보관하여야 한다.
⇨ 뒷 7자리 중 첫째 자리는 성별을 나타내므로 마스킹 처리하지 않아도 된다. 다만, 이러한 경우 성별정보를 보관하는 것에 대한 적법한 근거는 있어야 한다.

Q3 고객이 은행을 보험대리점으로하여 보험상품에 가입하는 경우 해당 고객의 가입내역 등 주민등록번호가 포함된 고객정보를 은행에서 계속 보관하는 것이 가능한지 여부

A 은행은 보험대리인으로서 보험회사를 위해 보험계약을 대리 체결하는 것이므로 계약이 체결된 이후에는 주민등록번호를 포함한 고객정보를 처리할 수 없다.

다만, 은행이 보험회사로부터 보험계약 체결 이후 보험계약의 유지관리업무를 위탁받는다면 수탁자로서 주민등록번호가 포함된 고객정보를 처리하는 것은 가능하다.

⇨ 은행은 수탁자, 보험회사는 위탁자이므로 위탁자인 보험회사를 기준으로 주민등록번호 처리 가능여부를 판단하여야 한다. 보험회사는 보험가입을 위해 주민등록번호를 처리할 수 있으므로 이를 대신 수행해주는 수탁자인 은행도 주민등록번호를 처리할 수 있다.

Q4 영업점에 방문하여 계좌개설을 하고자 하는 고객에게, 빠른 계좌개설이 가능하도록 홈페이지를 통한 사전 예약 신청을 받는 경우 주민등록번호도 미리 수집하는 것이 가능한지 여부

A 계좌개설을 위해 주민등록번호를 처리하는 것은 가능하나 예약신청을 한 고객이 반드시 계좌개설을 한다는 보장이 없으므로 주민등록번호의 처리 근거가 없다고 볼 수 있다. 따라서 고객의 동의를 받더라도 주민등록번호의 사전 수집은 불가하다.

Q5 콜센터를 통해서 금융계약 상담, 민원접수, 각종 서비스 상담 관련 업무를 진행할 시 고객의 주민등록번호의 수집이 가능한지 여부

A 계약의 이행 및 유지를 위하여 상담을 하는 경우에는 신용정보법 시행령 제37조의2 제4항에 따라 주민등록번호의 수집이 가능하나 회사위치 안내, 담당자 안내, 계약과 무관한 단순상담 등의 업무를 위해서는 주민등록번호를 처리할 수 없다.

Q6 주민등록번호가 기재된 신분증을 단순히 육안으로 확인한 후 돌려주는 행위도 주민등록번호 처리금지 원칙에 위배되는지?

A 신분 확인 목적으로 주민등록번호가 기재된 신분증을 육안으로 확인하고 돌려주는 행위는 주민등록번호를 수집하는 행위가 아니므로 주민등록번호의 처리에 해당하지 아니하여 주민등록번호 처리금지 원칙에 위배되지 아니한다.

Q7 주민등록번호 뒷자리만 사용하는 것이 허용되는지 여부

A 주민등록번호의 뒷자리를 수집·이용하여 회원의 유일성과 식별성을 확보하는 것은 주민등록번호의 체계를 활용하여 주민등록번호의 고유한 특성을 이용하는 것이므로 주민등록번호를 수집·이용하는 경우에 해당한다고 볼 수 있다.

따라서, 법령상 주민등록번호를 수집할 수 있는 구체적 근거가 없다면 주민등록번호의 뒷자리를 수집·이용할 수 없다.

제4장 가명정보 및 익명정보의 처리

가명정보 제도는 2020. 8. 5. 시행된 신용정보법에서 도입된 제도이다. 데이터의 활용을 쉽게 하기 위해 도입된 제도라고 할 수 있는데, 개인신용정보가 포함된 데이터를 가명처리하여 식별성을 떨어트리는 경우에는 일정한 목적 하에서 동의없이 활용할 수 있다는 점이 핵심 내용이다.

다만, 신용정보주체의 개인정보자기결정권이 제한됨에도 불구하고 법에서 예외적으로 인정한 제도이므로 가명처리 절차 및 가명정보를 활용하는 과정에서 준수하여야 하는 다양한 의무들이 부여되어 있다.

가명정보와 관련하여서는 ① 가명처리 및 가명정보의 정의, ② 가명정보에 대해서는 어떠한 예외규정이 적용되는지, ③ 가명처리를 하는 절차는 어떻게 되는지, ⑤ 사후관리 및 관련 법적 의무가 어떠한지에 대해 알아야 한다. 또한, 익명정보와 관련하여서는 ① 익명처리 및 익명정보의 정의, ② 익명정보 관련 규정을 알고 있어야 한다.

1 가명정보

1) 가명처리 및 가명정보의 정의

> **신용정보법 제2조(정의)** 이 법에서 사용하는 용어의 뜻은 다음과 같다.
> 15. "가명처리"란 추가정보를 사용하지 아니하고는 특정 개인인 신용정보주체를 알아볼 수 없도록 개인신용정보를 처리(그 처리 결과가 다음 각 목의 어느 하나에 해당하는 경우로서 제40조의2제1항 및 제2항에 따라 그 추가정보를 분리하여 보관하는 등 특정 개인인 신용정

보주체를 알아볼 수 없도록 개인신용정보를 처리한 경우를 포함한다)하는 것을 말한다.

가. 어떤 신용정보주체와 다른 신용정보주체가 구별되는 경우

나. 하나의 정보집합물(정보를 체계적으로 관리하거나 처리할 목적으로 일정한 규칙에 따라 구성되거나 배열된 둘 이상의 정보들을 말한다. 이하 같다)에서나 서로 다른 둘 이상의 정보집합물 간에서 어떤 신용정보주체에 관한 둘 이상의 정보가 연계되거나 연동되는 경우

16. "가명정보"란 가명처리한 개인신용정보를 말한다.

가명처리란 추가정보를 사용하지 아니하고서는 특정 개인을 알아볼 수 없도록 개인신용정보를 처리하는 것을 의미한다. 또한, 가명정보란 개인신용정보를 가명처리한 결과물을 의미한다. 즉, 가명정보는 추가정보가 결합되지 않는다면 그 자체로는 누구인지 식별할 수 없는 상태에 있게 된다.

예를 들어, 특정 개인정보 항목들로 구성되는 데이터set을 암호화하여 가명정보를 생성한다면 "암호화"가 가명처리가 되고 "암호화key"가 추가정보가 되며, 암호화처리한 결과물이 "가명정보"가 된다.

일부정보를 삭제하는 방식으로 가명정보를 생성한다면 "삭제"가 가명처리가 되고 "원본테이블"이 추가정보가 되며, "삭제한 결과물"이 가명정보가 된다.

그림 4 / 가명정보란?[14]

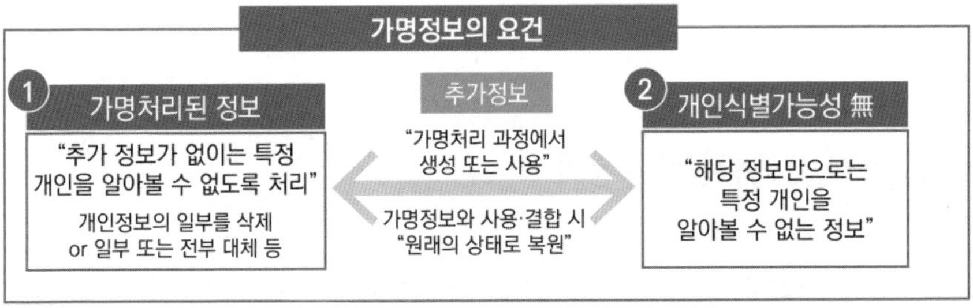

가명정보의 요건

① 가명처리된 정보
"추가 정보가 없이는 특정 개인을 알아볼 수 없도록 처리"
개인정보의 일부를 삭제 or 일부 또는 전부 대체 등

추가정보
"가명처리 과정에서 생성 또는 사용"
가명정보와 사용·결합 시 "원래의 상태로 복원"

② 개인식별가능성 無
"해당 정보만으로는 특정 개인을 알아볼 수 없는 정보"

---

14) 한국인터넷진흥원, 가명처리 관련 법 등 소개(2020. 12.).

2) 가명정보에 적용되는 특례

가명정보는 개인을 특정할 수 없으므로 개인신용정보에 적용되는 규정 중 일부규정의 적용이 배제된다.

가명정보에 적용되는 가장 의미있는 특례는 동의없이 정보를 처리할 수 있다는 점이다. 다만, 모든 목적에 대해 다 동의없이 처리할 수 있는 것은 아니고 통계작성, 과학적 연구, 공익적 기록보존 등의 목적으로 처리하는 경우에만 동의없이 처리할 수 있다.[15]

> **신용정보법 제32조(개인신용정보의 제공ㆍ활용에 대한 동의)** ⑥ 신용정보회사등(제9호의3을 적용하는 경우에는 데이터전문기관을 포함한다)이 개인신용정보를 제공하는 경우로서 다음 각 호의 어느 하나에 해당하는 경우에는 제1항부터 제5항까지를 적용하지 아니한다.
> 9의2. <u>통계작성, 연구, 공익적 기록보존 등</u>을 위하여 가명정보를 제공하는 경우. 이 경우 통계작성에는 시장조사 등 상업적 목적의 통계작성을 포함하며, 연구에는 산업적 연구를 포함한다.
> **신용정보법 제33조(개인신용정보의 이용)** ① 개인신용정보는 다음 각 호의 어느 하나에 해당하는 경우에만 이용하여야 한다.
> 4. 제32조제6항 각 호의 경우

◈ 참고

개인정보 보호법에서도 일정한 목적에 대해서는 가명정보를 동의없이 처리할 수 있다고 정하고 있다.

> 제28조의2(가명정보의 처리 등) ① 개인정보처리자는 통계작성, 과학적 연구, 공익적 기록보존 등을 위하여 정보주체의 동의 없이 가명정보를 처리할 수 있다.

이를 신용정보법과 비교하면 워딩에 약간의 차이가 있다.

---

15) 통계작성, 과학적 연구, 공익적 기록보존 "등"이라고 되어 있으나 실무적으로 "등"은 의미가 없다고 보고 통계작성, 과학적 연구, 공익적 기록보존 세 가지 목적에 대해서만 동의없이 처리할 수 있다고 해석하고 있다.

개인정보 보호법	신용정보법
통계작성, 과학적 연구, 공익적 기록보존 등	통계작성, 연구,공익적 기록보존 등 (이 경우 통계작성에는 시장조사등 상업적 목적의 통계작성을 포함하며, 연구에는 산업적 연구를 포함한다.)

따라서, 가명정보제도 도입 초기에는 어떠한 법이 적용되는지에 따라 허용 목적의 범위가 달라지는 것이 아닌지 논란이 있었다. 그러나 현재에는 두 법의 허용 목적의 범위가 동일하다는 점에 대해서는 다툼이 없으며, 일반적으로 "통계작성, 과학적 연구, 공익적 기록보존" 목적으로는 동의 없이 활용할 수 있다고 해석하고 있다.

그렇다면, 동의없이 처리가능한 목적이 3가지(통계작성, 과학적 연구, 공익적 기록보존) 밖에 되지 않음에도 불구하고 흔히 "가명정보는 동의없이 이용할 수 있다"라고 말하는 이유는 무엇일까? 이는 규제기관이 가명정보 가이드라인[16] 또는 금융분야 가명정보 안내서[17] 등을 통해 그 범위를 넓게 해석하고 있기 때문이다. 통계작성에는 시장조사 등과 같은 상업적 목적의 통계작성을 포함한다고 해석하고 있으며, 과학적 연구에는 과학을 위한 연구가 아닌 과학적인 방법을 사용하는 연구를 의미하며 새로운 기술·제품·서비스 개발 등 산업적 목적을 위한 연구도 포함한다고 해석하고 있다. 그런데 우리가 실무에서 가명정보를 활용하는 경우의 대부분은 상업적 목적의 통계작성이나 새로운 기술·제품·서비스 개발 목적이므로 이러한 점을 고려하여 그냥 가명정보는 동의없이 처리가 가능하다고 말하고 있는 것이다.

그러나 세 가지 목적에 포함된다고 볼 수 없는 완전 다른 목적으로 가명정보를 활용하고자 한다면 이때는 동의 예외가 적용되지 아니한다. 따라서, 이 경우에는 개인신용정보 처리의 기본 원칙으로 돌아가 설사 가명처리된 정보라고 하더라도 동의를 받아야만 처리가 가능하다.

이외에도 가명정보에 해당하는 경우에는 다음의 규정들의 적용이 배제된다.

---

16) 개인정보보호위원회, 가명정보 처리 가이드라인(2024. 2.)(이하 **"가명정보 가이드라인"**).
17) 금융위원회, 금융분야 가명·익명처리 안내서(2022. 2.)(이하 **"금융분야 가명정보 안내서"**).

제32조 제7항 (개인정보제공사실의 고지의무)

제33조의2 (개인신용정보의 전송요구)

제35조 (신용정보 이용 및 제공사실의 조회)

제35조의2 (개인신용평점 하락 가능성 등에 대한 설명의무)

제35조의3 (신용정보제공 · 이용자의 사전통지)

제36조 (상거래 거절 근거 신용정보의 고지)

제36조의2 (자동화평가 결과에 대한 설명 및 이의제기 등)

제37조 (개인신용정보 제공 동의의 철회권)

제38조 (신용정보의 열람 및 정정 청구 등)

제38조의2 (신용조회사실의 통지 요청)

제38조의3 (개인신용정보의 삭제 요구)

제39조 (무료열람권)

제39조의2 (채권자변동정보의 열람 등)

제39조의3 (신용정보주체의 권리행사 방법 및 절차)

제39조의4 (개인신용정보 누설통지 등)

가끔 가명정보가 유출되는 경우 신용정보주체에게 통지하거나 규제기관에 신고하여야 하는지 물어보는 경우가 있다.

가명정보는 유출 통지와 관련된 조항인 제39조의4 제1항이 적용되지 아니하므로 통지할 필요가 없다. 그런데 이는 어찌보면 너무나 당연한 해석이다. 가명정보는 개인을 특정할 수 없는 정보이므로 유출이 되어도 누구의 정보가 유출되었는지 알 수 없다. 따라서 통지를 하고싶어도 불가능한 상황이 되는 것이다.

유출신고와 관련된 조항은 제39조의4 제3항인데 이 또한 가명정보에는 적용되지 아니하므로 가명정보가 유출되어도 신고할 의무가 없다.

그런데 이 부분은 개인정보 보호법과 차이가 있다. 개인정보 보호법에서 가명정보에 대해 적용이 배제되는 규정으로 유출통지 규정인 제34조 제1항은 포함이 되어 있으나 유출신고 규정인 제34조 제3항은 포함되어 있지 않다.

> **개인정보 보호법 제28조의7(적용범위)** 제28조의2 또는 제28조의3에 따라 처리된 가명정보는 제20조, 제20조의2, 제27조, <u>제34조제1항</u>, 제35조, 제35조의2, 제36조 및 제37조를 적용하지 아니한다.

가명정보가 누군지 특정할 수 없는 정보이기는 하나 "어떤 신용정보주체와 다른 신용정보주체가 구별되는 정보"이므로 몇 명의 가명정보가 유출되었는지 카운팅하는 것은 가능하다는 면에서 개인정보 보호법에서는 신고의무를 그대로 유지하고 있는 것이다. 따라서 가명정보가 유출되는 경우 개인정보 보호법의 신고의무[18]는 적용된다는 점에 주의하도록 하자. 물론 신용정보법이 개인정보 보호법에 우선 적용되므로 금융회사는 신용정보법상의 신고의무를 따라야 하고 개인정보 보호법상 신고의무는 적용되지 않는다는 주장이 가능하다. 나름 합리적인 주장이기는 하나 실무상 개인(신용)정보의 유출이 발생하였을 시 안전하게 금융감독원(신용정보법) 및 한국인터넷진흥원(개인정보 보호법) 두 군데에 모두 신고한다는 점을 고려하였을 때 가명정보의 유출시 개인정보 보호법상의 신고의무를 준수하는 것이 바람직하다.

적용배제규정에 신용정보법상의 위탁규정인 제17조가 포함되지 있지 않다는 점도 알아두어야 한다. 따라서, 가명정보의 처리를 위탁하는 경우에도 제17조에 따른 계약서 작성의무[19] 등을 준수하여야 한다.

3) 가명처리는 어떻게 하는 것일까?

신용정보법에서 구체적인 가명처리 방법까지 정하고 있지는 아니하다. 다만, 규제기관의 해설서[20]에서 구체적인 절차를 설명하고 있으므로 실제 가명처리를 할 때는 이를 따라야 한다.

---

18) 유출신고와 관련된 자세한 내용은 "개인신용정보의 유출" 부분(145페이지 이하) 참고.
19) 개인정보 보호법 제26조도 적용된다.
20) 금융분야 가명정보 안내서, 가명정보 가이드라인.

가. 가명처리의 기본 원칙

가명처리의 기본 원칙을 알기 위해서는 먼저 식별자와 개인식별가능정보의 개념을 알아야 한다.

식별자란 주민등록번호, 이메일주소, 휴대전화번호 등과 같이 그 자체로 특정 개인을 직접 식별하는 용도로 사용하는 정보를 의미한다.

개인식별가능정보란 성별, 연령, 국적 등과 같이 해당 정보만으로는 직접적으로 특정 개인을 식별할 수 없지만 다른 정보와 쉽게 결합하여 특정 개인을 식별할 수 있는 정보를 의미한다.

가명처리의 기본 원칙은, 식별자는 전부 삭제 또는 대체하고, 개인식별가능정보는 데이터 이용 목적과 관련이 없는 경우 삭제 또는 대체(단, 희귀속성자[21]의 경우에는 전부 삭제 또는 대체)하는 것이다. 예를 들어, 성명, 전화번호, 이메일주소 같은 식별자는 삭제하고 성별, 연령, 국적과 같은 개인식별가능정보는 가명처리 목적과 관련없는 경우에만 삭제한다.

표 3 가명처리의 기본 원칙

구분	식별자		개인식별가능정보	
정의	개인 또는 개인과 관련한 사물에 고유하게 부여된 값 또는 이름		개인과 관련된 정보로서 다른 정보와 결합하는 경우 쉽게 특정 개인을 알아볼 수 있는 정보	
예시	☑ 고유식별정보 ☑ 성명 ☑ 상세주소 ☑ 생체인식정보	☑ 전화번호 ☑ 신용카드번호 ☑ 이메일주소 등	☑ 성별 ☑ 연령 ☑ 주소 ☑ 국적	☑ 학력 ☑ 신용대출정보 ☑ 경력 ☑ 관심사항 등
처리	원칙적 삭제 또는 대체		데이터 이용목적과 관련이 없으면 삭제 또는 대체/희귀속성자는 전부 삭제 또는 대체	

---

21) 희귀 성씨, 희귀 혈액형, 희귀 병명, 희귀 직업 등 정보 자체로 특이한 값을 가지고 있는 정보를 의미한다. 이러한 정보는 그 식별정도가 식별자와 다르지 아니하므로 식별자와 동일하게 취급하여 삭제 또는 대체한다.

나. 가명처리 절차

금융회사가 개인신용정보를 가명처리하는 절차는 "특정 개인을 알아볼 수 없도록 처리하는 행위 (+ 정보를 결합하는 행위)"를 의미한다. 즉, 일정 데이터set에서 일부 정보를 삭제 또는 대체한 후 그 데이터set만 활용하는 경우가 있을 수 있고 복수의 데이터set을 각각 일부 정보의 삭제 또는 대체 처리를 한 후 데이터 set을 결합하여 활용하는 경우가 있을 수 있다.

또한 ① 회사 내부 보유 정보만을 가명처리하여 활용하는 경우와 ② 다른 회사의 정보와 결합하여 가명처리하여 활용하는 경우로 구분할 수 있다.

A. 회사 내부 보유 정보만을 가명처리하는 경우

회사 내부 보유 정보만을 가명처리하는 경우는 이미 보유하고 있는 정보만을 활용하는 것일 뿐만 아니라 가명처리 절차가 한 회사 내에서만 발생하므로 위험성이 크지 않다. 따라서 법에서 그 절차에 대해 구체적인 제한을 두고 있지 아니하며 안내서 및 가이드라인에서만 절차를 정해놓고 있다.

금융분야 가명정보 안내서에서 정하고 있는 가명처리절차는 다음과 같다.[22]

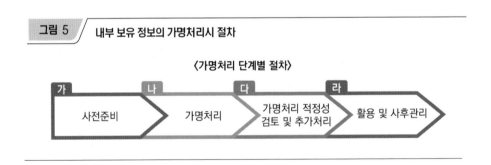

그림 5 / 내부 보유 정보의 가명처리시 절차

〈가명처리 단계별 절차〉

가	나	다	라
사전준비	가명처리	가명처리 적정성 검토 및 추가처리	활용 및 사후관리

i) 사전준비[(가) 단계]

가명처리 목적을 명확히 하여 적합한 처리대상을 추출하는 단계이다. 목적은 최대한 구체화하여야 한다. 규제기관의 해설서[23]에서는 "신제품 개발을 위한 과학적

---

22) 금융분야 가명정보 안내서, 17페이지.
23) 가명정보 가이드라인, 14페이지.

연구 수행"이라는 목적으로는 부족하고 "○○제품의 성능 개선을 위해 개인별 ○○ ○특성에 대한 설문조사를 토대로 개인별 특성과 성능 요인의 연관성에 대한 과학적 연구 수행"정도로 구체화하여야 한다고 설명하고 있다.

ii) 가명처리[(나) 단계]

위험도를 측정하여 가명처리 수준을 정한 후 가명처리를 진행하는 단계이다.

여기에서의 위험도란 가명처리한 정보의 재식별 위험정도를 의미하는데, 가명처리 대상이 되는 정보, 처리환경 등을 고려하여 측정한다. 측정한 위험도에 따라 가명처리 수준을 정한 후 가명처리를 수행하는데, 가명정보 활용주체 및 가명처리 이용환경에 따라 그 수준을 다르게 정한다.

이용기관이 개인정보 보호수준이 높은 기관이라면 낮은 수준으로 가명처리하고 이용기관이 개인정보 보호수준이 낮은 기관이라면 높은 수준으로 가명처리한다. 예를 들어, 가명처리한 정보를 외부 대학교 연구실에 제공하고자 한다면 일반적으로 대학교 연구실은 개인정보 보호수준이 높지 않아서 위험도가 높으므로 가명처리 수준을 높인다. 반면, 외부 금융회사에 제공하고자 한다면 금융회사는 자체의 개인정보 보호체계를 운영하고 있을 것이므로 위험도가 중간 정도라고 보아 중간 수준의 가명처리를 한다. 만약, 회사가 가명처리한 정보를 외부에 제공하지 아니하고 자체적으로 활용한다면 위험도가 낮을 것이므로 가명처리 수준을 낮춘다.

iii) 가명처리 적정성 검토 및 추가처리[(다) 단계]

가명처리가 적절히 되었는지를 평가하여 필요시 추가 가명처리를 하는 단계이다.

가명처리가 적절히 되었는지 평가하는 것을 흔히 "적정성 검토"라고 하는데, 내부 전문가만으로 수행하는 것도 가능하나 외부 전문가를 일부 포함하는 것이 일반적이다.

iv) 활용 및 사후관리[(라)단계]

가명처리가 완료된 정보를 실제 활용하는 단계인데, 이 때에는 신용정보법에서 정하고 있는 행위규칙, 파기 등의 의무를 준수하여야 한다.

B. 다른 회사의 정보와 결합하여 가명처리하는 경우

금융회사가 자신의 개인신용정보와 제3자인 다른 회사의 개인신용정보를 결합하여 가명정보를 생성하는 경우에는 직접 가명처리를 수행할 수는 없고 제3의 기관에 가명처리를 의뢰하여야 한다. 이때 가명처리를 요청한 금융회사를 "결합의뢰기관"이라고 하고 가명처리를 수행하는 기관을 "데이터전문기관[24]"이라고 한다.

> **신용정보법 제17조의2(정보집합물의 결합 등)** ① 신용정보회사등(대통령령으로 정하는 자는 제외한다. 이하 이 조 및 제40조의2에서 같다)은 자기가 보유한 정보집합물을 제3자가 보유한 정보집합물과 결합하려는 경우에는 제26조의4에 따라 지정된 데이터전문기관을 통하여 결합하여야 한다.
> ② 제26조의4에 따라 지정된 데이터전문기관이 제1항에 따라 결합된 정보집합물을 해당 신용정보회사등 또는 그 제3자에게 전달하는 경우에는 가명처리 또는 익명처리가 된 상태로 전달하여야 한다.
> ③ 제1항 및 제2항에서 규정한 사항 외에 정보집합물의 결합 · 제공 · 보관의 절차 및 방법에 대해서는 대통령령으로 정한다.

신용정보법에서 정하고 있는 가명처리 절차는 얼핏보면 상당히 복잡한 것처럼 보이고 알 수 없는 다양한 의무들을 부여하고 있는 것처럼 보이는데 그 취지를 이해하고 읽다보면 의외로 선명하다는 것을 알 수 있다.

가명정보란 누군지 알아볼 수 없는 정보라는 점이 가장 중요하므로 가명처리 절차에 관여하는 자가 그 처리과정에서 누군지 알아볼 수 없어야 한다는 점이 가장 중요하다. 즉, 가명처리 과정상에서 결합의뢰기관과 데이터전문기관이 그 재료가 되는 데이터set을 통해 개인을 특정할 수 없어야 하는데, 신용정보법에서는 이를 위한 다양한 의무들을 두고 있는 것이다.

결합절차를 간단하게 예로 들어 설명해보면 다음과 같다.

---

24) 데이터전문기관과 관련된 구체적인 내용은 본서에서 다루지 않았다. 다만, 데이터전문기관은 결합한 정보집합물을 결합의뢰기관에 전달한 후 결합한 정보집합물 및 결합 전 정보집합물을 지체없이 삭제해야 한다는 점은 알아두어야 한다(신용정보법 시행령 제14조의2 제3항 제6호).

카드사인 A와 보험사인 B가 연령 및 월 청구액과 가입 보험갯수 및 월 보험료의 관계를 분석하기 위해 이를 연결하는 가명정보인 결합데이터를 만들고자 한다고 가정해보자(데이터전문기관은 C로 표현하겠다). 즉 특정 연령 이상이면서 카드를 월 특정 금액 이상 사용하는 자가 몇 개의 보험에 가입되어 있고 월 얼마의 보험료를 내는지에 대한 통계·분석자료를 작성하는 것이 목적이다.

카드사 A는 "성명, 연락처, 연령, 월 청구액"의 데이터set을 가지고 있고 보험사 B는 "성명, 연락처, 가입 보험갯수, 월 보험료"의 데이터set을 가지고 있다. 결국 이 두 개의 데이터set을 연결하여 "연령, 월 청구액, 가입 보험갯수, 월 보험료"의 결합 데이터set을 만들어 내면 되는데, 이를 위해서는 다음과 같은 절차를 거쳐야 한다.

① A와 B의 데이터set에서 서로를 연결할 수 있는 키값이 필요하다. A와 B가 협의하여 어떤 정보항목을 키값으로 할지 정해야 하는데, 키값은 서로 연결이 가능한 값이어야 하므로 식별자 중에서 선택하여야 한다.

데이터set에서 식별자는 성명과 연락처이므로, A와 B가 "연락처"를 키값으로 사용하기로 정했다면 선정되지 아니한 식별자인 "성명"은 가명처리 기본 원칙에 따라 삭제하여야 한다.

② 키값을 정했다면 이 값을 통해 서로 다른 데이터set을 연결하면 되는데, 식별자를 그대로 키값으로 사용하는 경우에는 데이터전문기관에서 해당 식별자를 통해 누구의 정보인지 특정할 가능성이 있으므로 식별자를 변환하여 키값을 형성한다.[25]

즉, A, B가 협의하여 변환방식을 정한다(예를 들면, X 암호화 기법을 사용하여 키값의 raw data인 "연락처" 정보를 변환하기로 하는 식이다).

③ A, B가 합의한 암호화기법으로 "연락처" 정보를 변환한 뒤 C에 전달한다.

④ 정보를 전달받은 C는 동일한 키값의 정보를 연결하는 식으로 결합데이터set을 생성한다.

---

25) 결합과정에서 가장 중요한 포인트는, 관여하는 어떤 사람도 처리하고 있는 데이터set을 통해 누구인지 식별할 수 없어야 한다는 점이다.

⑤ 이 결합데이터set을 그대로 A, B에게 전달한다면 A, B는 X 암호화를 복호화하는 방법으로 결합데이터set의 주인이 누군지 알 수 있으므로 C는 키값을 제거한 후 A, B에 전달한다.

⑥ A, B는 처음 목적대로 연령, 월 청구액, 가입 보험갯수, 월 보험료 항목만 기재되어 있는 결합데이터set을 전달받게 된다.

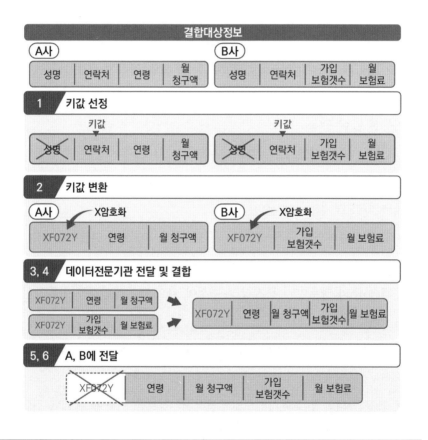

그림 6 / 데이터 결합 절차 예시

신용정보법에 있는 다음의 규정들도 위의 내용을 보면서 읽는다면 비교적 쉽게 이해될 것이다.

신용정보법 시행령 제14조의2(정보집합물의 결합 등) ③ 결합의뢰기관 및 데이터전문기관은 정보집합물을 결합·제공·보관하는 경우에는 다음 각 호의 사항을 모두 준수해야 한다.

1. 결합의뢰기관이 정보집합물을 데이터전문기관에 제공하는 경우 다음 각 목의 조치를 하여 제공할 것

   가. 하나의 정보집합물과 다른 정보집합물 간에 둘 이상의 정보를 연계, 연동하기 위하여 사용되는 정보는 해당 개인을 식별할 수 없으나 구별할 수 있는 정보(이하 "결합키"라 한다)로 대체할 것

   나. 개인신용정보가 포함된 정보집합물은 가명처리할 것

2. 결합의뢰기관이 결합키를 생성하는 절차와 방식은 금융위원회가 정하여 고시하는 바에 따라 결합의뢰기관 간 상호 협의하여 결정할 것

3. 결합의뢰기관이 데이터전문기관에 정보집합물을 제공하거나 데이터전문기관이 결합한 정보집합물을 결합의뢰기관에 전달하는 경우에는 해당 정보집합물의 내용을 제3자가 알 수 없도록 암호화 등의 보호조치를 하여 전달할 것

4. 데이터전문기관은 결합된 정보집합물을 결합의뢰기관에 전달하기 전 결합키를 삭제하거나 금융위원회가 정하여 고시하는 방법으로 대체할 것

5. 데이터전문기관은 결합된 정보집합물의 가명처리 또는 익명처리의 적정성을 평가한 후 적정하지 않다고 판단되는 경우 다시 가명처리 또는 익명처리하여 전달할 것

6. 데이터전문기관은 결합한 정보집합물을 결합의뢰기관에 전달한 후 결합한 정보집합물 및 결합 전 정보집합물을 지체 없이 삭제할 것

신용정보업감독규정 제15조의2(정보집합물의 결합 등) ② 영 제14조의2제3항제2호에 따라 결합의뢰기관은 다음 각 호를 준수하여 결합키(영 제14조의2제3항제1호가목에 따른 결합키를 말한다. 이하 같다)를 생성하여야 한다.

1. 결합의뢰기관간 외에는 결합키 생성방식을 공개하지 아니할 것

2. 결합키 생성방식 채택시 안전성, 보안성, 재식별가능성 등을 충분히 고려할 것

④ 영 제14조의2제3항제4호에서 "금융위원회가 정하여 고시하는 방법"이란 다음 각 호를 준수하여 결합키를 대체하는 방법을 말한다.

1. 결합의뢰기관 등이 결합키를 재식별할 수 없도록 대체방식 등을 외부에 공개하지 아니할 것

2. 대체 방식 채택시 안전성, 보안성, 재식별가능성 등을 충분히 고려할 것

가끔 주민등록번호나 주민등록번호를 암호화한 값을 결합키로 사용할 수 있는지 질의하는 경우가 있다. 앞서 설명한 바와 같이 주민등록번호는 법령에서 구체적으로 처리를 허용한 경우에만 처리가 가능한데 주민등록번호를 가명정보 결합시 키값 또는 키값을 생성하기 위한 입력정보로 사용하도록 허용한 법령은 존재하지 않는다. 따라서 결합키로 사용하는 것은 불가능하다.

4) 사후관리 및 관련 법적 의무

신용정보법에서는 가명처리 절차 및 생성된 가명정보의 사후관리에 대한 의무들도 정하고 있다. 기록을 남기거나 서류를 작성하는 등 회사가 관련 의무를 준수했는지 여부가 객관적으로 확인되는 규정들이 많기 때문에 가명처리시 관련 이력을 잘 남겨두어야 한다.[26]

가. 가명정보 보유기간

가명처리를 하는 경우 다음의 사항을 고려하여 가명정보의 보유기간을 정해야 한다. 이때 정한 기간 동안만 가명정보를 보유할 수 있다(법 제20조의2 제2항 제2의2 및 시행령 제17조의2 제3항).

① 추가정보 및 가명정보에 대한 관리적 · 물리적 · 기술적 보호조치 수준

② 가명정보의 재식별 시 신용정보주체에 미치는 영향

③ 가명정보의 재식별 가능성

④ 가명정보의 이용목적 및 그 목적 달성에 필요한 최소기간

나. 추가정보 및 가명정보에 대한 기술적 · 물리적 · 관리적 보호조치

회사는 추가정보를 분리하여 보관하거나 삭제하여야 하고, 가명정보를 보호하기 위해 내부관리계획을 수립하고 접속기록을 보관하는 등 기술적 · 물리적 · 관리적 보

---

26) 향후 규제기관이 가명처리를 제대로 했는지 여부를 검사하고자 한다면 1차적으로 법에서 요구하는 서류들을 모두 갖추고 있는지부터 확인하려고 할 것이다.

안대책을 수립·시행하여야 한다(법 제40조의2 제2항).

　회사가 가명정보와 관련하여 취해야 하는 보호조치에 대해서는 신용정보업감독 규정 [별표 8] 「가명정보에 관한 보호조치 기준」에서 상세하게 정하고 있다. 추가정 보를 월 1회 이상 점검하고 가명정보 오남용에 대한 자체 제재기준을 마련해야 하는 등 상세하고 다양한 의무들이 부여되어 있으므로 회사에서 가명처리를 하는 경우에 는 이 내용을 잘 확인하여야 한다.

　한편, 신용정보업감독규정 [별표 8] 「가명정보에 관한 보호조치 기준」 내의 "III. 보호대책 준용" 부분을 보면 [별표 3] 「신용정보의 기술적·물리적·관리적 보안대책 」을 준용한다고 되어 있다. 이는 가명정보처리시스템의 경우에도 개인신용정보처리 시스템에 포함된다고 보아 기본적으로 동일한 기술적·물리적·관리적 보안대책을 준수할 의무를 부여하고 있는 것이다. 만약 [별표 3]과 [별표 8]의 내용이 충돌하는 경우가 있다면 가명정보에 대한 특칙인 [별표 8]을 우선 적용한다.

다. 가명처리·익명처리시의 기록보존

　회사는 가명처리나 익명처리를 한 경우 다음의 기록을 3년간 보존하여야 한다(법 제40조의2 제8항).

---

1. 개인신용정보를 가명처리한 경우
　가. 가명처리한 날짜
　나. 가명처리한 정보의 항목
　다. 가명처리한 사유와 근거
2. 개인신용정보를 익명처리한 경우
　가. 익명처리한 날짜
　나. 익명처리한 정보의 항목
　다. 익명처리한 사유와 근거

라. 가명정보와 관련하여 회사가 작성·보존하여야 하는 서류

　신용정보법에서 정하고 있는 가명처리·익명처리시 작성·보존해야하는 서류를 정리해보면 다음과 같다.

- 가명처리·익명처리 기록 — 3년간
- 가명정보 취급자가 불가피한 사유로 추가정보에 접근하는 경우: 접근자의 신원, 관리책임자의 신원, 접근일시, 대상정보, 접근이 불가피한 사유, 용도 등의 기록 — 3년 이상
- 가명정보 취급자가 불가피한 사유로 가명처리전 개인신용정보에 접근하는 경우: 접근자의 신원, 관리책임자의 신원, 접근일시, 대상정보, 접근이 불가피한 사유, 용도 등의 기록— 3년 이상
- 가명정보 처리시 가명정보의 구체적인 처리 목적, 처리 방법, 처리 일시에 관한 기록 — 가명정보가 파기된 이후 3년 이상
- 가명정보 오·남용에 대한 자체 제재기준 마련
- 다음의 사항이 포함된 내부관리계획 수립

---

1. 가명정보 및 추가정보에 대한 접근 권한 부여·변경·말소에 관한 사항
2. 가명정보 및 추가정보가 저장 또는 처리되는 시스템·단말의 보호조치에 관한 사항
3. 가명정보 및 추가정보에 대한 접근기록 보관 및 점검에 관한 사항
4. 가명정보 및 추가정보의 보유 기간 및 파기 기준·방법에 관한 사항
5. 가명정보의 목적 외 활용 방지 및 재식별 방지 대책에 관한 사항
6. 가명정보 제3자 제공 시 사후관리에 관한 사항

마. 신용정보활용체제 및 개인정보 처리방침 보완

가명정보에 대해 적용이 배제되는 규정에 신용정보법 제31조(신용정보활용체제의 공시) 및 개인정보 보호법 제30조(개인정보 처리방침의 수립 및 공개)가 포함되어 있지 아니하므로 가명정보 처리와 관련된 내용도 신용정보활용체제 및 개인정보 처리방침에 기재하여야 한다. 이는 가명정보에 특화된 별도의 항목을 만들어서 기재하여야 하는 것은 아니고 법에서 정하고 있는 기재사항 내에 가명정보와 관련된 내용도 함께 기재하면 된다.

예를 들어, 금융분야 가명정보 안내서에서는 다음의 사항을 신용정보활용체제에 포함하여야 한다고 설명하고 있다.[27]

표 4 가명정보 처리 관련 신용정보활용체제에 포함하여야 할 사항(예시)

가명정보 처리 관련 신용정보활용체제에 포함하여야 할 사항
1. 개인신용정보의 가명처리 관련 사항을 포함된 개인신용정보 보호 및 관리에 관한 기본계획 2. 처리하는 가명정보의 종류 및 이용 목적 3. 가명정보를 제3자에게 제공하는 경우 제공하는 가명정보의 종류, 제공 대상, 제공받는 자의 이용 목적 4. 가명정보의 보유 또는 이용 기간, 가명정보 파기의 절차 및 방법 5. 가명정보 처리의 위탁이 있는 경우 그 업무의 내용 및 수탁자 6. 처리하는 가명정보의 항목

한편, 가명정보 가이드라인에서는 다음의 사항을 개인정보 처리방침에 포함하여야 한다고 설명하고 있다.[28]

표 5 가명정보 처리 관련 개인정보 처리방침에 포함하여야 할 사항(예시)

가명정보 처리 관련 개인정보 처리방침에 포함하여야 할 사항
1. 가명정보 처리 목적 2. 가명정보 처리 기간(선택) 3. 가명정보 제3자 제공에 관한 사항(해당되는 경우) 4. 가명정보 처리의 위탁에 관한 사항(해당되는 경우) 5. 처리하는 개인정보의 항목 6. 보호법 제28조의4(가명정보에 대한 안전조치의무 등)에 따른 가명정보의 안전성 확보 조치에 관한 사항

---

27) 금융분야 가명정보 안내서, 43페이지.
28) 가명정보 가이드라인, 80페이지.

2 익명정보

1) 익명처리 및 익명정보

> **신용정보법 제2조(정의)** 이 법에서 사용하는 용어의 뜻은 다음과 같다.
> 17. "익명처리"란 더 이상 특정 개인인 신용정보주체를 알아볼 수 없도록 개인신용정보를 처리하는 것을 말한다.

익명처리란 더 이상 특정 개인인 신용정보주체를 알아볼 수 없도록 개인신용정보를 처리하는 것을 의미한다. 또한, 익명정보란 개인신용정보를 익명처리한 결과물을 의미한다.

익명정보는 추가 처리를 하여도 개인을 알아볼 수 없기 때문에 개인정보 보호법이나 신용정보법 적용대상 자체에 해당하지 아니한다. 따라서 두 법에서 익명정보에 대해 다룰 필요가 없으나 신용정보법에서는 익명정보와 관련한 의미있는 규정이 하나 있으므로 이에 대해서는 알아둘 필요가 있다.

> **신용정보법 제40조의2(가명처리·익명처리에 관한 행위규칙)** ③ 신용정보회사등은 개인신용정보에 대한 익명처리가 적정하게 이루어졌는지 여부에 대하여 금융위원회에 그 심사를 요청할 수 있다.
> ④ 금융위원회가 제3항의 요청에 따라 심사하여 적정하게 익명처리가 이루어졌다고 인정한 경우 더 이상 해당 개인인 신용정보주체를 알아볼 수 없는 정보로 추정한다.
> ⑤ 금융위원회는 제3항의 심사 및 제4항의 인정 업무에 대해서는 대통령령으로 정하는 바에 따라 제26조의4에 따른 데이터전문기관에 위탁할 수 있다.

회사에서 개인신용정보를 익명처리하여 활용한다는 의미는 데이터법의 규제에서 완전히 벗어나서 정보를 활용하겠다는 의미이다. 따라서, 익명정보만으로도 원하는 목적을 달성할 수 있다면 개인신용정보를 익명처리한 후 활용하는 것이 법적으로 가장 안전한 방법인데, 이때는 제대로 익명처리했는지 여부에 대한 걱정이 생길 수밖에 없다. 개인신용정보를 익명처리하여 활용한다는 것은 데이터법을 신경쓰지 않고 정보를 처리하겠다는 의미이므로 추후에 제대로 익명처리가 되지 않았다고 판단 된다면 대놓고 법을 위반하고 정보를 처리한 것이 되기 때문이다.

신용정보법에서는 이러한 우려를 해결할 수 있는 규정을 두고 있다. 회사가 익명 처리한 이후에 익명처리가 제대로 되었는지에 대해 금융위원회에 심사를 청구할 수 있다. 실제 금융위원회가 직접 심사를 하는 것은 아니고 해당 업무를 데이터전문기 관에 위탁하였으니 이 규정을 활용하고자 하는 금융회사는 데이터전문기관에 심사 를 신청하면 된다.

가명정보는 추가정보가 있어야만 누군지 알아볼 수 있는 정보이고 익명정보는 더 이상 개인을 알아볼 수 없는 정보이다. 그렇다면, 가명정보를 만든 후에 추가정보를 완전히 삭제한다면 그 정보는 익명정보가 되는 것일까?

이는 일률적으로 "맞다"고 답하기는 어렵다. 익명정보인지 여부는 시간·비용· 기술 등을 합리적으로 고려하여 판단하는 것이기 때문에 case by case로 따져 보아 야 한다.[29] 예를 들어, 추가정보인 원본테이블을 삭제하였다고 하더라도 다른 정보 들을 여러 개 이용하여 누구인지 알아볼 수 있는 경우가 생길 수 있기에 추가정보를 삭제하였다고 하여 익명정보가 된다고 단정할 수 없다.

관련 법령해석 및 Q&A

가명정보와 관련하여서는 규제기관의 다양한 해석례가 존재한다. 그 중 중요하다고 생각 되는 내용 위주로 정리하였다.

- 신용정보법은 결합의뢰기관에 신용정보회사등이 포함되어 있는지 여부를 기준으로 신 용정보법에 따른 정보집합물 결합 수행 여부를 판단할 뿐 결합 대상이 개인신용정보인 지 여부는 판단기준으로 삼지 않는다. 따라서 결합의뢰기관에 금융회사가 포함되어 있 다면 결합 대상이 개인신용정보가 아닌 개인정보에만 해당하는 경우에도 데이터전문기 관을 이용하여 결합하여야 한다.

---

29) 가명정보 가이드라인, 237페이지.

예를 들어, 두 금융회사가 개인신용정보가 아닌 개인정보만을 결합하는 경우에도 결합
의뢰기관이 "금융회사"이므로 개인정보 보호법이 아닌 신용정보법에 따른 결합 절차를
수행하여야 한다.

- 결합신청시 제출하는 결합신청서에는 이용기관명을 기재하도록 되어 있으며, 결합시 기
재된 이용기관의 가명정보 활용 목적, 보호수준 등을 고려하여 적정성 검토를 수행한다.
따라서 가명처리된 결합정보는 결합신청서에 기재된 이용기관만 이용이 가능하다. 만약
임의로 제3자에게 결합정보를 제공하고자 한다면 이는 적정성 검토시 고려하지 아니한
자에게 정보를 제공하는 것이므로 다시 적정성 검토를 수행하여야 한다.

- 신용정보주체의 동의 없이 처리가 가능한 가명정보는 통계작성, 과학적 연구, 공익적 기
록보존 목적에 한정되므로 처리 목적을 설정하지 않고 개인정보를 가명처리하여 보관하
는 것은 적법한 처리에 해당하지 아니한다.

- 가명처리 과정에서 가명정보와 추가정보가 일시적으로 동일서버에 존재하는 것은 추가
정보 분리보관 의무 위반에 해당하지 않는다.

- 결합률 사전통지란 결합의뢰기관의 결합키만을 비교하여 전체 데이터set에서 결합이 가
능한 비율을 통지하는 것을 의미한다. 예를 들어, 두 개의 회사가 각각 100개의 데이터
set을 결합하고자 하는데, 결합키가 동일한 경우가 10개라면 제공한 100개의 데이터set
중 10개만 결합이 가능하므로 결합률은 10%이다. 이때, 결합키 자체도 가명정보에 해당
하고 결합률 확인도 정보집합물 결합에 해당하므로 결합률 사전 확인도 데이터전문기관
을 통해서만 가능하다.

- 결합할 정보집합물을 이용하려는 기관이 결합의뢰기관을 대신하여 정보집합물 결합을
신청하는 것도 가능하다. 이러한 경우에는 정보집합물 이용기관은 해당 결합의뢰기관이
결합 신청에 동의한다는 결합의뢰기관의 동의서를 첨부한 결합신청서를 데이터전문기
관에 제출하여 정보집합물의 결합을 신청하여야 한다(신용정보업감독규정 제15조의2
제1항).

Q1 신용정보법에서는 "개인의 질병, 상해 또는 그 밖에 이와 유사한 정보(이하 "**질병정보등**")"
의 활용에 대한 제한 규정을 두고 있는데,[30] 가명처리한 질병정보등의 경우에도 통계작

---

30) 자세한 내용은 "개인신용정보의 수집과 이용" 부분(35페이지 이하) 참고.

성, 과학적 연구, 공익적 기록보존의 목적으로 신용정보주체의 동의없이 활용할 수 있는
지 여부[31]

A 가명처리된 질병정보등은 특정 개인을 알아 볼 수 없고 민감성도 극히 낮아 개인(신용)정
보와 관련된 개인의 권리를 침해할 우려가 높지 않은 정보이므로 가명정보 예외규정 적용
이 가능하다.

⇨ 질병정보등에 해당한다고 하더라도 가명처리한 경우에는 다른 개인신용정보의 가명
처리와 동일하게 통계작성, 과학적 연구, 공익적 기록보존 목적으로 동의없이 활용이
가능하다는 해석이다.

Q2 개인신용정보에 대한 수집, 이용 및 제3자 제공에 동의한 고객의 대출 신청이 거절된 경
우 해당 고객의 개인신용정보를 통계작성 및 분석을 위하여 가명처리하여 내부적으로 이
용할 수 있는지 여부[32]

A 금융회사가 대출이 거절된 고객의 개인신용정보를 지체없이 파기하지 아니하고, 통계작
성 및 분석 목적으로 가명처리하여 내부적으로 이용하는 것은 허용되지 않는다.

⇨ 대출이 거절된 고객은 금융회사의 고객이 아니므로 해당 고객의 개인신용정보에 대해
서는 추가적인 처리가 불가능하고 바로 파기하여야 한다는 해석이다.

⇨ 그런데, 개인신용정보를 가명처리하는 것 자체에 대해서는 동의없이 가능하다는 것이
규제기관의 법 해석인데, 대출거절 고객이라고 하여 이러한 처리가 불가능하다고 본
점은 선뜻 이해가 되지 않는 법령해석이기도 하다. 규제기관이, 금융회사가 대출이 거
절된 고객의 개인신용정보를 활용하는 것에 대해서는 매우 엄격한 입장을 취하고 있
다는 점을 잘 알아두도록 하자.

---

31) 금융위원회, 법령해석 회신문(200258).
32) 금융위원회, 법령해석 회신문(200353).

참고

〈가명정보 관련 최근 판결〉

최근 가명정보와 관련된 주목할만한 판결이 있었다(서울고등법원 2023. 12. 20.선고 2023나 2009236판결). 개인정보를 가명처리하는 행위에 대한 정지요구권을 인정한 판결인데, 판결의 주요 내용은 다음과 같다.

이동통신사가 고객의 개인정보를 가명처리해 활용하고 있었는데, 고객이 자신의 개인정보를 가명처리하는 행위를 정지해 달라고 요구한 사건이다.

법원은 '개인정보를 가명처리하는 행위'와 '가명처리된 정보(가명정보)를 이용하는 행위'를 구분해 개인정보를 가명처리하는 행위도 독자적인 개인정보의 처리에 해당한다고 판단했다. 이어서 가명정보에 대해 적용이 배제되는 규정에 개인정보의 처리정지 요구권(제37조)이 포함되어 있으나 '개인정보를 가명처리하는 행위'는 이미 가명처리가 완료된 정보, 즉 가명정보를 처리하는 행위와 구분되는 것이므로 이에 대한 처리정지 요구권은 배제되지 않는다고 해석하였다. 즉, 가명정보에 대해서는 제37조의 적용이 배제되므로, 정보주체의 가명정보 처리정지요구권은 인정되지 아니하나 개인정보를 가명처리하는 행위에 대한 정지요구권은 배제되는 규정이 없으므로 인정된다는 해석이다.

법원은 구체적으로 "가명정보의 활용이 정보주체의 자기결정권을 현저하게 제한하고 있는 이상, 개인정보의 가명처리 정지 요구권 행사가 정보주체가 가명정보에 대해 가지는 유일한 결정권을 행사하는 것이므로 가명처리 정지 요구권을 인정해야 한다"고 판단하였다

〈왜 이러한 논란이 생기게 되는 것일까?〉

법 조항을 자세히 살펴보면 그 이유를 알 수 있는데, 법에서 ① 가명정보를 동의없이 처리할 수 있다고만 되어 있을 뿐 개인정보를 가명처리하는 행위를 동의없이 할 수 있다는 점을 정하고 있지는 아니하다. 또한, ② 가명정보의 처리정지 요구권만 적용을 배제하고 있을 뿐 개인정보를 가명처리하는 행위의 정리요구권의 적용을 배제하고 있지는 아니하다. 법원은 이러한 점을 고려하여 정보주체가 가명처리의 정지를 요구할 권리가 있다고 판단한 것이다.

> **개인정보 보호법 제28조의2(가명정보의 처리 등)** ① 개인정보처리자는 통계작성, 과학적 연구, 공익적 기록보존 등을 위하여 정보주체의 <u>동의 없이 가명정보를 처리할 수 있다.</u>

현재[33] 본 판결에 대한 상고심이 진행 중에 있으므로 최종 판결결과에 대해서 계속 모니터링하기를 권장하는 바이다.

---

33) 2024년 8월 31일 기준.

제5장 개인신용정보의 이전

1 개인신용정보의 제3자 제공 및 처리위탁

신용정보법에서는 개인신용정보가 제3자에게 이전되는 경우를 개인신용정보 제 3자 제공(이하 "**제3자 제공**")과 개인신용정보 처리업무 위탁(이하 "**처리위탁**")으로 구분하고 있다. 즉, 처리위탁과 제3자 제공 모두 개인신용정보가 다른 사람(제3자)에게 이전된다는 측면에서는 동일하나 그 성격에 따라 "제3자 제공" 또는 "처리위탁" 중 하나에 해당한다.

이를 구분하는 기준은 누구의 목적·이익을 위하여 개인신용정보가 이전되느냐 인데 '처리위탁'의 경우에는 정보를 제공하는 자의 업무를 처리할 목적과 이익을 위해 개인신용정보가 제3자에게 이전되지만, '제3자 제공'은 정보를 제공받는 자의 업무를 처리할 목적과 이익을 위해 개인신용정보가 이전된다.[34]

예를 들어, 금융회사가 경품 이벤트를 제공하고 당첨자에게 상품을 배송하기 위해 고객정보를 배송업체로 이전하는 경우에는 고객과의 관계에 있어서 당첨상품 배송은 이벤트를 진행한 금융회사의 의무이므로 배송업체가 정보를 제공한 자인 금융회사의 업무를 대신 수행하는 것으로서 "처리위탁"에 해당한다. 반면, 금융회사가

---

34) 개인정보 보호법에서도 동일한 기준에 따라 처리위탁과 제3자 제공을 구분하고 있으며, 판례에서도 다음과 같이 동일한 기준을 제시하고 있다(대법원 2017. 4. 7. 선고 2016도 13263 판결).

　개인정보의 '제3자 제공'은 본래의 개인정보 수집·이용 목적의 범위를 넘어 정보를 제공받는 자의 업무처리와 이익을 위하여 개인정보가 이전되는 경우인 반면, 「개인정보 보호법」 제26조에서 말하는 개인정보의 '처리위탁'은 본래의 개인정보 수집·이용 목적과 관련된 위탁자 본인의 업무 처리와 이익을 위하여 개인정보가 이전되는 경우를 의미한다.

제휴업체에 고객정보를 이전하고 제휴업체에서 자신의 사업을 위해 고객정보를 활용하는 경우에는 정보를 제공받은 자인 제휴업체의 업무를 위해 이용하는 것이므로 "제3자 제공"에 해당한다. 또한, 마트 등에서 경품응모의 방식으로 고객 정보를 받아서 보험회사에 전달하고 보험회사가 이를 이용하여 TM영업하는 경우가 종종 있는데, 이는 정보를 제공받은 자인 보험회사의 사업목적을 위하여 정보가 이전되는 경우이므로 이 또한 "제3자 제공"에 해당한다.

조금 더 이론적으로 설명하면, 개인신용정보의 관리·감독권이 누구한테 있느냐에 따라 구분된다고 말하곤 하는데 이전 이후에도 여전히 개인신용정보의 관리·감독권이 이전한 회사에 있는 경우에는 "처리위탁"에, 이전 이후에는 이전받은 회사(제3자)가 자신의 책임 하에 개인신용정보를 처리하고 관리·감독권도 제3자에게 있는 경우에는 "제3자 제공"에 해당한다. 그러나 조금만 더 생각해보면 이러한 해석이나 누구의 목적·이익인지에 따라 구분하는 해석이나 사실상 동일한 기준이라는 것을 알 수 있다. 따라서 더 쉽게 설명하고 있는 전자의 해석을 기억하는 것이 더 나을 것이다.

뒤에서 자세히 설명하겠지만 개인신용정보가 제3자에게 이전되는 경우에 대해 처리위탁인지 제3자 제공인지를 구분하는 것이 중요한 이유는 법적 의무가 확연히 달라지기 때문이다. 제3자 제공인 경우에는 신용정보주체로부터 동의를 받아야 하지만 처리위탁인 경우에는 동의없이 정보를 이전할 수 있다. 서비스를 제공하면서 고객에게 동의를 받는 것이 쉽지 않다는 점을 경험해본 사람이라면 누구나 제3자 제공이 아닌 처리위탁으로 해석되기를 바랄 것이다.

그렇다면 제3자 제공의 경우에는 신용정보주체의 동의를 받아야 하고 처리위탁의 경우에는 신용정보주체의 동의가 필요하지 않은 이유는 무엇일까? 이에 대해서는 다양한 견해들이 있겠지만 필자는 개인정보 보호에 관한 일반법인 개인정보 보호법의 보호법익과 연결시켜서 해석하는 것이 가장 적합하다고 생각한다. 일반적으로 "보호"라는 단어가 들어가 있는 법은 지키고 싶은 무언가가 있기에 제정된 법인데, 개인정보 보호법은 "개인정보 자기결정권", 즉 자신의 개인정보에 관한 처리를 스스로 결정할 수 있는 권리를 보호법익으로 한다. 이러한 점을 참고하여, 제3자 제공과 처리위탁을 분석해보면 제3자 제공은 정보를 제공받는 제3자가 자신의 목적을 위해 정보를 이용하는 경우이므로 신용정보주체가 수집·이용 동의시 허용하지 않았던 새로운 목적으로 정보가 이용되는 것이다. 따라서 이를 그대로 이용하게 된다면 "개 인정보 자기결정권"의 침해가 생기게 되고 이를 해결하기 위해서는 새로운 허락행위 인 동의가 필요하다. 반면, 처리위탁은 정보를 제공하는 자의 목적을 위해 정보가 이 전되는 것으로서 정보를 이전받은 자는 제공하는 자를 위해 정보를 처리하게 된다. 이는 신용정보주체가 수집·이용 동의시 허용하였던 목적범위 내에서 제3자가 개인 정보처리자(최초 개인정보 수집회사)의 관리·감독 하에 마치 손발로서 업무를 대신 하 는 것에 불과하므로 이전이 된다고 하여도 개인정보 자기결정권의 침해가 생기지 않 는다. 따라서 새로운 동의가 필요하지 않은 것이다.

> ### ◇ 참고
>
> 〈개인정보 보호법과 신용정보법의 제3자 제공 및 처리위탁 규정의 차이점〉
>
> 개인정보 보호법은 제3자 제공과 처리위탁을 명확히 구분하여 제3자 제공은 제17조에서, 처리 위탁 제26조에서 규정하고 있다. 제17조에서 제3자 제공시 동의를 받도록 정하고 있는 반면 제 26조에서 처리위탁시에는 그러한 의무를 부여하고 있지 아니하다. 따라서 두 법률행위를 완전히 구분되는 별개의 행위로 보아 그 법적 효과도 명확히 구분하고 있다.
> 판례에서도 수탁자는 개인정보 보호법 제17조에 정한 '제3자'에 해당하지 않는다고 판단하여 두 개념을 명확히 구분하고 있다(대법원 2017. 4. 7. 선고 2016도13263 판결).
>
> 그러나 신용정보법을 보면 제3자 제공과 처리위탁을 완전히 별개의 개념으로 구분하고 있지 않 은 것으로 보인다. 처리위탁은 제17조에서, 제3자 제공은 제32조에서 규정하고 있으나 제32조 제6항에서 처리위탁에 대해 언급하고 있기 때문이다. 즉, 신용정보법은 개인정보 보호법과 달리 처리위탁을 위한 정보 이전도 제3자 제공행위의 하나라고 보면서 예외적으로 동의없이 제공할 수 있는 경우에 해당한다고 보고 있다.
>
> **제32조(개인신용정보의 제공·활용에 대한 동의)** ① 신용정보제공·이용자가 개인신 용정보를 타인에게 제공하려는 경우에는 대통령령으로 정하는 바에 따라 해당 신용정

> 보주체로부터 다음 각 호의 어느 하나에 해당하는 방식으로 개인신용정보를 제공할 때
> 마다 미리 개별적으로 동의를 받아야한다. 다만, 기존에 동의한 목적 또는 이용 범위에
> 서 개인신용정보의 정확성·최신성을 유지하기 위한 경우에는 그러하지 아니하다.
> ⑥ 신용정보회사등(제9호의3을 적용하는 경우에는 데이터전문기관을 포함한다)이 개
> 인신용정보를 제공하는 경우로서 다음 각 호의 어느 하나에 해당하는 경우에는 제1항부
> 터 제5항까지를 적용하지 아니한다.
> 2. 제17조제2항에 따라 신용정보의 처리를 위탁하기 위하여 제공하는 경우

그러나 개인정보 보호법의 구분을 따르든 신용정보법의 구분을 따르든 제3자 제공시에는 동의가
필요하고 처리위탁시에는 동의가 필요없다는 점은 동일하므로 실무적으로는 차이가 없다. 실제
자문을 하면서 이 부분으로 인해 신용정보법과 개인정보 보호법의 해석이 달라진 경우는 없었다.
부가적으로 설명하자면, 예전의 신용정보법[35]에서는 제3자 제공 동의 예외사유 중 하나로 "계약
의 이행에 필요한 경우로서 제17조제2항에 따라 신용정보의 처리를 위탁하기 위하여 제공하는
경우"를 두고 있던 적이 있었다. 이때는 "계약의 이행에 필요없는 처리위탁"인 경우에는 동의를
받아야 하므로 개인정보 보호법과 신용정보법의 해석에 차이가 생기곤 했다. 그러나 현행 규정은
그러한 제약조건이 없어졌으므로 구조의 차이에 따른 해석의 차이가 생길 여지가 없어졌다.

2 개인신용정보의 제3자 제공

> **신용정보법 제32조(개인신용정보의 제공·활용에 대한 동의)** ① 신용정보제공·이용자가 개
> 인신용정보를 타인에게 제공하려는 경우에는 대통령령으로 정하는 바에 따라 해당 신용정보
> 주체로부터 다음 각 호의 어느 하나에 해당하는 방식으로 개인신용정보를 제공할 때마다 미리
> 개별적으로 동의를 받아야 한다. 다만, 기존에 동의한 목적 또는 이용 범위에서 개인신용정보
> 의 정확성·최신성을 유지하기 위한 경우에는 그러하지 아니하다.
> 1. 서면
> 2. 「전자서명법」 제2조제2호에 따른 전자서명(서명자의 실지명의를 확인할 수 있는 것을 말한
>   다)이 있는 전자문서(「전자문서 및 전자거래 기본법」 제2조제1호에 따른 전자문서를 말한다)
> 3. 개인신용정보의 제공 내용 및 제공 목적 등을 고려하여 정보 제공 동의의 안정성과 신뢰성
>   이 확보될 수 있는 유무선 통신으로 개인비밀번호를 입력하는 방식

---

35) 2020. 8. 5. 이전의 신용정보법.

4. 유무선 통신으로 동의 내용을 해당 개인에게 알리고 동의를 받는 방법. 이 경우 본인 여부 및 동의 내용, 그에 대한 해당 개인의 답변을 음성녹음하는 등 증거자료를 확보·유지하여야 하며, 대통령령으로 정하는 바에 따른 사후 고지절차를 거친다.

5. 그 밖에 대통령령으로 정하는 방식

신용정보법 시행령 제28조(개인신용정보의 제공·활용에 대한 동의) ② 신용정보제공·이용자는 법 제32조제1항 각 호 외의 부분 본문에 따라 해당 신용정보주체로부터 동의를 받으려면 다음 각 호의 사항을 미리 알려야 한다. 다만, 동의 방식의 특성상 동의 내용을 전부 표시하거나 알리기 어려운 경우에는 해당 기관의 인터넷 홈페이지 주소나 사업장 전화번호 등 동의 내용을 확인할 수 있는 방법을 안내하고 동의를 받을 수 있다.

1. 개인신용정보를 제공받는 자
2. 개인신용정보를 제공받는 자의 이용 목적
3. 제공하는 개인신용정보의 내용
4. 개인신용정보를 제공받는 자(개인신용평가회사, 개인사업자신용평가회사, 기업신용조회회사 및 신용정보집중기관은 제외한다)의 정보 보유 기간 및 이용 기간
5. 동의를 거부할 권리가 있다는 사실 및 동의 거부에 따른 불이익이 있는 경우에는 그 불이익의 내용

③ 신용정보제공·이용자는 법 제32조제1항제4호에 따라 유무선 통신을 통하여 동의를 받은 경우에는 1개월 이내에 서면, 전자우편, 휴대전화 문자메시지, 그 밖에 금융위원회가 정하여 고시하는 방법으로 제2항 각 호의 사항을 고지하여야 한다.

④ 법 제32조제1항제5호에서 "대통령령으로 정하는 방식"이란 정보 제공 동의의 안전성과 신뢰성이 확보될 수 있는 수단을 활용함으로써 해당 신용정보주체에게 동의 내용을 알리고 동의의 의사표시를 확인하여 동의를 받는 방식을 말한다.

이젠 본격적으로 개인신용정보의 제3자 제공에 대해서 학습하도록 하자.

개인신용정보의 제3자 제공과 관련하여서는 신용정보법 제32조에서 정하고 있는데, 조항의 내용이 매우 많을 뿐만 아니라 개인정보 보호법과 다른 부분도 상당하다. 따라서 개별 조항의 내용을 꼼꼼히 알아둘 필요가 있다.

특히, ① 동의를 받는 방법, ② 개인신용정보 조회 동의 ③ 제3자 제공 동의 예외 사유에 대해 잘 알고 있어야 한다.

1) 동의를 받는 방법

신용정보제공·이용자가 개인신용정보를 제3자에게 제공하는 경우에는 신용정보주체의 동의를 받아야 한다. 동의를 받을 시에는 ① 개인신용정보를 제공받는 자, ② 개인신용정보를 제공받는 자의 이용 목적, ③ 제공하는 개인신용정보의 내용, ④ 개인신용정보를 제공받는 자의 정보 보유 기간 및 이용 기간, ⑤ 동의를 거부할 권리가 있다는 사실 및 동의 거부에 따른 불이익이 있는 경우에는 그 불이익의 내용을 알리고 동의를 받아야 한다. 동의 내용을 전부 표시하거나 알리기 어려운 경우에는 동의서 상에는 이를 확인할 수 있는 인터넷 홈페이지 주소를 기재하고 동의를 받을 수 있는데, 계열사에 고객의 개인신용정보를 제공하는 경우로서 계열사의 수가 너무 많은 경우에는 동의서에는 URL만을 기재하고 해당 URL로 연결되는 페이지에 계열사 리스트를 기재한 뒤 동의를 받기도 한다.

> ◈ 참고
>
> URL로 연결되는 페이지에 기재되어 있는 "제공받는 자"가 변경된다면 새로 동의를 받아야 한다.
> 이는 기존에 동의받은 항목과 비교하여 "제공받는 자"가 달라지는 것이기 때문에 당연히 새로 동의를 받아야 하는데, 동의서는 그대로 있고 연결되어 있는 페이지의 내용만 변경된다는 점에서 가끔 실수하는 경우가 생기곤 한다.

한편, 개인정보 보호법에서는 제공받는 자를 알리는 경우 그 성명과 연락처를 함께 알려야 한다는 규정을 두고 있다(표준 개인정보 보호지침 제7조 제3항). 따라서 금융회사 외의 회사들이 활용하는 제3자 제공 동의서에는 제공받는 자의 연락처까지 기재되어 있는 것이 일반적이나 금융회사는 신용정보법이 우선 적용된다고 보아 "연락처"까지는 기재하지 않는 경우가 대부분인 것으로 보인다.[36]

제3자 제공 동의를 받을 시에는 서면, 전자문서 등 다양한 방법으로 동의를 받을

---

36) 물론 개인정보 보호법이 개인정보에 관한 일반법이라는 점을 고려하여 "연락처"정보도 기재하고자 한다면 이는 더 바람직한 동의서가 된다.

수 있는데, 유무선 통신으로 동의 내용을 해당 개인에게 알리고 동의를 받을 시에는 1) 본인 여부 및 동의 내용, 그에 대한 해당 개인의 답변을 음성 녹음하는 등 증거자료를 확보·유지하여야 하며, 2) 1개월 이내에 서면, 전자우편, 휴대전화 문자메시지 등으로 ①~⑤의 사항을 고지하여야 한다. 1), 2)는 개인정보 보호법에는 없는 내용이다.

 관련 Q&A

Q 전화를 통한 보험 계약 체결 진행 시 개인신용정보 수집·제공 등에 대한 고객 동의를 ARS 방식으로 대체할 수 있는지 여부

A 신용정보제공·이용자가 신용정보주체로부터 개인신용정보의 수집에 대한 동의를 받는 방법은 「개인정보 보호법」에서 정하는 바에 따라야 하며, 개인신용정보의 제3자 제공에 대한 동의를 받는 방법은 신용정보법 제32조 제1항 각 호에서 정하는 바에 따라야 한다.

개인신용정보의 수집 동의를 받을 경우에는 「개인정보 보호법 시행령」 제17조제2항제2호 (전화를 통하여 동의 내용을 정보주체에게 알리고 동의의 의사표시를 확인하는 방법) 또는 제3호(전화를 통하여 동의 내용을 정보주체에게 알리고 정보주체에게 인터넷주소 등을 통하여 동의 사항을 확인하도록 한 후 다시 전화를 통하여 그 동의 사항에 대한 동의의 의사표시를 확인하는 방법)의 방법을 사용할 수 있으며, 이러한 방법에는 ARS를 통한 방법도 포함된다.

개인신용정보의 제3자 제공 동의 역시 신용정보법 제32조 제1항 제4호에 따라 ARS를 통한 방법으로 받을 수 있으나 이 경우 본인여부 및 동의 내용, 그에 대한 해당 개인의 답변을 음성녹음하는 등 증거자료를 확보·유지하여야 하며, 신용정보법 시행령 제28조 제4항에 따라 1개월 이내에 사후고지 의무를 이행하여야 한다.

⇨ 신용정보법에서 개인신용정보를 수집할 시 동의를 받는 방법을 정하고 있지는 아니하므로 수집동의를 받는 방법은 개인정보 보호법에서 정하고 있는 내용을 따라야 한다.

반면, 신용정보법에서 개인신용정보를 제3자 제공할 시 동의를 받는 방법에 대해서는 정하고 있다(신용정보법 제32조 제1항). 따라서 제3자 제공 동의를 받는 방법은 개인정

보 보호법이 아닌 신용정보법을 따라야 하는데, 유무선 통신을 통하여 동의를 받을 경우 사후고지 절차를 정하고 있으므로 회사는 동의를 취득한 이후 그 절차를 이행하여야 한다.

⬥ 참고

예전에 필자가 자문하면서 실수한 적이 있는 이슈인데, 전자문서로 개인신용정보 제공 동의를 받으면서 전자적 형태로 성명을 기재하는 사인을 받는다면 이는 제32조 제1항 각 호의 동의를 받는 방법 중 어디에 해당할까?

큰 고민없이 "2.「전자서명법」제2조제2호에 따른 전자서명"에 해당한다고 답한다면 틀린 답이다(실은 필자도 처음에 이렇게 자문을 했다가 이상한 점을 깨닫고 새로 자문을 준 적이 있다).

제32조 제1항을 꼼꼼히 읽어보면 전자서명 방식에는 "서명자의 실지명의를 확인할 수 있는 것을 말한다"라는 제한 조건이 달려있다. 따라서 모든 전자서명이 여기에 해당하지 아니하고 실지명의를 확인할 수 있는 방식이 결합된 경우에만 여기에 해당한다.

결국 이 질의의 답변은 "5. 그 밖에 대통령령으로 정하는 방식", 즉 "정보 제공 동의의 안전성과 신뢰성이 확보될 수 있는 수단을 활용함으로써 해당 신용정보주체에게 동의 내용을 알리고 동의의 의사표시를 확인하여 동의를 받는 방식"이다.

규제기관은 "안전성과 신뢰성이 확보될 수 있는 수단"에 대해 회사 차원에서 안전성과 신뢰성이 확보될 수 있는 수단으로 판단된다면 동의방식으로 활용하실 수 있다고 하여 비교적 폭넓게 그 범위를 인정하고 있다.

또한, 신용정보법에서는 개인신용정보를 제공할 때마다 미리 개별적으로 동의를 받아야 한다고 정하고 있다. 따라서 개인신용정보를 제공할 때마다 건 by 건으로 동의를 받는 것이 원칙이다. 그런데, 실제로는 처음에 한번 동의를 받고 나면 그 다음부터는 동의없이 계속 동일한 항목의 정보를 제공받을 수 있는데 그 이유는 무엇일까?

이는 제32조 제1항에 "기존에 동의한 목적 또는 이용 범위에서 개인신용정보의 정확성·최신성을 유지하기 위한 경우에는 그러하지 아니하다."라는 규정이 있기 때문이다. 즉, 이미 동의받은 항목을 동의받은 목적으로 처리하기 위해 재제공받는 것은 "정확성·최신성 유지"에 해당한다고 보아 동의없이 제공이 가능하다.

2) 개인신용정보의 조회

신용정보법 제32조(개인신용정보의 제공·활용에 대한 동의) ② 개인신용평가회사, 개인사업자신용평가회사, 기업신용조회회사 또는 신용정보집중기관으로부터 개인신용정보를 제공받으려는 자는 <u>대통령령으로 정하는</u> 바에 따라 해당 신용정보주체로부터 제1항 각 호의 어느 하나에 해당하는 방식으로 개인신용정보를 제공받을 때마다 개별적으로 동의(기존에 동의한 목적 또는 이용 범위에서 개인신용정보의 정확성·최신성을 유지하기 위한 경우는 제외한다)를 받아야 한다. 이 경우 개인신용정보를 제공받으려는 자는 개인신용정보의 조회 시 개인신용평점이 하락할 수 있는 때에는 해당 신용정보주체에게 이를 고지하여야 한다.
③ 개인신용평가회사, 개인사업자신용평가회사, 기업신용조회회사 또는 신용정보집중기관이 개인신용정보를 제2항에 따라 제공하는 경우에는 해당 개인신용정보를 제공받으려는 자가 제2항에 따른 동의를 받았는지를 <u>대통령령으로 정하는</u> 바에 따라 확인하여야 한다.

신용정보법 시행령 제28조(개인신용정보의 제공·활용에 대한 동의) ⑥ 법 제32조제2항에 따라 개인신용평가회사, 개인사업자신용평가회사, 기업신용조회회사 또는 신용정보집중기관으로부터 개인신용정보를 제공받으려는 자는 다음 각 호의 사항을 해당 개인에게 알리고 동의를 받아야 한다. 다만, 동의방식의 특성상 동의 내용을 전부 표시하거나 알리기 어려운 경우에는 해당 기관의 인터넷 홈페이지 주소나 사업장 전화번호 등 동의 내용을 확인할 수 있는 방법을 안내하고 동의를 받을 수 있다.
1. 개인신용정보를 제공하는 자
2. 개인신용정보를 제공받는 자의 이용 목적
3. 제공받는 개인신용정보의 항목
4. 개인신용정보를 제공받는 것에 대한 동의의 효력기간
5. 동의를 거부할 권리가 있다는 사실 및 동의 거부에 따른 불이익이 있는 경우에는 그 불이익의 내용
⑦ 법 제32조제3항에 따라 개인신용평가회사, 개인사업자신용평가회사, 기업신용조회회사 또는 신용정보집중기관은 개인신용정보를 제공받으려는 자가 해당 신용정보주체로부터 동의를 받았는지를 서면, 전자적 기록 등으로 확인하고, 확인한 사항의 진위 여부를 주기적으로 점검해야 한다.

신용정보법에 따르면, 신용평가회사나 신용조회회사 등으로부터 개인신용정보를 제공받는 경우에는 제공받는자가 동의를 받아야 한다. 이때 개인신용정보를 제공받는 행위를 "조회"라고 하고 그 때 받는 동의를 "조회 동의"라고 하는데, 제32조 제2항 및 제3항이 "개인신용정보 조회 동의"에 관한 규정이다. 조회 동의와 관련하여서는 다음 세 가지에 대해 알아야 한다.

첫째, 제공하는 자가 아닌 제공받는 자가 동의를 받는다는 점이다. 개인신용정보를 보유하고 있는 자가 제3자에게 정보를 제공해도 되는지를 묻는 것이 일반적인 "제3자 제공"구조인데, 조회는 개인신용정보를 제공받는 금융회사가 자신의 필요에 의해 신용평가회사 등[37]으로부터 정보를 가져오는 것이므로 반대 구조가 만들어진다. 따라서 "조회 동의"라고 말하는 것이다.

둘째, 정보를 가져오는 자가 받는 동의이기에 동의시 고지해야 하는 사항이 제3자 제공 동의시와는 약간 차이가 있다. 따라서 동의서 작성시 이 점에 주의하여야 한다.

표 6 제3자 제공 동의 및 조회 동의 시 고지사항 비교

제3자 제공 동의	조회 동의
1. 개인신용정보를 제공받는 자	1. 개인신용정보를 제공하는 자
2. 개인신용정보를 제공받는 자의 이용 목적	2. 개인신용정보를 제공받는 자의 이용 목적
3. 제공하는 개인신용정보의 내용	3. 제공받는 개인신용정보의 항목
4. 개인신용정보를 제공받는 자의 정보 보유 기간 및 이용 기간	4. 개인신용정보를 제공받는 것에 대한 동의의 효력기간
5. 동의를 거부할 권리가 있다는 사실 및 동의 거부에 따른 불이익이 있는 경우에는 그 불이익의 내용	5. 동의를 거부할 권리가 있다는 사실 및 동의 거부에 따른 불이익이 있는 경우에는 그 불이익의 내용

마지막으로, 정보를 제공하는 자가 직접 동의를 받지 않는 대신 제대로 동의를 받았는지 여부를 서면, 전자적 기록 등으로 확인한 후 정보를 제공하여야 한다. 또한,

---

37) 개인신용평가회사, 개인사업자신용평가회사, 기업신용조회회사 또는 신용정보집중기관.

확인한 사항의 진위 여부도 주기적으로 점검해야 한다.

신용정보업감독규정에서 신용평가회사 등이 제대로 동의를 받았는지 확인하는 방법을 구체적으로 정해놓고 있다(감독규정 제37조). 다음 3가지 방식으로 동의를 제대로 받았는지 여부를 확인할 수 있는데, 제3호의 방식으로 확인하는 경우에는 사실 확인의 진위여부를 주기적으로 점검하여야 한다.

1. 동의서 사본을 제출받는 방식
2. 법 제32조제1항 제2호 및 제3호
3. 개인신용정보를 제공받으려는 자로부터 해당 개인의 조회동의 사실을 확인하였다는 기록을 전자적으로 제공받는 방식

 관련 Q&A

Q1 동시에 처리되는 여러 건의 대출신청에 대해 신용정보주체로부터 대출 건별로 개인신용정보 조회 동의서를 받아야 하는지 여부[38]

A 여러 건의 대출이 동시에 처리된다 하더라도 대출마다 개인신용정보의 조회 목적, 조회하는 개인신용정보의 항목 등이 다른 경우, 대출 건별로 개인신용정보 조회 동의서를 받아야 한다.

Q2 대출심사가 진행되는 과정에서 고객이 추가로 대출신청을 하는 경우, 기존 대출심사를 위해 신용정보주체로부터 개인신용정보 조회 동의서를 받은 것을 근거로 추가 대출 신청 건에 대한 처리를 위해 신용정보주체로부터 추가로 개인신용정보 조회 동의를 받지 않아도 되는지 여부

A 신청한 대출마다 개인신용정보의 조회 목적, 조회하는 개인신용정보의 항목 등이 다른 경우, 대출 건별로 고객으로부터 동의를 받아야 한다.

⇨ 결국, 조회 동의시 고지해야 하는 5가지 사항이 모두 동일한 경우에만 정확성·최신성

---

38) 금융위원회, 법령해석 회신문(200047).

을 유지하기 위한 경우로 보아 추가로 조회 동의를 받지 않아도 된다는 의미이다. 그런데, 여러 건의 대출신청을 하는 경우나 추가 대출신청을 하는 경우에는 "조회 목적, 조회하는 개인신용정보의 항목"이 다른 경우가 많으므로 건마다 별도의 개인신용정보 조회 동의를 받아야 하는 경우가 대부분일 것이다.

⚠ 참고

〈개인신용정보의 제3자 제공시 계약서에 포함되어야 할 사항〉

신용정보법에서는 개인신용정보를 제3자에게 제공하는 경우 신용정보이전계약에 포함되어야 할 사항을 정하고 있다. 제공과 관련된 규정인 제32조에 "조회"도 포함하고 있으므로 조회를 하는 경우에도 동일한 내용이 적용된다.

제3자 제공은 관리·감독권이 정보를 제공받는 자에게 넘어가는 것이므로 이전받은 정보의 책임도 제공받는 자에게 있다. 따라서, 사견으로는 제3자 제공시 제공받는 자가 정보를 어떻게 처리하여야 하는지를 계약의 내용으로 포함한다는 것이 약간 모순적인 면이 있다는 생각이다. 정보를 제공하는 자는 정보제공 후에는 제공된 정보가 어떻게 처리되는지 전혀 관여하지 않아야 정상인데, 계약서를 통해 의무를 부여한다는 것이 이상한 면이 있기 때문이다. 어쨌든 신용정보법에는 제3자 제공 계약시 계약서에 다음의 사항이 포함되어야 한다고 정하고 있다(신용정보업감독규정 [별표 4]).

> 가. 제공되는 신용정보의 범위 및 제공·이용 목적
> 나. 제공된 신용정보의 업무목적 외 사용 및 제3자 앞 제공 금지에 관한 사항
> 다. 제공된 신용정보의 이용자 제한 및 전담 관리자 지정에 관한 사항
> 라. 신용정보제공·이용자간 신용정보 송수신시 정보유출 방지에 관한 사항
> 마. 신용정보의 사용·보관 기간 및 동 기간 경과 후 신용정보의 폐기·반납에 관한 사항
> 바. 가목부터 마목까지를 위반한 경우의 책임소재 및 제재에 관한 사항

한 권으로 끝내는 금융데이터법

3) 제3자 제공 동의 예외사유[39)]

신용정보법에서는 다양한 제3자 제공 동의 예외사유를 허용하고 있다. 이 중 업무를 하면서 주로 언급되는 사유는 1) 개인신용정보 처리위탁(제2호), 2) 영업양도 등을 위한 개인정보의 이전(제3호), 3) 가명정보의 처리(제9의2호), 4) 합리적 관련성(제9의4호)인데 각각 별도의 목차로 구성하여 자세히 살펴보도록 하겠다.

신용정보법 제32조(개인신용정보의 제공·활용에 대한 동의) ⑥ 신용정보회사등(제9호의3을 적용하는 경우에는 데이터전문기관을 포함한다)이 개인신용정보를 제공하는 경우로서 다음 각 호의 어느 하나에 해당하는 경우에는 제1항부터 제5항까지를 적용하지 아니한다.

1. 신용정보회사 및 채권추심회사가 다른 신용정보회사 및 채권추심회사 또는 신용정보집중기관과 서로 집중관리·활용하기 위하여 제공하는 경우
2. 제17조제2항에 따라 신용정보의 처리를 위탁하기 위하여 제공하는 경우
3. 영업양도·분할·합병 등의 이유로 권리·의무의 전부 또는 일부를 이전하면서 그와 관련된 개인신용정보를 제공하는 경우
4. 채권추심(추심채권을 추심하는 경우만 해당한다), 인가·허가의 목적, 기업의 신용도 판단, 유가증권의 양수 등 대통령령으로 정하는 목적으로 사용하는 자에게 제공하는 경우
5. 법원의 제출명령 또는 법관이 발부한 영장에 따라 제공하는 경우
6. 범죄 때문에 피해자의 생명이나 신체에 심각한 위험 발생이 예상되는 등 긴급한 상황에서 제5호에 따른 법관의 영장을 발부받을 시간적 여유가 없는 경우로서 검사 또는 사법경찰관의 요구에 따라 제공하는 경우. 이 경우 개인신용정보를 제공받은 검사는 지체 없이 법관에게 영장을 청구하여야 하고, 사법경찰관은 검사에게 신청하여 검사의 청구로 영장을 청구하여야 하며, 개인신용정보를 제공받은 때부터 36시간 이내에 영장을 발부받지 못하면 지체 없이 제공받은 개인신용정보를 폐기하여야 한다.
7. 조세에 관한 법률에 따른 질문·검사 또는 조사를 위하여 관할 관서의 장이 서면으로 요구하거나 조세에 관한 법률에 따라 제출의무가 있는 과세자료의 제공을 요구함에 따라 제공하는 경우
8. 국제협약 등에 따라 외국의 금융감독기구에 금융회사가 가지고 있는 개인신용정보를 제공하는 경우
9. 제2조제1호의4나목 및 다목의 정보를 개인신용평가회사, 개인사업자신용평가회사, 기업

---

39) 필수적 동의와 선택적 동의를 구분하여 받아야 한다는 내용(제4항)과 선택적 동의를 하지 아니한다는 이유로 서비스 제공을 거절하지 말아야 한다는 내용(제5항)은 쉽게 이해할 수 있는 내용이므로 설명을 생략하였다.

신용등급제공업무 · 기술신용평가업무를 하는 기업신용조회회사 및 신용정보집중기관에 제공하거나 그로부터 제공받는 경우

9의2. 통계작성, 연구, 공익적 기록보존 등을 위하여 가명정보를 제공하는 경우. 이 경우 통계작성에는 시장조사 등 상업적 목적의 통계작성을 포함하며, 연구에는 산업적 연구를 포함한다.

9의3. 제17조의2제1항에 따른 정보집합물의 결합 목적으로 데이터전문기관에 개인신용정보를 제공하는 경우

9의4. 다음 각 목의 요소를 고려하여 당초 수집한 목적과 상충되지 아니하는 목적으로 개인신용정보를 제공하는 경우

가. 양 목적 간의 관련성

나. 신용정보회사등이 신용정보주체로부터 개인신용정보를 수집한 경위

다. 해당 개인신용정보의 제공이 신용정보주체에게 미치는 영향

라. 해당 개인신용정보에 대하여 가명처리를 하는 등 신용정보의 보안대책을 적절히 시행하였는지 여부

10. 이 법 및 다른 법률에 따라 제공하는 경우

11. 제1호부터 제10호까지의 규정에 준하는 경우로서 대통령령으로 정하는 경우

> 1) 장외파생상품 거래의 매매에 따른 위험 관리 및 투자자보호를 위해 장외파생상품 거래와 관련된 정보를 금융위원회, 금융감독원 및 한국은행에 제공하는 경우
> 2) 「상법」 제719조에 따른 책임보험계약의 제3자에 대한 정보를 보험사기 조사 · 방지를 위해 신용정보집중기관에 제공하거나 그로부터 제공받는 경우
> 3) 「상법」 제726조의2에 따른 자동차보험계약의 제3자의 정보를 보험사기 조사 · 방지를 위해 신용정보집중기관에 제공하거나 그로부터 제공받는 경우

⑦ 제6항 각 호에 따라 개인신용정보를 타인에게 제공하려는 자 또는 제공받은 자는 대통령령으로 정하는 바에 따라 개인신용정보의 제공 사실 및 이유 등을 사전에 해당 신용정보주체에게 알려야 한다. 다만, 대통령령으로 정하는 불가피한 사유가 있는 경우에는 인터넷 홈페이지 게재 또는 그 밖에 유사한 방법을 통하여 사후에 알리거나 공시할 수 있다.

예외사유의 구체적인 설명에 앞서, 예외사유에 해당하여 동의를 받지 않고 개인신용정보를 제공하는 경우에는 제공하려는 자 또는 제공받은 자가 개인신용정보의 제공 사실 및 이유 등을 사전에 해당 신용정보주체에게 알려야 한다(법 제32조 제7항).

동의의무가 면제되는 대신 통지 의무를 부여하는 것이다. 이에 대한 시기·방법 등의 내용은 시행령 [별표 2의2] 「개인신용정보의 제공 사실 및 이유 등을 알리거나 공시하는 시기 및 방법」에서 구체적으로 설명하고 있으니 이를 참고하도록 하자.

한편, 신용정보법에는 신용정보회사등이 개인신용정보를 제공하는 경우에는 개인신용정보를 제공받는 자의 신원(身元)과 이용 목적을 확인하여야 한다는 규정을 두고 있다(법 제32조 제10항). 동의 예외사유에 해당하는지 여부와 상관없이 개인신용정보를 제3자 제공하는 모든 경우에 예외없이 적용되는 규정이다.

좀 더 구체적으로는 해당 규정을 살펴보면, 제공받는 자로부터 제공받는 자의 성명, 주민등록번호 및 주소(법인의 경우에는 법인명, 대표자의 성명 및 본점 소재지) 등의 인적사항과 정보이용목적이 기재된 의뢰서 및 이용목적을 확인할 수 있는 근거서류를 받아야 하며 ① 제공받는 자가 개인인 경우에는 주민등록증, 운전면허증 또는 성명, 주민등록번호 및 주소가 기재되고 사진이 첨부된 그 밖의 신분증명서, ② 제공받는 자가 법인인 경우에는 법인의 대표자(또는 그로부터 위임받은 자)임을 확인할 수 있는 서류와 해당 개인의 신분증명서에 따라 제공받는 자의 신원을 확인하여야 한다.

신용정보법 제32조(개인신용정보의 제공·활용에 대한 동의) ⑩ 신용정보회사등이 개인신용정보를 제공하는 경우에는 금융위원회가 정하여 고시하는 바에 따라 개인신용정보를 제공받는 자의 신원(身元)과 이용 목적을 확인하여야 한다.

신용정보업감독규정 제39조(개인신용정보를 제공받는 자의 확인) ① 신용정보회사등이 개인신용정보를 제공할 경우에는 제공받는 자로부터 제공받는 자의 성명, 주민등록번호 및 주소(법인의 경우에는 법인명, 대표자의 성명 및 본점 소재지) 등의 인적사항과 정보이용목적이 기재된 의뢰서 및 이용목적을 확인할 수 있는 근거서류를 받아야 하며 다음 각 호의 증표 및 서류에 따라 제공받는 자의 신원을 확인하여야 한다.
1. 제공받는 자가 개인인 경우에는 주민등록증, 운전면허증 또는 성명, 주민등록번호 및 주소가 기재되고 사진이 첨부된 그 밖의 신분증명서
2. 제공받는 자가 법인인 경우에는 법인의 대표자(또는 그로부터 위임받은 자)임을 확인할 수 있는 서류와 해당 개인의 신분증명서

금융회사 직원들과 얘기하다보면 신용정보법에 이러한 규정이 있다는 것 자체를 모르는 직원들이 많다. 또한, 개인신용정보를 제공할 때마다 제공받는 자의 신원 및 이용목적을 확인한다는 것 자체가 상당한 부담이 되는 규정이어서 이를 준수하기가 쉽지 아니한데, 가끔 감독당국에서 이 규정 위반여부를 지적하는 경우가 있으므로 기억해둘 필요가 있다. 위반시 1천만 원 이하의 과태료가 부과될 수 있다(법 제52조 제5항 제10호).

⚠️ 참고

〈제3자 제공과 접근권한 부여는 다른 행위일까?〉

가끔 개인신용정보를 제3자에게 전달하는 것이 아니라 자사 DB에 그대로 둔 채 제3자가 접근할 수 있도록 권한만 부여하는 경우에도 "제3자 제공"에 해당하는지 질문을 받곤 한다. 이 경우에도 당연히 제3자가 정보에 접근할 수 있게 되므로 제3자 제공에 해당한다.

개인정보 보호법에서는 "제공"에 대한 정의 규정을 두고 있는데 이를 알아둔다면 제3자 제공의 개념이 명확해질 것이다.

> **표준 개인정보 보호지침 제7조**
> 개인정보의 "제공"이란 개인정보의 저장 매체나 개인정보가 담긴 출력물·책자 등을 물리적으로 이전하거나 네트워크를 통한 개인정보의 전송, 개인정보에 대한 제3자의 접근권한 부여, 개인정보처리자와 제3자의 개인정보 공유 등 개인정보의 이전 또는 공동 이용 상태를 초래하는 모든 행위를 말한다.

---

3 개인신용정보의 처리위탁

앞서 설명한 바와 같이 개인신용정보의 처리업무를 위탁하는 경우에는 신용정보주체의 동의를 받을 필요는 없으나 여러 가지의 법적 의무들을 이행하여야 한다.

1) 개인정보 보호법의 처리위탁 규정 준용

> **신용정보법 제17조(처리의 위탁)** ① 신용정보회사등은 제3자에게 신용정보의 처리 업무를 위탁할 수 있다. 이 경우 개인신용정보의 처리 위탁에 대해서는 「개인정보 보호법」 제26조제1항부터 제3항까지의 규정을 준용한다.

개인신용정보의 처리위탁에 대해서는 기본적으로 개인정보 보호법의 처리위탁 관련 규정인 제26조 제1항부터 제3항까지의 규정을 준용하고 있다.

따라서 개인정보 보호법과 동일하게 개인신용정보 처리업무를 위탁하는 경우에는 법에서 요구하고 있는 내용이 포함된 문서(계약서 또는 약정서)를 작성하여야 하고(개인정보 보호법 제26조 제1항) 수탁자 및 위탁하는 업무의 내용을 개인정보 처리방침에 공개하여야 한다(개인정보 보호법 제26조 제2항). 또한 재화 또는 서비스를 홍보하거나 판매를 권유하는 업무, 즉 마케팅 업무를 위탁하는 경우에는 위탁하는 업무의 내용과 수탁자를 신용정보주체에게 공개가 아닌 고지하여야 하는데(개인정보 보호법 제26조 제3항), 고지란 신용정보주체에게 일일이 알리는 것이므로 주로 개인신용정보 처리동의를 받을 시 동의서에 관련 내용을 함께 기재하는 방식을 이용한다.[40]

2) 처리위탁 내용 신고의무

> **신용정보법 제17조(처리의 위탁)** ③ 제2항에 따라 신용정보의 처리를 위탁하려는 신용정보회사등으로서 대통령령으로 정하는 자[41]는 제공하는 신용정보의 범위 등을 대통령령으로 정하는 바에 따라 금융위원회에 알려야 한다.
>
> **신용정보법 시행령 제14조(수집된 신용정보 처리의 위탁)** ③ 법 제17조제3항에 따라 신용정보의 처리를 위탁하려는 자는 위탁계약 체결 예정일부터 7영업일 이전에 금융위원회가 정하여 고시하는 서식에 따라 제공하는 신용정보의 범위, 제공 목적 및 기간과 고객정보 관리체계

---

40) 동의서를 작성한다는 것은 개별 고객이 동의서의 내용을 확인하고 동의를 한다는 의미이므로 여기에 기재해 놓으면 고지의 효과가 발생한다.
41) 신용정보법 시행령 제14조 제2항에 기재되어 있는 자.

등을 금융위원회에 알려야 한다. 다만, 미리 알려야 할 필요성이 크지 아니한 경우로서 <u>금융위</u><u>원회가 정하여 고시하는 경우</u>에는 위탁계약을 체결한 날부터 <u>금융위원회가 정하여 고시하는</u><u>기간</u> 이내에 알려야 한다.

> **신용정보업감독규정 제15조(수집된 신용정보의 처리의 위탁)** ② 영 제14조제3항 단서에서
> "금융위원회가 정하여 고시하는 경우"란 기업 및 법인에 관한 신용정보(이하 "기업신용정보"
> 라 한다)의 처리를 위탁하는 경우를 말하며, "금융위원회가 정하여 고시하는 기간"이란 위탁계
> 약을 체결한 날부터 1개월을 말한다.
> ⑥ 신용정보처리 위탁에 관한 사항은 법, 영, 이 규정이 정한 사항을 제외하고「금융회사의 정
> 보처리 업무 위탁에 관한 규정(이하 "위탁규정"이라 한다)」을 준용한다. 이 경우 위탁규정 제2
> 조제1항에 따른 "금융회사"는 "법 제15조제1항 전단에 따른 신용정보회사등(이하 "신용정보
> 회사등"이라 한다)"으로 본다.
> ⑦ 제1항의 자가 <u>위탁규정 제7조에 따라 금융감독원장에 보고한 경우에는 법 제17조제3항에</u>
> <u>따라 금융위원회에 알린 것으로 본다.</u>

금융회사[42]가 개인신용정보의 처리를 위탁하는 경우에는 제공하는 신용정보의 범위, 제공 목적 및 기간, 고객정보 관리체계 등을 위탁계약 체결 예정일로부터 7영업일 이전에 금융위원회에 알려야 한다. 다만, 금융회사가 정보처리위탁규정에 따라 위탁보고를 한 경우에는 신용정보법에 따른 신고의무를 이행한 것으로 본다. 따라서 실무적으로는 신용정보법에 따라 신고를 수행하는 경우가 생기기 어려우며, 필자가 자문을 하면서도 정보처리위탁규정에 따라 보고할 뿐 신용정보법에 따른 신고를 수행한 경험은 한 번도 없었다.[43]

이 규정과 관련해서 주의해야 할 점은 법인신용정보를 위탁하는 경우에도 신고의무가 부여된다는 점이다. 이때에는 의무를 완화하여 위탁계약을 체결한 날부터 1개월 이내에 신고하도록 하고 있다. 다만, 이때에도 정보처리위탁규정에 따라 위탁보고를 수행하는 경우가 대부분일 것이므로 신용정보법에 따른 신고의무는 제외될 가능성이 크다.

---

42) 신용정보법 시행령 제14조 제2항에 기재되어 있는 자만 적용대상이 되며, 이외의 자인
경우에는 신용정보를 위탁하는 경우에도 위탁보고를 수행할 필요가 없다.
43) 신용정보의 처리위탁에 해당한다면 정보처리위탁규정의 정보처리위탁에도 해당하는 경우
가 대부분이기 때문이다.

3) 수탁자 교육 및 계약서 반영

신용정보법 제17조(처리의 위탁) ⑤ 신용정보회사등은 수탁자에게 신용정보를 제공한 경우 신용정보를 분실·도난·유출·위조·변조 또는 훼손당하지 아니하도록 대통령령으로 정하는 바에 따라 수탁자를 교육하여야 하고 수탁자의 안전한 신용정보 처리에 관한 사항을 위탁계약에 반영하여야 한다.

신용정보법 시행령 제14조(수집된 신용정보 처리의 위탁) ⑤ 법 제17조제5항에 따라 신용정보회사등은 수탁자와 위탁계약을 체결하거나 갱신하는 경우에는 연 1회 이상(위탁계약기간이 1년 미만인 경우에는 그 기간 동안 1회 이상을 말한다. 이하 이 항에서 같다) 신용정보의 분실·도난·유출·변조·훼손의 방지 및 안전한 신용정보의 처리에 관하여 수탁자의 소속 임직원에 대한 교육을 실시한다는 내용을 위탁계약에 반영하여야 하며, 그 위탁계약에 따라 교육을 실시하여야 한다. 이 경우 수탁자가 연 1회 이상 그 소속 임직원에 대한 교육을 실시한다는 내용이 위탁계약에 반영되어 있고, 신용정보회사등이 수탁자가 그 위탁계약에 따라 해당 교육을 실시한 사실을 확인한 경우에는 신용정보회사등이 수탁자의 소속 임직원에게 교육을 실시한 것으로 본다.

위탁자는 수탁자에게 이전한 신용정보가 분실·도난·유출·위조·변조 또는 훼손되지 않도록 수탁자를 교육하여야 한다. 이는 개인정보 보호법과 동일한 내용인데, 신용정보법은 구체적으로 연 1회 이상 교육을 하여야 하고 이를 위탁계약서에 반영할 의무까지 부여하고 있다.

따라서 금융회사의 위탁계약서에는 연 1회 이상 수탁자 소속 임직원을 교육한다는 내용이 포함되어야 한다.

4) 재위탁 제한

신용정보법 제17조(처리의 위탁) ⑦ 수탁자는 제2항에 따라 위탁받은 업무를 제3자에게 재위탁하여서는 아니 된다. 다만, 신용정보의 보호 및 안전한 처리를 저해하지 아니하는 범위에서 금융위원회가 인정하는 경우에는 그러하지 아니하다.

신용정보업감독규정 제15조(수집된 신용정보의 처리의 위탁) ④ 법 제17조제7항에서 "금융위원회가 인정하는 경우"란 다음 각 호의 어느 하나에 해당하지 않는 경우를 말한다.

1. 관련 법령에서 해당 업무의 위탁을 금지하고 있는 경우
2. 재위탁자 또는 재수탁자가 최근 3년 이내에 신용정보주체의 정보관리, 감독관련 자료 제출 등 감독기관의 검사와 관련한 사항으로 기관경고 이상의 제재 또는 형사처벌을 2회 이상 받은 사실이 있는 경우
3. 그 밖에 재위탁으로 인하여 재위탁자의 건전성 또는 신인도를 크게 저해하거나, 금융질서의 문란 또는 신용정보주체의 피해 발생이 심히 우려되는 경우

⑤ 수탁자가 전항에 따라 신용정보의 처리를 재위탁하는 경우 별표 4 중 재위탁에 관한 신용정보 보안관리 대책에 관한 사항을 재위탁계약의 내용에 포함하여야 한다.

개인정보 보호법 제26조(업무위탁에 따른 개인정보의 처리 제한) ⑥ 수탁자는 위탁받은 개인정보의 처리 업무를 제3자에게 다시 위탁하려는 경우에는 위탁자의 동의를 받아야 한다.

최근 개정된 개인정보 보호법에서는 재위탁시 위탁자의 동의를 받아야 한다는 규정을 두고 있는데 반해, 신용정보법은 법에서 명시적으로 이러한 의무를 부여하고 있지는 아니하다. 법 제17조 제7항에서 "재위탁하여서는 아니된다"고 정하고 있으나 감독규정 제15조까지 연결하여 읽어보면 딱히 제한을 두고 있지 않다는 것을 알 수 있다.

그러나 개인정보 보호법이 개인정보에 관한 일반법이라는 점을 고려하여 재위탁시 동의의무를 준수하고 위탁계약서에도 "재위탁시 동의를 받아야 한다"는 내용을 포함하는 것이 바람직하다.

한편, 신용정보법에서는 재위탁계약서에 포함되어야 할 내용을 명시적으로 정하고 있으므로 재위탁시에 이 부분도 놓치지 말아야 한다.

5) 수탁자에게 정보제공시의 보호조치

> **신용정보법 제17조(처리의 위탁)** ④ 신용정보회사등은 제2항에 따라 신용정보의 처리를 위탁하기 위하여 수탁자에게 개인신용정보를 제공하는 경우 특정 신용정보주체를 식별할 수 있는 정보는 대통령령으로 정하는 바에 따라 암호화 등의 보호 조치를 하여야 한다.
>
> **신용정보법 시행령 제14조(수집된 신용정보 처리의 위탁)** ④ 법 제17조제4항에 따라 신용정보회사등이 개인신용정보를 제공하는 경우 다음 각 호의 구분에 따른 보호조치를 하여야 한다.
> 1. 정보통신망 또는 보조저장매체를 통하여 제공하는 경우: 금융위원회가 정하여 고시하는 절차와 방법에 따른 보안서버의 구축 또는 암호화, 그 밖에 금융위원회가 정하여 고시하는 보호조치
> 2. 제1호 외의 방법으로 제공하는 경우: 봉함(封緘), 그 밖에 금융위원회가 정하여 고시하는 보호조치
>
> **신용정보업감독규정 제15조(수집된 신용정보의 처리의 위탁)** ③ 영 제14조제4항제1호에서 "금융위원회가 정하여 고시하는 절차와 방법에 따른 보안서버의 구축 또는 암호화"란 별표 3의 II. 3.의 보호조치를 말한다.

신용정보법에서는 개인신용정보의 처리위탁에 따라 정보가 이전되는 경우에 대한 별도의 보호조치 의무규정을 두고 있는데, 주요 내용은 다음과 같다.

• 개인식별번호를 이전하는 경우에는 암호화하여 수탁자에게 제공(감독규정 별표3의 II. 3. ⑥)

• 신용평가모형 또는 위험관리모형 개발 위탁시 원칙적으로 개인신용정보 제공 불가(다만, 모형 개발을 위하여 불가피한 경우에는 실제 개인신용정보를 변환하여 제공한 후 모형 개발 완료 즉시 삭제)(감독규정 별표3의 III. 3. ①)

4 **개인신용정보 처리위탁시 추가로 검토해야 할 금융관련법령**

1) 금융관련법령의 처리위탁 규정 간의 관계

금융분야는 다른 분야와 달리 처리위탁에 대해 다루고 있는 다양한 금융관련법령이 존재한다. 따라서 실무를 하기 위해서는 신용정보법 및 개인정보 보호법의 처리위탁 관련 내용뿐만 아니라 이 내용도 제대로 알고 있어야 한다.

처리위탁을 다루고 있는 금융관련법령을 정리해보면, 1) 자본시장법에 별도의 위탁 규정(제42조)있고, 2) 금융회사의 처리위탁에만 적용되는 "금융회사의 정보처리 업무 위탁에 관한 규정" 및 "금융기관의 업무위탁 등에 관한 규정(이하 "**업무위탁규정**")"이라는 별도의 금융위원회고시도 존재한다. 또한, 3) 금융지주회사법에 금융지주회사 및 자회사 간의 업무위탁에 관한 규정이 있다(제47조). 따라서 개인신용정보의 처리위탁을 제대로 알기 위해서는 이 네 규정과 신용정보법 및 개인정보 보호법의 처리위탁 관련 규정 간의 관계를 파악해두어야 한다.

먼저, 어떤 법률이 우선하여 적용되는지 살펴보면 다음과 같다.

① 금융지주회사 및 자회사에 대해서는 금융지주회사법이 우선 적용되므로 회사가 금융지주회사의 계열사에 속하고 계열사 간에 위수탁 관계가 형성된다면 금융지주회사법 위탁규정(제47조)의 적용가능성을 가장 먼저 검토해야 한다.[44]

② 금융투자업에 대해서는 자본시장법이 우선 적용되므로 금융회사가 금융투자업과 관련된 업무를 위탁하는 경우에는 자본시장법의 위탁 규정(제42조)이 가장 먼저 적용된다.

③ 이어서, 금융회사가 정보처리업무를 위탁하는 경우는 정보처리위탁규정, 정보처리를 수반하지 않는 업무만을 위탁하는 경우에 업무위탁규정이 적용된다. 최근 금융회사의 업무 중에 정보처리를 수반하지 않는 업무를 찾아보기 어려우므로 최근에는 업무위탁규정에 큰 의미를 두지 않는 편이다.

---

44) 즉, 단일 금융지주회사의 자회사 간에 위탁자·수탁자의 관계가 형성된다면 동 규정이 적용된다. 따라서, 회사가 금융지주회사의 자회사에 속한다면 처리위탁시 이 규정의 적용가능성을 먼저 검토해야 한다.

표 7 금융회사의 처리위탁 관련 적용법률 판단 기준

위탁관계	적용법률
1) 위탁자·수탁자 모두 금융지주회사 및 그 자회사인 경우[45)	금융지주회사법 제47조
2) 위탁자·수탁자 모두 금융지주회사 및 그 자회사인 경우에는 해당하지 아니하나 위탁하는 업무가 금융투자업과 관련된 경우	자본시장법 제42조
1), 2) 모두에 해당하지 않는 경우	정보처리업무의 위탁이라면 정보처리위탁규정
	정보처리업무를 수반하지 않는 위탁이라면 업무위탁규정

금융지주회사법, 자본시장법, 정보처리위탁규정, 업무위탁규정, 신용정보법 모두 위탁보고(신고) 의무를 부여하고 있다. 그런데 우선 적용되는 법률에 따라 위탁보고를 한 경우에는 다른 법률에 따른 위탁보고를 하지 않아도 된다. 따라서, 적용법률 간의 우선순위를 잘 따져보고 선순위 법률부터 차례대로 내용을 확인할 필요가 있다.[46)

> **금융지주회사감독규정 제19조의2(자회사등 사이의 업무위탁)** ⑦ 영 제26조제6항에 따라 보고하는 업무위탁과「금융기관의 업무위탁 등에 관한 규정」또는「금융회사의 정보처리 및 전산설비 위탁에 관한 규정」(이하 이 조에서 "위탁관련규정"이라 한다)에 따라 보고하는 업무위탁이 직접적 상호 연관성이 있는 경우에는 영 제26조제6항에 따른 업무위탁 보고시 위탁관련규정에서 요구하는 서류를 첨부하여 일괄 보고할 수 있다.
>
> ⇨ 금융지주회사법에 따른 위탁보고를 하는 경우 업무위탁규정 또는 정보처리위탁규정에 따른 위탁보고서류를 함께 제출할 수 있다는 내용이다. 정리하면, 금융지주회사법에 따른 위탁보고를 한다면 업무위탁규정 또는 정보처리위탁규정에 따른 위탁보고는 하지 않아도 된다.

---

45) 금융지주회사법을 보면, 자본시장법 위탁규정과의 우선 적용관계를 정하고 있는 규정이 없다. 따라서 금융지주회사의 자회사가 "금융투자업자"인 경우에는 금융지주회사법 제47조와 자본시장법 제42조가 모두 적용된다는 것이 현재 금융감독당국의 해석이다.

46) 금융회사의 위탁과 관련하여서는 금융위원회 및 금융감독원에서 발간한 여러 종류의 해설서나 가이드라인이 있다. 이 문서들에 관련 내용이 상세하게 정리되어 있으므로, 업무를 수행할 때 반드시 참고해야 한다.

⇨ 금융지주회사법에 따른 위탁보고를 하는 경우 업무위탁규정 또는 정보처리위탁규정에 따른 위탁보고서류를 함께 제출할 수 있다는 내용이다. 정리하면, 금융지주회사법에 따른 위탁보고를 한다면 업무위탁규정 또는 정보처리위탁규정에 따른 위탁보고는 하지 않아도 된다.

금융회사의 정보처리 업무 위탁에 관한 규정 제3조(적용범위 등) ① 금융회사의 정보처리 위탁과 관련해서는 <u>다른 법령에 특별한 규정이 있는 경우를 제외하고는</u> 이 규정에서 정하는 바에 따른다.

⇨ 다른 법령에서 위탁보고를 하도록 되어 있다면 정보처리위탁규정에 따른 위탁보고는 하지 않아도 된다는 의미이다.

금융기관의 업무위탁 등에 관한 규정 제6조(적용배제) 금융관련법령에서 정하는 바에 따라 금융기관이 제3자에게 업무를 위탁하거나 제3자로부터 업무를 수탁하는 경우에는 이 규정을 적용하지 아니한다.

⇨ 금융지주회사법, 자본시장법 등 금융관련법령에 따라 위탁보고를 하는 경우에는 업무위탁규정에 따른 위탁보고는 하지 않아도 된다는 의미이다.

〈금융위원회 · 금융감독원 정보처리 위탁 관련 FAQ〉

> ☐ 자본시장법의 적용을 받는 금융투자업자(겸영금융투자업자 포함)의 경우 정보처리 위탁규정의 적용을 받지 아니하는지?

- 금융투자업자가 정보처리 업무를 위탁하는 경우 보고 대상, 시기, 절차 및 첨부서류 등은 자본시장법 적용을 원칙*으로 함
  * 정보처리 위탁규정의 적용을 배제
- 이는 겸영금융투자업자가 장외파생상품 등 금융투자상품과 관련된 정보처리 업무를 위탁하는 경우도 동일함

⇨ 자본시장법에 따른 위탁보고를 하는 경우 정보처리위탁규정에 따른 위탁보고는 하지 않아도 된다는 의미이다.

한 권으로 끝내는 금융데이터법

2) 개인신용정보의 처리위탁시 계약서 작성하기

개인신용정보의 처리업무를 위탁하는 경우 가장 먼저 챙겨야 하는 부분은 수탁업체와 계약서를 작성하는 것이다.

신용정보법에서는 처리위탁 계약서에 다음의 사항을 포함하여야 한다고 정하고 있다(감독규정 [별표 4]).

---

3. 수집된 신용정보 처리 위탁에 따라 신용정보를 제공하는 경우
가. 제1호 가목부터 마목까지의 사항
- 제공되는 신용정보의 범위 및 제공 · 이용 목적(제1호 가목)
- 제공된 신용정보의 업무목적 외 사용 및 제3자 앞 제공 금지에 관한 사항(제1호 나목)
- 제공된 신용정보의 이용자 제한 및 전담 관리자 지정에 관한 사항(제1호 다목)
- 신용정보제공 · 이용자간 신용정보 송수신시 정보유출 방지에 관한 사항(제1호 라목)
- 신용정보의 사용 · 보관 기간 및 동 기간 경과 후 신용정보의 폐기 · 반납에 관한 사항(제1호 마목)
나. 수탁자에 대한 관리 · 감독에 관한 사항
다. 신용정보주체의 신용정보 보호 및 비밀유지에 관한 사항
라. 신용정보 처리 재위탁의 제한에 관한 사항
마. 수탁자가 위탁받은 업무를 재위탁하는 경우 위탁자에 대한 보고에 관한 사항
바. 그 밖에 신용정보 보호를 위하여 필요한 사항
사. 가목부터 바목까지를 위반한 경우의 책임소재 및 제재에 관한 사항
※ 연 1회 이상 신용정보의 분실 · 도난 · 유출 · 변조 · 훼손의 방지 및 안전한 신용정보의 처리에 관하여 수탁자의 소속 임직원에 대한 교육을 실시한다는 내용도 위탁계약서에 반영하여야 함(법 제17조 제5항, 동법 시행령 제14조 제5항).

금융회사의 처리위탁에 대해 정하고 있는 다른 금융관련법령에서도 계약서 작성 의무를 규정하고 있다. 따라서 금융회사가 개인신용정보 처리업무를 위탁하기 위해 수탁자와 위탁계약서를 작성하는 경우에는 다른 금융관련법령에 있는 내용도 계약서에 포함하여야 한다. 엄밀히 말하면, 위탁관계가 어떠한지에 따라 우선 적용되는 금융관련법률이 달라지고 그 우선 적용되는 법률에서 정하고 있는 위탁계약서 작성시 포함하여야 하는 항목만 포함하면 된다는 해석이 가능하다. 그러나 실무상 위탁

계약서를 작성하는 경우 이러한 선후관계를 따지지 아니하고 관련 법령에 있는 위탁계약서 작성시 포함하여야 하는 항목을 모두 포함하여 작성하는 것이 일반적이다. 예를 들어, 위탁하는 회사가 금융투자업자인 경우에는 자본시장법이 우선 적용이 되나 위탁계약서 작성과 관련하여서는 자본시장법, 정보처리위탁규정, 업무위탁규정, 신용정보법, 개인정보 보호법에 있는 위탁계약서 작성시 포함하여야 할 항목을 모두 포함하는 방식으로 계약서를 작성한다.

정리하면, 앞서 설명한 신용정보법상의 위탁계약서 작성시 포함하여야 하는 항목뿐만 아니라 다음의 내용도 포함하여 위탁계약서를 작성하여야 한다.

- 금융회사의 정보처리 업무 위탁에 관한 규정 제4조 제3항
- 금융기관의 업무위탁 등에 관한 규정 별표 3
- (회사가 금융투자업자인 경우) 자본시장법 제42조 제2항, 동법 시행령 제46조 제2항, 금융투자업규정 제4−4조 제2항
- (금융지주회사 및 자회사 간의 위탁인 경우) 금융지주회사감독규정 제19조의2 제6항

이외 개인정보에 관한 기본법인 개인정보 보호법에서도 위탁계약시 포함되어야 하는 항목을 정하고 있으므로 이 내용도 포함하여야 한다.

- 개인정보 보호법 제26조 제1항, 동법 시행령 제28조 제1항

마지막으로 개인정보 보호법에서는 개인정보가 국외이전되는 경우 계약서에 포함되어야 할 내용도 정하고 있다. 따라서 처리위탁으로 인해 정보가 국외로 이전된다면 다음의 내용도 계약서에 포함하여야 한다.

- 개인정보 보호법 시행령 제29조의10 제1항 및 제2항

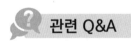 관련 Q&A

제3자 제공 및 처리위탁과 관련하여서는 규제기관의 다양한 해석례가 존재한다. 그중 중요하다고 생각되는 내용 위주로 정리하였다.

Q1 업무제휴에 의하여 개인신용정보를 주고받는 제휴업체(카드사, 공동 마케팅사 등)와 금융

한 권으로 끝내는 금융데이터법

회사의 관계를 위탁 관계로 볼 수 있는지?

A 제휴업체는 통상적으로 자신의 업무를 위해 개인신용정보를 처리하는 자에 해당하므로 금융회사와의 관계는 처리위탁이 아닌 제3자 제공으로 보아야 한다.

Q2 신용정보법 제32조에 따르면, 기존에 동의한 목적 또는 이용 범위에서 개인신용정보의 정확성 · 최신성을 유지하기 위해 정보를 제공받는 경우에는 새로운 동의를 받지 않아도 된다고 하고 있는데, 어느 범위까지 이에 해당하는지?

A 기존의 동의 받은 목적 내에서 사용하는 경우(예 : 기존에 설정한 금융거래를 유지하기 위한 업무 등)가 이에 해당한다.

⇨ 최초 동의서에 기재되어 있는 목적 범위 내에서의 제공이라면 이에 해당한다. 다만, 금융거래정보의 경우에는 금융실명법이 적용되므로 금융실명법의 관련 내용의 검토가 필요하다.[47]

Q3 개인신용정보를 제공받고자 하는 자가 신용정보주체의 동의를 받아 해당 신용정보주체의 개인신용정보를 보유하고 있는 자에게 제공 요청을 할 수 있는지 여부

A 신용정보법 제32조에 따르면 원칙적으로 개인정보를 제공하는 자가 신용정보주체의 동의를 받아야 한다.

다만, 해당 개인신용정보를 제공하는 자와 제공받고자 하는 자가 상호 협의한 경우에는 개인신용정보를 제공받고자 하는 자가 개인신용정보를 제공하는 자에게 신용정보주체의 동의 의사를 대신 제출한 후 개인신용정보를 제공받는 것은 가능하다.

⇨ 비대면 환경에서는 정보를 제공받는 자가 대신 동의를 받아주는 경우가 빈번히 발생한다. 이를 법적으로 엄밀히 따지면, 개인(신용)정보 처리위탁에 해당한다. 대신 동의를 받는 과정에서 신용정보주체의 개인정보인 식별정보가 이용될 가능성이 크기 때문이다. 실무적으로는 회사마다 해석이 제각각이다. 어떤 회사는 이러한 정도의 업무는 위탁이 아니라고 해석하는 회사도 있고 어떤 회사는 이러한 업무도 위탁이라고 보아 "제3자 제공 동의 징구 업무"를 위탁업무로 하여 위탁보고를 한 회사도 있다.

---

47) 자세한 내용은 "신용정보법외 금융데이터 관련 법령" 부분(226페이지 이하) 참고.

Q4 금융회사가 개인신용정보가 포함되지 않은 법인신용정보(업체명, 카드번호, 유효기간 정보)를 해당 법인의 별도 동의를 받지 않고 제공할 수 있는지 여부

A 법인에 관한 신용정보에 해당하는 정보는 특별한 사정이 없는 한 개인신용정보에 해당하지 않아 제공 동의 없이 제3자 제공이 가능하다.[48]

Q5 금융회사가 개인신용정보가 포함된 금융거래정보에 대해 개인고객으로부터 금융실명법에 따른 제3자 제공 동의를 받은 경우 신용정보법 제32조에 따른 동의를 받아야 하는지 여부[49]

A 예금 · 적금 등의 금융자산에 대한 금융거래정보 중 개인에 관한 정보에 대해서는, 해당 정보의 성질과 금융실명법 제9조 제1항의 취지를 감안하여 금융실명법 제4조 제1항에 따른 동의를 받으면 신용정보법 제32조에 따른 동의는 별도로 받지 않아도 된다.

다만, 금융실명법에 따른 금융거래정보와 개인의 대출 정보 등과 같은 신용정보법 제2조 제2호에 따른 개인신용정보를 함께 제3자에게 제공하는 경우에는 금융실명법 제4조 제1항에 따른 동의와 신용정보법 제32조에 따른 동의를 각각 받아야 한다.

Q6 국세청장이 조세에 관한 법률에 따라 금융거래정보와 개인신용정보를 혼용하여 거래정보 등을 요구하는 경우 기록관리, 통보업무에 대하여 금융실명법과 신용정보법 각각의 규정 준수가 필요한지 여부[50]

A 신용정보법은 신용정보의 효율적 이용과 체계적 관리를 도모하며 신용정보의 오용 · 남용으로부터 사생활의 비밀 등을 적절히 보호하는 것을 목적으로 하며, 금융실명법은 실지 명의에 의한 금융거래를 실시하고 그 비밀을 보장하여 금융거래의 정상화를 꾀하는 것을 목적으로 하는 등 법 제정취지가 상이하며 각 법률에서 타 법률의 적용을 배제하고 있는 규정을 별도로 두고 있지 아니하다.

구체적으로 금융실명법 제4조의2 및 제4조의3은 명의인의 동의 없이 금융거래정보를 타인에게 제공하는 경우 해당 사실을 명의인에게 통지하고 제공내용을 기록 · 관리하도록

---

48) 다만, 여신전문금융회사는 동의가 필요할 수도 있다. 자세한 내용은 250, 251페이지 참고.
49) 금융위원회, 법령해석 회신문(180357).
50) 금융위원회, 법령해석 회신문(230127).

한 권으로 끝내는 금융데이터법

규정하고 있으며, 또한, 신용정보법 제32조 제7항 및 제35조는 신용정보제공 · 이용자가 개인신용정보를 동의없이 제3자에게 제공하는 경우에는 그 사실을 신용정보주체에게 통지하고 신용정보주체가 신용정보 제공사실을 조회할 수 있는 시스템을 구축하도록 규정하고 있다.

금융실명법이 정한 통보 및 기록 · 관리의무의 대상인 정보, 의무의 구체적 내용 등이 신용정보법이 정한 바와 동일하다고 보기 어려우므로, 신용정보제공 · 이용자가 신용정보법상 의무를 이행하였는지 여부와는 별개로, 해당 정보를 제공한 자가 금융실명법 제4조의2 및 제4조의3 적용 대상이라면 위 각 규정에 의한 의무를 이행하여야 할 것으로 보인다.

⇨ Q5와 동일하게 금융실명법과 신용정보법의 의무의 취지가 다른 경우라면 각각의 규정을 모두 준수하여야 한다는 해석이다.

Q7 위탁자의 수탁자에 대한 개인(신용)정보보호 교육(신용정보의 분실 · 도난 · 유출 · 변조 · 훼손의 방지 및 안전한 신용정보의 처리에 관한 교육) 방법[51]

A 위탁자의 수탁자 교육은, 위탁자가 직접 실시하는 것이 원칙이나 수탁자 스스로 개인(신용)정보보호 교육을 실시할 수도 있다. 이 경우 수탁자는 교육을 수행하기 전 사전에 위탁자와 협의하고 위탁자가 요구하는 교육을 받았음을 증빙할 수 있어야 한다.

Q8 수탁자가 다수 있는 경우 수탁자 관리 · 감독 방법[52]

A 수탁자에 대한 감독이 반드시 수탁자의 개인(신용)정보 처리 현장에 대한 위탁자의 직접 방문을 뜻하는 것은 아니다. 감독의 방법 및 범위가 법 취지에 비추어 합리적이라면 원격점검 등 감독 방법은 자율적으로 택할 수 있으며, 위탁자가 수탁자의 개인(신용)정보 보호 역량, 개인(신용)정보 위험 등을 고려하여 정할 수 있다.

---

51) 개인정보보호위원회, 개인정보 처리 위 · 수탁 안내서(2020. 12.).
52) 개인정보보호위원회, 개인정보 처리 위 · 수탁 안내서(2020. 12.).

처리위탁과 제3자 제공을 구분하는 기준에 따라 영업양도 등에 따른 정보이전을 판단해보면 제공받는 자인 양수인을 위해 정보가 이전되는 경우로서 "제3자 제공"에 해당한다. 따라서, 원칙만 놓고 보면 제3자 제공 동의를 받아야 이전이 가능하다.

그러나 신용정보법에서는 영업양도 등에 따른 개인신용정보의 이전에 대해서는 동의없이 이전이 가능하다고 정하고 있다. 이는 영업양도 등에 따른 영업 자산의 이전과 함께 양도인이 가지고 있는 개인신용정보에 관한 권리·의무가 양수인에게 포괄적으로 이전되지 않는다면 사실상 양도받은 영업을 수행하기 어려우므로 특별 규정을 둔 것이다.

다만, 동의를 받아야 하는 의무가 면제되는 대신 몇 가지의 다른 의무 사항들을 준수하여야 한다.

신용정보법 제32조(개인신용정보의 제공·활용에 대한 동의) ⑦ 제6항 각 호에 따라 개인신용정보를 타인에게 제공하려는 자 또는 제공받은 자는 대통령령으로 정하는 바에 따라 개인신용정보의 제공 사실 및 이유 등을 사전에 해당 신용정보주체에게 알려야 한다. 다만, 대통령령으로 정하는 불가피한 사유가 있는 경우에는 인터넷 홈페이지 게재 또는 그 밖에 유사한 방법을 통하여 사후에 알리거나 공시할 수 있다.

⑧ 제6항제3호에 따라 개인신용정보를 타인에게 제공하는 신용정보제공·이용자로서 대통령령으로 정하는 자는 제공하는 신용정보의 범위 등 대통령령으로 정하는 사항에 관하여 금융위원회의 승인을 받아야 한다.

⑨ 제8항에 따른 승인을 받아 개인신용정보를 제공받은 자는 해당 개인신용정보를 금융위원회가 정하는 바에 따라 현재 거래 중인 신용정보주체의 개인신용정보와 분리하여 관리하여야 한다.

---

① 금융위원회의 승인: 양도인[53]은 제공하는 개인신용정보의 범위, 제공받는 자의 신용정보 관리·보호 체계에 관하여 금융위원회의 승인을 받아야 한다. 통

---

53) 신용정보법 시행령 제2조제6항제7호가목부터 허목에 해당하는 금융회사만 금융위원회의 승인을 받을 의무가 부여되는데, 대부분의 금융회사가 여기에 포함된다.

상 이전되는 개인신용정보 항목과 양수인의 신용정보 관리와 관련된 내규를 정리하여 제출한다.

② 개인신용정보의 분리 관리: 양수인은 제공받은 개인신용정보를 영업양도·분할·합병 등을 이유로 제공받은 개인신용정보라는 사실을 표시하여 관리하여야 한다.

③ 개인정보 이전 사실 통지:

신용정보법에서는 개인신용정보의 제공 사실 및 이유 등을 사전에 알려야 한다고만 정하고 있으나 개인정보 보호법에서는 양도인이 다음의 사항을 알리도록 하고 있어서(제27조) 신용정보법보다 구체적인 의무를 부여하고 있다. 개인정보 보호법이 일반법이라는 점 및 이전을 원치 않은 자가 추후 문제를 제기할 가능성 등을 고려하여 통상적으로 금융회사도 아래 내용을 미리 알리고 있다.

- 개인정보를 이전하려는 사실
- 개인정보를 이전받는 자의 성명(법인의 경우에는 법인의 명칭을 말한다), 주소, 전화번호 및 그 밖의 연락처
- 정보주체가 개인정보의 이전을 원하지 아니하는 경우 조치할 수 있는 방법 및 절차

신용정보법에서 통지시기를 "개인신용정보를 제공하기 전까지"로 정하고 있으나 신용정보주체가 이전 사실을 확인하고 원치 않을 경우 회원탈퇴 등의 권리를 행사할 수 있는 기간을 주어야 하므로 실제 개인신용정보가 이전되기 전에 이러한 권리를 행사할 수 있을 정도의 시간적 여유가 주어져야 한다. 따라서, 이러한 기간까지 고려하여 통지시기를 정한다.

6 **개인신용정보의 국외이전**

신용정보법에서는 개인신용정보가 국외로 이전되는 경우에 대한 별도의 규정을 두고 있지 아니하나 개인정보 보호법에서는 국외이전에 대한 별도 규정을 두고 있다(개인정보 보호법 제28조의8).

이 규정이 금융회사에도 적용되는지에 대해서는 견해의 대립이 있다. 적용이 되지 않는다고 보는 견해는 신용정보법에 국외이전에 대해 별도의 규정을 두고 있지 아니한 것은 국외이전과 국내이전을 동일하게 취급하겠다는 의미로 해석해야 한다는 견해이다.

반면, 적용을 해야한다고 보는 견해는 신용정보법에서 특별히 개인정보 보호법의 기준보다 강화하거나 완화하는 내용의 조문이 있는 경우에만, 개인정보 보호법의 적용이 배제되는 것인데, 신용정보법에는 "국외이전"관련 조문이 없으므로 그 부분에 대해서는 개인정보 보호법을 적용해야 한다는 견해이다.

필자는 후자의 견해에 따라야 한다는 입장인데, 개인정보 보호법의 국외이전 규정은 기존에는 정보통신서비스제공자에게만 적용되던 규정이 2023. 9. 15. 시행된 개인정보 보호법에서부터 적용대상을 "개인정보처리자"로 확대된 규정이다. 그런데, 금융회사가 개인정보처리자에 해당한다는 점은 명백하므로 개인정보 보호법의 국외이전 규정도 당연히 적용된다는 입장이다.

이하에서는 국외이전 규정에 대해서 설명할 터인데, 금융회사는 적용되지 않는다는 견해도 있다는 점을 다시 한 번 언급하고자 한다.

1) 국외이전 가능 요건

개인정보 보호법 제28조의8(개인정보의 국외 이전) ① 개인정보처리자는 개인정보를 국외로 제공(조회되는 경우를 포함한다)·처리위탁·보관(이하 이 절에서 "이전"이라 한다)하여서는 아니 된다. 다만, 다음 각 호의 어느 하나에 해당하는 경우에는 개인정보를 국외로 이전할 수 있다.

1. 정보주체로부터 국외 이전에 관한 별도의 동의를 받은 경우
2. 법률, 대한민국을 당사자로 하는 조약 또는 그 밖의 국제협정에 개인정보의 국외 이전에 관한 특별한 규정이 있는 경우
3. 정보주체와의 계약의 체결 및 이행을 위하여 개인정보의 처리위탁·보관이 필요한 경우로서 다음 각 목의 어느 하나에 해당하는 경우
   가. 제2항 각 호의 사항을 제30조에 따른 개인정보 처리방침에 공개한 경우
   나. 전자우편 등 대통령령으로 정하는 방법에 따라 제2항 각 호의 사항을 정보주체에게 알린 경우
4. 개인정보를 이전받는 자가 제32조의2에 따른 개인정보 보호 인증 등 보호위원회가 정하여 고시하는 인증을 받은 경우[54]로서 다음 각 목의 조치를 모두 한 경우
   가. 개인정보 보호에 필요한 안전조치 및 정보주체 권리보장에 필요한 조치
   나. 인증받은 사항을 개인정보가 이전되는 국가에서 이행하기 위하여 필요한 조치
5. 개인정보가 이전되는 국가 또는 국제기구의 개인정보 보호체계, 정보주체 권리보장 범위, 피해구제 절차 등이 이 법에 따른 개인정보 보호 수준과 실질적으로 동등한 수준을 갖추었다고 보호위원회가 인정하는 경우

개인정보 보호법에서는 법에서 정한 몇 가지 사유에 해당하는 경우에만 개인정보의 국외이전이 가능하다고 정하고 있다. 국외이전 규정은 개인정보 보호에 대한 법적 체계가 우리나라와 다른 국외 국가로 개인정보가 옮겨지는 것이므로 개인정보의 침해 위험성이 증가한다고 보아 국내 이전보다 강화된 제한 조치를 규정하고 있다.

구체적으로 법에서 정하고 있는 국외이전이 가능한 사유를 살펴보면 가장 기본이 되는 사유는 정보주체의 동의를 받는 경우이다. "국외이전시에는 다른 개인정보 처리동의에 추가하여 별도의 국외이전 동의를 받아야 한다"는 것이 기본 원칙이라고 생각하면 된다.

동의를 받을 시에는 아래의 1.~5.의 내용을 알리고 동의를 받아야 하는데, 수집·이용 동의나 제3자 제공 동의를 받을 시 알려야 하는 항목과 차이가 있다.

---

54) 현재는 ISMS-P인증만 여기에 해당한다.

> **개인정보 보호법 제28조의8(개인정보의 국외 이전)** ② 개인정보처리자는 제1항제1호에 따른 동의를 받을 때에는 미리 다음 각 호의 사항을 정보주체에게 알려야 한다.
>
> 1. 이전되는 개인정보 항목
> 2. 개인정보가 이전되는 국가, 시기 및 방법
> 3. 개인정보를 이전받는 자의 성명(법인인 경우에는 그 명칭과 연락처를 말한다)
> 4. 개인정보를 이전받는 자의 개인정보 이용목적 및 보유 · 이용 기간
> 5. 개인정보의 이전을 거부하는 방법, 절차 및 거부의 효과

두 번째 사유는, "법률, 대한민국을 당사자로 하는 조약 또는 그 밖의 국제협정에 개인정보의 국외이전에 관한 특별한 규정이 있는 경우"이다.

법률이나 조약 등에서 개인정보의 국외이전을 허용하고 있는 경우가 이에 해당하는데 필자가 업무를 하면서 여러 법률을 찾아보았으나 이러한 경우는 많지 않았다. 해당하는 경우의 예를 들어보면, 특정 금융거래정보의 보고 및 이용 등에 관한 법률에 다음과 같은 규정을 두고 있는데, 이는 신용정보주체가 은행을 통해 해외로 금전을 송금하려고 하는 경우 금전을 송금받는 금융회사에 송금인의 성명, 송금인의 계좌번호, 송금인의 주소 또는 주민등록번호, 수취인의 성명 및 계좌번호에 해당하는 개인정보를 이전할 수 있다는 해석이 된다.

> **특정금융정보법 제5조의3(전신송금 시 정보제공)** ① 금융회사등은 송금인이 전신송금(電信送金: 송금인의 계좌보유 여부를 불문하고 금융회사등을 이용하여 국내외의 다른 금융회사등으로 자금을 이체하는 서비스를 말한다)의 방법으로 500만원의 범위에서 대통령령으로 정하는 금액 이상을 송금하는 경우에는 다음 각 호의 구분에 따라 송금인 및 수취인에 관한 정보를 송금받는 금융회사등(이하 "수취 금융회사"라 한다)에 제공하여야 한다.
>
> 2. 해외송금
>   가. 송금인의 성명
>   나. 송금인의 계좌번호
>   다. 송금인의 주소 또는 주민등록번호(법인인 경우에는 법인등록번호, 외국인인 경우에는 여권번호 또는 외국인등록번호를 말한다)
>   라. 수취인의 성명 및 계좌번호

조약과 관련하여서는, 업무를 하면서 구체적으로 개인정보의 국외이전을 허용하고 있는 조약을 발견하지는 못하였다. 따라서, 이 사유에 해당된다고 해석되는 경우는 극히 드물 것이다.

세 번째 사유는, "정보주체와의 계약의 체결 및 이행을 위하여 개인정보의 처리위탁·보관이 필요한 경우"이다.

처리위탁의 경우에는 수탁자에게 개인정보를 이전하는 것에 대한 정보주체의 동의가 필요하지 아니하므로[55] 국외이전의 경우에도 동일하게 정하고 있는 것으로 생각된다. 다만, 국외이전 동의시 알려야 하는 사항과 동일한 사항을 개인정보 처리방침에 공개하여야 한다.

네 번째 사유는, 보호위원회가 정하고 고시하는 인증을 받은 경우이다.

이전받는 자가 보호위원회가 정하여 고시하는 인증을 받은 경우에는 안전성을 신뢰할 수 있으므로 동의없이 국외이전이 가능하다는 취지이다. 현재는 ISMS-P 인증만 이에 해당한다.

마지막으로, 개인정보가 이전되는 국가 등이 국내와 동등한 개인정보 보호 수준을 갖추었다고 보호위원회가 인정하는 경우이다.

현재 여기에 해당하는 국가가 없는데, 아직 "동등한 개인정보 보호 수준"의 판단기준이 정해지지 않았기 때문이다. 따라서 향후 이와 관련한 구체적인 가이드라인이 나올 예정이다.

---

55) 자세한 내용은 "개인신용정보의 처리위탁" 부분(86페이지 이하) 참고.

2) 국외이전 동의방법

1)의 내용을 정리해보면, 국외로 제3자 제공을 하는 경우에는 정보주체로부터 국외이전 동의를 받아야 하고 처리위탁을 하는 경우에는 국외이전 동의를 받지 않아도 된다.

그렇다면 국외의 제3자에게 개인정보를 제공하는 경우 국외이전 동의와 제3자 제공 동의를 구분하여 받아야 하는 것일까? 만약 구분하여 받아야 한다면 회사입장에서는 동의란을 하나 더 만들어서 고객의 동의를 받아야 하므로 적잖은 부담이 된다.

이와 관련하여, 개인정보 보호법에서 명시적으로 정하고 있지는 아니하나 규제기관은 별도로 동의를 받아야 한다는 입장이다. 즉, "개인정보의 국외이전 동의"라는 체크박스와 "개인정보의 제3자 제공 동의"라는 체크박스를 별도로 만들어서 동의를 받아야 한다.

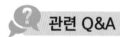 관련 Q&A

Q 개인정보 보호법 제22조 제1항에서 구분하여 동의를 받아야 하는 사항 중 '제28조의8 제1항에 따라 동의를 받는 경우'는 규정하고 있지 않은데, 제3자 제공 동의 받을 때 국외이전 동의도 함께 명시하여 하나로 동의를 받아도 되는지?

A 개인정보 보호법 제28조의8 제1항 제1호에 따르면 국외이전에 관한 동의는 정보주체로부터 별도로 받도록 하고 있으므로 제17조에 따른 제3자 제공 동의와 제28조의8 제1항 제1호의 국외이전에 관한 동의는 별도로 구분하여 받아야 한다.

제6장

개인신용정보의 보관 및 파기

1 개인신용정보의 파기

개인정보 보호법에서는 보유기간의 경과, 개인정보의 처리 목적 달성, 가명정보의 처리 기간 경과 등 그 개인정보가 불필요하게 되었을 때 지체 없이 파기하여야 한다고 규정하고 있어 파기 관련 규정이 단순하다(개인정보 보호법 제21조). 그냥 정보주체에게 동의를 받을 시 동의서에 기재한 보유 및 이용 기간까지만 활용하고 그 이후에 파기하면 된다.

반면 신용정보법의 파기규정은 좀 더 복잡한데, 법에서 개인신용정보를 가지고 있을 수 있는 최장 보관기간을 정하고 있다. 고객의 개인 "신용"정보는 일반 개인정보보다 더 보호가치가 있는 정보이므로 이용이 끝나면 가능한 짧게 가지고 있도록 하려는 것이 입법자의 의도라고 할 수 있다.

신용정보법상의 파기 규정(법 제20조의2)과 관련하여, ① 최장 보관기간을 어떻게 정하고 있는지, ② ①에서 정하고 있는 보관기간보다 장기간 보관할 수 있는 경우가 있는지, ③ 보관시 어떠한 조치를 취하여야 하는지를 잘 알아두어야 한다.

1) 최장 보관기간

> **신용정보법 제20조의2(개인신용정보의 보유기간 등)** ① 신용정보제공 · 이용자는 금융거래 등 상거래관계(고용관계는 제외한다. 이하 같다)가 종료된 날부터 금융위원회가 정하여 고시하는 기한까지 해당 신용정보주체의 개인신용정보가 안전하게 보호될 수 있도록 접근권한을 강화하는 등 대통령령으로 정하는 바에 따라 관리하여야 한다.

② 「개인정보 보호법」 제21조제1항에도 불구하고 신용정보제공 · 이용자는 금융거래 등 상거래관계가 종료된 날부터 최장 5년 이내(해당 기간 이전에 정보 수집 · 제공 등의 목적이 달성된 경우에는 그 목적이 달성된 날부터 3개월 이내)에 해당 신용정보주체의 개인신용정보를 관리 대상에서 삭제하여야 한다.

신용정보법 시행령 제17조의2(개인신용정보의 관리방법 등) ① 신용정보제공 · 이용자는 법 제20조의2제1항에 따라 다음 각 호의 구분에 따른 방법으로 금융거래 등 상거래관계(고용관계는 제외한다. 이하 같다)가 종료된 신용정보주체의 개인신용정보를 관리하여야 한다.

1. 금융거래 등 상거래관계의 설정 및 유지 등에 필수적인 개인신용정보의 경우: 다음 각 목의 방법
   가. 상거래관계가 종료되지 아니한 다른 신용정보주체의 정보와 별도로 분리하는 방법
   나. 금융위원회가 정하여 고시하는 절차에 따라 신용정보제공 · 이용자의 임직원 중에서 해당 개인신용정보에 접근할 수 있는 사람을 지정하는 방법
   다. 그 밖에 해당 신용정보주체의 개인신용정보가 안전하게 보호될 수 있는 방법으로서 금융위원회가 정하여 고시하는 방법
2. 제1호(금융거래 등 상거래관계의 설정 및 유지 등에 필수적인 개인신용정보) 외의 개인신용정보의 경우: 그 정보를 모두 삭제하는 방법

신용정보업감독규정 제22조의3(개인신용정보의 보유기간 등) ① 법 제20조의2제1항에 따른 "금융위원회가 정하여 고시하는 기한"이란 3개월을 말한다.

신용정보법에서는 금융회사가 개인신용정보를 보관할 수 있는 최장기간을 법으로 정해놓고 있다. 선택적인 개인신용정보의 경우에는 상거래관계 종료일로부터 3개월, 필수적인 개인신용정보의 경우에는 상거래관계 종료일로부터 5년이다.

상거래관계 종료일의 정의에 대해서도 "신용정보제공 · 이용자와 신용정보주체 간의 상거래관계가 관계 법령, 약관 또는 합의 등에 따라 계약기간의 만료, 해지권 · 해제권 · 취소권의 행사, 소멸시효의 완성, 변제 등으로 인한 채권의 소멸, 그 밖의 사유로 종료된 날"이라고 규정하고 있다(시행령 제17조의2 제5항).

〈상거래관계 종료일에 대한 고지〉

신용정보법에서는 개인신용정보의 수집 · 이용에 대한 동의를 받는 경우 "상거래관계 종료일"에 대한 판단기준을 신용정보주체에게 알리도록 의무화하고 있다(시행령 제17조의2 제6항).

따라서, 일반적으로 동의서 상의 보유기간 항목 다음에 상거래관계 종료일의 정의를 기재한다.

> 예) (금융)거래 종료일로부터 5년까지 보유 · 이용
>
> 위 보유 기간에서의 (금융)거래 종료일이란 "당 행과 거래중인 모든 계약(여 · 수신, 내 · 외국환, 카드 및 제3자 담보 제공 등) 해지 및 서비스(대여금고, 보호예수, 외국환거래지정, 인터넷뱅킹 포함 전자금융거래 등)가 종료된 날"을 말합니다.

다만, 필수적인 개인신용정보의 경우에도 상거래관계 종료일로부터 5년이 되기 전에 정보 수집 · 제공 등의 목적이 달성된 경우라면 그 목적이 달성된 날부터 3개월 이내에 파기하도록 하고 있으므로 회사가 5년이 되기 전에 파기하고 싶다면 그 이전에 파기하는 것도 가능하다. 따라서 회사에서 더이상 필요하지 않을 뿐만 아니라 삭제하는 것이 다른 법률상으로도 문제될 바가 없다고 판단한다면 상거래관계 종료일로부터 5년 이내에서 원하는 때에 파기할 수 있다.

그렇다면 다음의 경우에는 언제까지 보관이 가능할까?

① 회사가 동의서에 "상거래관계 종료일로부터 7년까지" 보관하는 것으로 기재하고 동의를 받은 경우

법에서 최장 기간을 5년이라고 정하고 있으므로 이러한 경우에도 상거래관계 일로부터 5년이 지나면 파기하여야 한다.

② 회사가 동의서에 "상거래관계 종료일로부터 3년까지" 보관하는 것으로 기재하고 동의를 받은 경우

법에서 정하고 있는 것은 최장 보관기간이므로 최장 보관기간보다 짧은 기간인 3년까지만 보관하는 것도 가능하다. 따라서 이때는 상거래관계 종료일로부터 3년이 지나면 파기하여야 한다.

회사가 고객의 개인신용정보를 파기하기 위해 기산일인 "상거래관계 종료일"을 판단할 시 꼭 기억해야 하는 것이 한 가지 있다. 판단 기준이 "건별" 기준이 아니라 "인별" 기준이라는 점이다. 예를 들어, 고객이 A, B, C의 금융상품에 가입되어 있는데, C를 해지하는 상황이 발생하였다고 하자. 이러한 경우에도 A, B가 여전히 유지되고 있으므로 파기 관점에서는 A, B, C 모두 상거래관계가 유지되고 있는 것이다. 따라서 C 금융상품과 관련된 개인신용정보도 계속 보관이 가능하다. 이후 최종적으로 A, B가 모두 해지된 경우에 이르러서야 A, B, C 금융상품 모두에 대한 상거래관계가 종료된 것이고 마지막 상품의 해지일부터 A, B, C가 함께 파기기간 5년이 카운팅된다.[56)]

◈ 참고

필수적인 개인신용정보인지 선택적인 개인신용정보인지에 따라 정보의 최장 보관기간이 달라지게 된다. 신용정보법에서는 다음과 같이 필수적인 개인신용정보를 구분하는 기준을 정하고 있다 (시행령 제17조의2 제2항).

1. 해당 개인신용정보가 없었다면 그 종료된 상거래관계가 설정 · 유지되지 아니하였을 것인지 여부
2. 해당 개인신용정보가 그 종료된 상거래관계에 따라 신용정보주체에게 제공된 재화 또는 서비스(신용정보주체가 그 신용정보제공 · 이용자에게 신청한 상거래관계에서 제공하기로 한 재화 또는 서비스를 그 신용정보제공 · 이용자와 별도의 계약 또는 약정 등을 체결한 제3자가 신용정보주체에게 제공한 경우를 포함한다)와 직접적으로 관련되어 있는지 여부
3. 해당 개인신용정보를 삭제하는 경우 법 또는 다른 법령에 따른 의무를 이행할 수 없는지 여부

---

56) 규제기관은 인별기준이 원칙이나 금융회사에서 건별기준으로 관리하기를 원한다면 그렇게 하는 것도 가능하다는 입장이다. 그러나 건별기준으로 관리한다는 것은 한 명의 고객에 대해서도 다양한 파기정책이 적용된다는 의미이므로 건별기준을 채택하는 회사는 없을 것이다. 실제 업무를 하면서 그러한 회사를 본 적이 없다.

2) 예외적으로 상거래관계 종료일로부터 5년 이후에도 계속 보관이 가능한 경우[57]

신용정보법 제20조의2(개인신용정보의 보유기간 등) ② 「개인정보 보호법」 제21조제1항에도 불구하고 신용정보제공 · 이용자는 금융거래 등 상거래관계가 종료된 날부터 최장 5년 이내(해당 기간 이전에 정보 수집 · 제공 등의 목적이 달성된 경우에는 그 목적이 달성된 날부터 3개월 이내)에 해당 신용정보주체의 개인신용정보를 관리대상에서 삭제하여야 한다. 다만, 다음 각 호의 경우에는 그러하지 아니하다.

1. 이 법 또는 다른 법률에 따른 의무를 이행하기 위하여 불가피한 경우

2. 개인의 급박한 생명 · 신체 · 재산의 이익을 위하여 필요하다고 인정되는 경우

2의2. 가명정보를 이용하는 경우로서 그 이용 목적, 가명처리의 기술적 특성, 정보의 속성 등을 고려하여 대통령령으로 정하는 기간 동안 보존하는 경우

> 다음 각 호의 사항을 고려하여 가명처리한 자가 가명처리 시 정한 기간
> 1. 추가정보 및 가명정보에 대한 관리적 · 물리적 · 기술적 보호조치 수준
> 2. 가명정보의 재식별 시 신용정보주체에 미치는 영향
> 3. 가명정보의 재식별 가능성
> 4. 가명정보의 이용목적 및 그 목적 달성에 필요한 최소기간

3. 그 밖에 다음 각 목의 어느 하나에 해당하는 경우로서 대통령령으로 정하는 경우
    가. 예금 · 보험금의 지급을 위한 경우
    나. 보험사기자의 재가입 방지를 위한 경우
    다. 개인신용정보를 처리하는 기술의 특성 등으로 개인신용정보를 보존할 필요가 있는 경우
    라. 가목부터 다목까지와 유사한 경우로서 개인신용정보를 보존할 필요가 있는 경우

신용정보법 시행령 제17조의2(개인신용정보의 관리방법 등) ④ 법 제20조의2제2항제3호에서 "대통령령으로 정하는 경우"란 다음 각 호의 어느 하나에 해당하는 경우를 말한다.

1. 「서민의 금융생활 지원에 관한 법률」 제2조제3호에 따른 휴면예금등의 지급을 위해 필요한 경우

2. 대출사기, 보험사기, 거짓이나 부정한 방법으로 알아낸 타인의 신용카드 정보를 이용한 거래, 그 밖에 건전한 신용질서를 저해하는 행위를 방지하기 위하여 그 행위와 관련된 신용정보주체의 개인신용정보가 필요한 경우

---

57) 예외사유 중 주요 사유에 대해서만 정리하였다.

3. 위험관리체제의 구축과 신용정보주체에 대한 신용평가모형 및 위험관리모형의 개발을 위하여 필요한 경우. 이 경우 다른 법률에 따른 의무를 이행하기 위하여 불가피한 경우 등을 제외하고 개인인 신용정보주체를 식별할 수 없도록 조치해야 한다.
4. <u>신용정보제공 · 이용자 또는 제3자의 정당한 이익을 달성하기 위하여 필요한 경우로서 명백하게 신용정보주체의 권리보다 우선하는 경우</u>. 이 경우 신용정보제공 · 이용자 또는 제3자의 정당한 이익과 상당한 관련이 있고 합리적인 범위를 초과하지 아니하는 경우로 한정한다.
5. <u>신용정보주체가 개인신용정보(제15조제4항 각 호의 개인신용정보는 제외한다)의 삭제 전에 그 삭제를 원하지 아니한다는 의사를 명백히 표시한 경우</u>
6. 개인신용정보를 처리하는 기술의 특성 상 개인신용정보 삭제 시 신용정보전산시스템의 안전성, 보안성 등을 해치는 경우로서 <u>금융위원회가 정하여 고시하는 보호 조치</u>를 하는 경우

> "금융위원회가 정하여 고시하는 보호 조치"란 다음 각 호의 경우에 따른 조치
> 1. 개인신용정보를 암호화하여 이용하는 경우 : 개인신용정보를 재식별할 수 없도록 재식별에 필요한 정보를 삭제할 것
> 2. 개인신용정보와 연계된 정보를 이용하는 경우 : 연계에 필요한 정보를 삭제할 것

신용정보법에서는 상거래관계 종료일로부터 5년이 지나기 전에 개인신용정보를 파기하는 것이 원칙이나 계속 보관이 가능한 몇 가지 예외사유를 두고 있다. 이 중 자주 인용되는 몇 가지 사유에 대해서는 구체적으로 알아두어야 한다.

가. 이 법 또는 다른 법률에 따른 의무를 이행하기 위하여 불가피한 경우(제1호)

"다른 법률에 따른 의무를 이행하기 위하여 불가피한 경우"로는 주로 상법 제33조 제1항이 인용된다.

> **상법 제33조(상업장부등의 보존)** ① 상인은 10년간 상업장부와 영업에 관한 중요서류를 보존하여야 한다. 다만, 전표 또는 이와 유사한 서류는 5년간 이를 보존하여야 한다.

상법에서 "영업에 관한 중요서류"의 범위에 대해 구체적으로 정하고 있는 바는 없으나, "주석 상법"에서는 거래의 관행에 따라 정하되, 후일에 있을 분쟁의 해결을 위하여 필요한 증거자료로서의 중요성을 기준으로 판단하고 계약서, 영수증, 주문

서, 청구서 기타 통신문 등이 여기에 해당한다고 설명하고 있다.[58]

따라서 "영업에 관한 중요서류"인지의 판단은 어느정도 회사의 재량이 인정될 수 있는데, 그 보관기간이 10년으로 장기간일 뿐만 아니라 "하여야 한다."라고 하여 보관을 의무화하고 있는 규정이므로 이 규정을 통해 장기보관의 정당성을 확보할 수 있는 경우가 종종 있다. 물론 이러한 경우에도 상법상 의무 이행을 위하여 회사가 보관하고 있는 상황에 대해서만 적법성이 인정되는 것이므로 보관하고 있는 정보를 다른 목적으로 이용하였다면 이는 또 다른 문제이다.

⚠ 참고

업무를 하다보면, 상거래 종료일로부터 5년이 경과하였음에 불구하고 자료를 계속 보관하고 있다가 문제가 되는 경우를 종종 볼 수 있다. 이때 회사가 상법 제33조 제1항을 근거로 계속 보관의 정당성을 주장하는 경우가 있는데, 이때 주의하여야 할 점은 상법상 보관일의 기산점, 즉 10년을 카운팅하는 시작일이 "상거래관계 종료일"이 아닌 "그 서류의 작성, 발신 또는 수령한 날 또는 수령증을 교부받은 때"라는 점이다. 따라서 상거래관계 종료일로부터 5년이 넘지 않은 경우라고 하더라도 상법상 중요서류 보관일로부터는 10년을 넘는 경우가 생길 수 있다는 점을 고려하여야 한다.

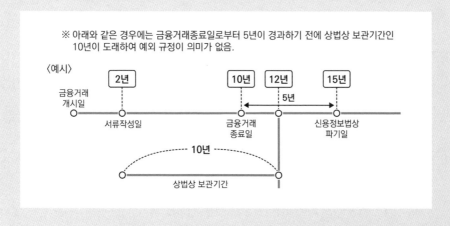

---

58) 일반적으로 이 기준에 따라 "영업에 관한 중요서류"에 해당하는지 여부를 판단한다.

나. 가명정보를 이용하는 경우로써 가명처리한 자가 가명처리 시 정한 기간 동안 보존하는 경우(제2의2호)

가명처리한 정보는 누군지 특정할 수 없는 정보이므로 상거래관계가 종료된 정보인지 여부를 알 수가 없다. 따라서 가명처리한 정보에 대해서는 "상거래관계 종료일로부터 5년"이라는 기준 자체를 적용할 수가 없다는 점은 어찌보면 당연한 해석이다. 따라서, 가명처리시 가명처리를 하는 자가 사용기간을 정해야 하는데 그 기간까지는 보존이 가능하다.[59]

다. 신용정보주체가 개인신용정보(신용정보법 시행령 제15조제4항 각 호의 개인신용정보는 제외[60])의 삭제 전에 그 삭제를 원하지 아니한다는 의사를 명백히 표시한 경우(대통령령 제17조의2 제4항 제5호)

말그대로 신용정보주체가 삭제를 원하지 않는다는 의사를 명백히 표시한 경우인데, 가끔씩 유용하게 이용되는 사유이다. 각주 60의 개인신용정보는 제외된다는 점도 기억할 필요가 있다.

"예외적으로 상거래관계 종료일로부터 5년 이후에도 계속 보관이 가능한 경우"에 대해 설명하고 있는 규제기관이나 협회에서 발간한 자료들을 살펴보면, 금융회사가 최장보유기간이 지난 이후에도 계속 보관이 가능한지 여부를 판단하기 위해서는 이익형량 과정을 거쳐야 한다고 설명하면서 관련 증빙근거자료를 남겨둘 필요가 있다고 언급하고 있다.[61]

---

59) 자세한 내용은 "가명처리" 부분(49페이지 이하) 참고.
60) 다음의 개인신용정보는 제외된다.
  1. 법 제2조제1호의4에 따른 신용정보 중 연체, 부도, 대위변제 및 대지급과 관련된 정보
  2. 법 제2조제1호의4에 따른 신용정보 중 신용질서 문란행위와 관련된 정보
  3. 법 제2조제1호의6다목에 따른 신용정보 중 법원의 파산선고·면책·복권 결정 및 회생·간이회생·개인회생의 결정과 관련된 정보
  4. 법 제2조제1호의6나목에 따른 체납 관련 정보
  5. 법 제2조제1호의6아목 및 이 영 제2조제17항제3호에 따른 신용정보 중 체납 관련 정보
  6. 그 밖에 제1호부터 제5호까지의 정보와 유사한 형태의 불이익정보로서 금융위원회가 정하여 고시하는 신용정보
61) 규제기관은 일관되게 개인신용정보의 파기 예외사유는 엄격하게 해석해야 하며 예외사유

이는 이익형량 과정만 거친다면 상거래관계 종료일로부터 5년이 지난 후에도 계속 보관이 가능하다는 의미가 아니라 ① 일차적으로 법에서 정한 파기 예외사유에 해당하는지 여부를 판단하고 ② 판단결과 예외사유에 해당하더라도 이익형량 과정을 거쳐 어떤 항목 범위까지 보관하여야 하는지도 판단하여야 한다는 의미이다.

예를 들어, 회사가 특정인과 현재 진행중인 분쟁 및 소송이 있다면 그의 개인신용정보를 해당 목적 달성시까지 보관하는 것은 ① "신용정보제공 · 이용자의 정당한 이익을 달성하기 위하여 필요한 경우로서 명백하게 신용정보주체의 권리보다 우선하는 경우"에 해당하여 가능하다. 다만, ② 이익형량 관점에서 "분쟁 및 소송과 관련된 개인신용정보"만 보관 가능 범위에 해당할 것이다.

한편, 회사가 향후 발생할 수 있는 민원 및 법적 분쟁에 대비하기 위한 목적으로 모든 고객의 개인신용정보를 영구 보관하고자 한다면 어떠할까?

법에서 정한 예외사유에 해당한다고 해석될 수는 있지만, 그렇게 해석되더라도 이익형량 관점에서 신용정보주체의 권리를 지나치게 침해하는 것에 해당할 것이다. 따라서 그 항목과 기간을 필요 최소한의 범위로 축소해야 한다.

2 개인신용정보의 보관

신용정보법에서 상거래관계가 종료된 이후의 개인신용정보 보관방법에 대해 정하고 있는데 그 내용이 복잡하고 어려우므로 잘 이해할 필요가 있다.

신용정보법 시행령 제17조의2(개인신용정보의 관리방법 등) ① 신용정보제공 · 이용자는 법 제20조의2제1항에 따라 다음 각 호의 구분에 따른 방법으로 금융거래 등 상거래관계(고용관계는 제외한다. 이하 같다)가 종료된 신용정보주체의 개인신용정보를 관리하여야 한다.

1. 금융거래 등 상거래관계의 설정 및 유지 등에 필수적인 개인신용정보의 경우: 다음 각 목의 방법

에 해당할 경우 향후 감독 · 검사 등의 과정에서 이를 소명할 수 있도록 증빙근거자료를 구비할 필요가 있다고 설명하고 있다.

가. 상거래관계가 종료되지 아니한 다른 신용정보주체의 정보와 별도로 분리하는 방법
나. 금융위원회가 정하여 고시하는 절차에 따라 신용정보제공 · 이용자의 임직원 중에서 해
　　당 개인신용정보에 접근할 수 있는 사람을 지정하는 방법

> 신용정보제공 · 이용자가 영 제17조의2제1항제1호나목에 따라 접근할 수 있는 임직원
> 을 지정할 때에는 접근권한 관리책임자를 두어야 한다.

다. 그 밖에 해당 신용정보주체의 개인신용정보가 안전하게 보호될 수 있는 방법으로서 금
　　융위원회가 정하여 고시하는 방법

> 영 제17조의2제1항제1호다목에 따라 신용정보제공 · 이용자는 개인신용정보가 안전
> 하게 보호될 수 있도록 제2항에 따라 접근권한을 부여받은 자가 해당 개인신용정보를
> 이용하려는 경우에는 접근권한 관리책임자의 사전 승인을 얻어 그 개인신용정보를 이
> 용하게 하고, 그 이용 내역을 3년간 보관하여야 한다.

2. 제1호 외의 개인신용정보의 경우: 그 정보를 모두 삭제하는 방법

보관방법은 상거래관계 종료일로부터 3개월을 기준으로 나눠지는데, 3개월 이전의 보관방법에 대해서는 법에서 정하고 있는 바가 없다. 따라서, 3개월 이전에는 완화된 보안조치를 취해도 되고 3개월 이후에는 엄격한 보안조치를 취해야 한다는 점이 기본 원칙이다.

내용을 좀 더 구체적으로 설명하면 다음과 같다.

1) 상거래관계 종료일부터 3개월 이내[1단계]

상거래관계 종료일로부터 3개월이 되기 전에 다음의 조치를 취하여야 한다.

① 선택적인 개인신용정보는 모두 삭제하여야 한다.

가끔 하나의 정보항목을 선택적인 목적 및 필수적인 목적으로 활용하는 경우에는 어떻게 하여야 할지에 대한 질문을 받곤 한다. 선택적인 개인신용정보 항목만 파기하라는 의미이므로 중복되는 정보항목은 그대로 유지하여도 된다. 다만, 선택적인 목적으로는 더 이상 이용할 수 없다.

예를 들어, "성명"이라는 정보항목을 금융거래 목적(필수) 및 마케팅 목적(선택)으로 활용하고 있다면 3개월 이후에도 "성명"이란 정보를 계속 보관할 수는 있으나 더 이상 마케팅 목적으로는 활용할 수 없다.

② 필수적인 개인신용정보는 현재 거래중인 고객의 정보와 접근권한을 분리하는 등 보안통제를 강화하여 운영한다.

이때는 현재 거래중인 고객의 정보와 반드시 별도로 분리할 의무가 부여되지는 않는다. 따라서 같은 Table로 두면서 일반 직원의 조회를 차단하는 방식도 가능하다. 물론 접근권한 관리책임자를 지정하여 접근권한을 통제하고 기록을 보존하여야 한다.

2) 상거래관계 종료일부터 5년 이내[2단계]

선택적인 개인신용정보의 경우 1)에서 파기되었어야 하므로 이때 회사 DB에 선택적인 개인신용정보는 남아있지 않아야 한다.

필수적인 개인신용정보의 경우에는 엄격한 보안조치에 따라 분리·보관하여야 하는데, 법에서는 다음 1~3의 방법을 따라야 한다고 정하고 있다.

> 1. 상거래관계가 종료되지 아니한 다른 신용정보주체의 정보와 별도로 분리하는 방법
> 2. 신용정보제공·이용자의 임직원 중에서 해당 개인신용정보에 접근할 수 있는 사람을 지정하고 접근권한 관리책임자를 두는 방법
> 3. 2.에 따라 접근권한을 부여받은 자가 해당 개인신용정보를 이용하려는 경우에는 접근권한 관리책임자의 사전 승인을 얻어 그 개인신용정보를 이용하게 하고[62], 그 이용 내역을 3년간 보관

즉, 현재 거래중인 고객의 정보와 분리하여 별도의 DB 또는 Table로 관리하여야 하며, 1단계 접근권한보다 강화된 방식으로 엄격히 통제하여 운영하여야 한다.

또한, 2단계 조치된 개인신용정보를 적법하게 재이용하는 경우에는 1단계 접근권

---

62) 이는 상거래관계가 종료된 고객의 개인신용정보에 접근할 때에는 매번 사전에 "접근권한 관리책임자"의 승인을 받아야 한다는 의미이다.

한보다 제한된 인원, 추가 승인절차 및 사후 감사 등 보다 강화된 방식으로 엄격히 통제하여야 하며, 구체적인 방식은 개별 금융회사가 자율적으로 정하여 운영할 수 있다.

한편, 개인신용정보가 포함된 종이 문서의 경우로서 상기 1.~3.의 방법으로 관리하는 것이 불가능하거나 현저히 곤란한 경우에는 다음의 방법으로 관리하는 것이 가능하다.

---

1. 보존기간을 정하여 잠금장치가 있는 안전한 장소에 보관할 것
2. 물리적 보관장소에 대하여는 출입 · 통제 절차를 수립 · 운영 할 것
3. 보존되는 개인신용정보의 현황파악, 열람, 대여 등에 관한 통제시스템을 확립할 것
4. 보존기간이 만료한 개인신용정보에 대한 안전한 폐기계획를 수립 · 시행하고 신용정보관리 · 보호인 또는 대표이사가 폐기결과를 확인할 것

---

3) 예외 사유에 해당하여 상거래관계 종료일부터 5년 이후에도 계속 보관하는 경우[3단계]

이 경우에도, 보관하게 되는 정보에 대해서는 2단계에서 정한 방법에 따라 분리 · 보관하여야 한다.

한편, 금융회사가 예외사유에 해당하여 상거래관계 종료일로부터 5년 이후에도 계속 보관하고 있던 개인신용정보를 활용(재이용)하게 되는 경우 신용정보주체에게 활용(재이용) 사실을 통지하여야 한다(법 제20조의2 제4항).[63] 통지방법은 신용정보법 시행령 [별표 2의2]에서 구체적으로 정하고 있다.

신용정보법 제20조의2(개인신용정보의 보유기간 등) ③ 신용정보제공 · 이용자가 제2항 단서에 따라 개인신용정보를 삭제하지 아니하고 보존하는 경우에는 현재 거래 중인 신용정보주체의 개인신용정보와 분리하는 등 대통령령으로 정하는 바에 따라 관리하여야 한다.

④ 신용정보제공 · 이용자가 제3항에 따라 분리하여 보존하는 개인신용정보를 활용하는 경우

---

63) 법에서 정하고 있는 내용은 아니나 금융위원회의 법령해석 중에는 상거래관계가 종료된 지 3개월 이상 5년 미만인 고객의 개인신용정보를 활용할 경우에도 신용정보주체에게 통지하여야 한다고 해석한 경우가 있다.

에는 신용정보주체에게 통지하여야 한다.

신용정보법 제20조의2를 꼼꼼히 읽어보면 분리보관하고 있던 정보를 활용(재이용)하는 경우 신용정보주체에게 통지하여야 한다고만 정하고 있을 뿐 어떠한 경우에 활용(재이용)이 가능한지에 대해 정하고 있지는 아니하다. 이에 대해서는 신용정보법 해설서[64]에서 "원칙적으로 분리보관 중인 정보는 신용정보법 제20조의2제2항 각 호에서 정하는 목적 범위 내에서만 활용 가능하다"고 설명하고 있다. 즉, 제20조의2 제2항 각 호의 사유에 해당하는 경우에만 상거래관계 종료일로부터 5년이 지났음에도 불구하고 계속 보관하는 것이므로 보관하던 것을 꺼내서 재이용하는 것도 "제20조의2 제2항 각 호의 사유"에 해당하는 경우에만 가능하다는 의미이다. 예를 들어, 보험사기자의 재가입 방지를 위한 목적으로는 재이용이 가능하다.

한편, 신용정보주체가 분리·보관하고 있던 자신의 정보의 이용을 직접 요청한 경우나 신용정보주체가 열람청구를 하여 이에 응하기 위해 회사가 정보를 이용하는 경우 또는 동의없이 제3자 제공이 가능한 사유(법 제32조 제6항 각 호)에 해당하는 경우에는 분리·보관하고 있던 정보를 활용(재이용)하는 것이 가능할까? 이 때에는 "이 법에 따른 의무를 이행하기 위하여 불가피한 경우"(법 제20조의2 제1항 제1호)에 해당하여 활용(재이용)이 가능하다. 그러나, 회사가 자체 필요에 의해 정보를 활용해야 하는 경우에는 제20조의2 제2항 각 호 어디에도 포함되지 아니하므로 활용(재이용)할 수 없다.

---

64) 금융위원회·금융감독원·행정안전부, 금융분야 개인정보 보호 가이드라인(2016. 12.)(이하 **"신용정보법 해설서"**), 100페이지.

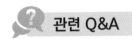 **관련 Q&A**

신용정보법상의 파기 관련 규정은 헷갈리는 내용들이 많으므로 해석례를 잘 알아두어야 한다.

Q1 상거래관계가 종료된 날부터 최장 5년 이내에 신용정보주체의 개인신용정보를 삭제한다는 의미가 회사 내 모든 시스템에서 삭제해야 한다는 의미인지 아니면 원장에서만 삭제하면 되는지 여부

A 모든 시스템에서 삭제하는 것을 의미한다.

Q2 대출이 거절된 고객의 개인신용정보를 민원처리 및 위험관리체제의 구축 등의 목적으로 분리보관하는 것이 가능한지?

A 대출이 거절된 고객은 해당 금융회사의 고객으로 볼 수 없으므로 신용정보법이 아닌 개인정보 보호법 적용대상이다. 개인정보 보호법에서는 목적 달성 시 지체없이 개인정보를 파기하도록 하고 있는데, 대출이 거절되었으면 그 목적이 달성된 것이므로 지체없이(5일 이내) 정보를 파기하여야 한다.

⇨ 대출 거절 고객의 개인(신용)정보의 활용 가능성(방법)에 대해서는 종종 질문을 받는다. 그런데, 규제기관은 이에 대해 상당히 엄격한 시각을 가지고 있으므로 주의하여야 한다. 가명처리 부분에서 구체적으로 설명하였지만 대출이 거절된 고객의 개인신용정보를 가명처리하여 내부적으로 이용하는 것에 대해서도 금지하고 있다는 점도 주의할 필요가 있다. 또한, 카드발급이 거절된 고객에 대해서도 동일한 해석이 가능하다는 점도 알아두어야 한다.

Q3 신용정보법 제20조의2제2항 단서에 따라 분리보관 중인 개인신용정보에 대하여 본인이 열람요구를 하는 경우 회사가 이에 응해야 하는지?

A 본인의 열람요구는 신용정보법에서 보장하고 있는 신용정보주체의 권리이므로(제38조) 회사는 이에 응해야 한다. 또한 열람요구에 따른 정보제공은 신용정보주체 본인에게 제공하는 것이므로 별도로 고객에게 분리보관 정보의 활용에 대한 통지를 하지 아니하여도 된다(제20조의2 제4항).

Q4 금융회사와 상거래관계가 종료되었던 신용정보주체가 금융거래를 재개하는 경우, 신용정보법 제20조의2에 따라 별도로 분리보관된 개인신용정보 중 활용이 필요한 정보가 있다면 이를 다시 활용하는 것이 가능한지?

A 상거래관계가 종료되었던 신용정보주체와 금융거래를 재개하는 경우로써 신용정보법 제15조 및 제33조에 따라 개인신용정보의 수집 및 활용에 대한 동의를 받은 경우에는 다시 활용하는 것이 가능하다.

⇨ 추후 금융거래가 재개될 가능성을 생각하여, 고객의 개인신용정보를 완전히 파기하기 보다는 가능한 범위 내에서 별도로 분리보관하는 방법을 고려해 볼 필요가 있다. 고객의 입장에서는 새롭게 정보를 입력하기 보다는 동의란을 한번 클릭하는 것만으로 정보입력의 번거로움이 해결된다면 훨씬 편리하다고 느낄 것이기 때문이다.

Q5 신용정보법 제20조에 따른 개인신용정보의 처리에 관한 기록 보존을 위해 일부 개인신용정보가 필요한 경우에는 어떻게 하여야 하는지?

> **신용정보법 제20조(신용정보 관리책임의 명확화 및 업무처리기록의 보존)** ② 신용정보회사등은 다음 각 호의 구분에 따라 개인신용정보의 처리에 대한 기록을 3년간 보존하여야 한다.

A 신용정보법에서 파기 예외사유로 "이 법의 의무를 이행하기 위하여 불가피한 경우"를 두고 있는데, 제20조 제2항에 따라 업무처리기록을 보존하는 경우도 이에 해당한다. 따라서 제20조 제2항의 의무를 준수하기 위하여 관련 기록을 3년간 보관하는 것은 가능한다.

다만, 신용정보법 제20조 제2항은 (i) 개인신용정보를 수집 · 이용할 경우에는 날짜, 수집 · 이용 정보의 항목, 수집 · 이용 사유와 근거를, (ii) 개인신용정보를 제공하는 경우에는 제공 날짜, 정보 항목, 제공 사유와 근거를, (iii) 개인신용정보 폐기시에는 폐기한 날짜, 폐기정보의 항목, 폐기한 사유와 근거를 3년간 보존하도록 하고 있으므로 보존이 필요한 기록은 개인신용정보 항목 그 자체가 아니라 정보를 어떻게 처리하였는지 그 처리 내용을 보존하는 것이다.

예를 들어, "성명"과 같은 정보 항목에 대해서는 "보존이 필요한 기록"에 포함되지 아니하므로 보존해야 할 정보에 해당하지 않는다.

Q6 상거래관계가 종료된 정보 중 성명, 연락처와 같은 개인을 식별할 수 있는 정보[65]에 대해서만 3개월 이내에 추가 동의를 받아 이용하는 것이 가능한지 여부

A 신용정보법에서는 선택적인 개인신용정보를 상거래관계 종료일로부터 3개월 이내에 파기할 의무를 정하고 있을 뿐이어서 "상거래관계 종료일부터 이후 3개월"까지의 기간 동안의 정보 처리에 대해서는 정하고 있지 아니하다.

따라서 그 기간 사이에 정보주체에게 추가적으로 개인정보 보호법상의 수집 · 이용 동의를 받는다면 그 항목 및 목적에 대해서는 동의서에 고지한 기간까지 이용이 가능하다고 보는 것이 합리적이다.

3 신용정보법에서 정하고 있는 보존이 필요한 서류

신용정보법에서는 다양한 서류 보존의무를 부여하고 있다. 이러한 보존의무는 파기예외사유에 해당할 뿐만 아니라 보존하지 않는다면 법 위반에도 해당한다.

물론, 신용정보법 이외의 금융관련법령에서도 서류 보존의무를 정하고 있는 여러 규정들이 있으며 업무할 때 이에 대해서도 꼼꼼히 챙겨야 한다. 다만, 본서에서는 신용정보법의 서류 보존의무만 다루기로 하겠다.

1) 업무처리기록 보존(법 제20조 제2항)

신용정보회사등은 개인신용정보의 처리에 대한 기록을 3년간 보존하여야 한다.

---

1. 개인신용정보를 수집 · 이용한 경우
   가. 수집 · 이용한 날짜
   나. 수집 · 이용한 정보의 항목
   다. 수집 · 이용한 사유와 근거
2. 개인신용정보를 제공하거나 제공받은 경우

---

65) 신용정보법에 따른 개인신용정보에는 해당하지 아니하고 개인정보 보호법에 따른 개인정보에만 해당하는 경우.

가. 제공하거나 제공받은 날짜

　　　나. 제공하거나 제공받은 정보의 항목

　　　다. 제공하거나 제공받은 사유와 근거

　　3. 개인신용정보를 폐기한 경우

　　　가. 폐기한 날짜

　　　나. 폐기한 정보의 항목

　　　다. 폐기한 사유와 근거

2) 조회기록 보존(법 제35조)

신용정보회사등은 개인신용정보를 이용하거나 제공한 경우 신용정보주체가 이를 조회할 수 있도록 하는 시스템을 갖춰야 한다. 또한 조회를 한 신용정보주체의 요청이 있는 경우 개인신용정보를 이용하거나 제공하는 때에 다음의 사항을 신용정보주체에게 통지하여야 한다.

① 개인신용정보를 이용한 경우: 이용 주체, 이용 목적, 이용 날짜, 이용한 신용정보의 내용, 개인신용정보의 보유기간 및 이용기간

② 개인신용정보를 제공한 경우: 제공 주체, 제공받은 자, 제공 목적, 제공한 날짜, 제공한 신용정보의 내용, 개인신용정보를 제공받은 자의 보유기간 및 이용기간

이때 신용정보주체가 조회한 내용 및 신용정보주체에게 통지한 내용을 3년간 보존하여야 한다.

3) 분리보관되어 있는 개인신용정보의 이용내역(법 제20조의2 제1항 및 시행령 제17조의2 제1항, 감독규정 제22조의3 제3항)

분리보관되어 있는 필수적인 개인신용정보에 대한 접근권한을 부여받은 자가 해당 개인신용정보를 이용하려는 경우 접근권한 관리책임자의 사전 승인을 얻어야 하고, 그 이용 내역을 3년간 보존하여야 한다.

4) 개인신용정보의 가명처리 · 익명처리시 조치기록(법 제40조의2 제8항)

신용정보회사등은 개인신용정보를 가명처리나 익명처리한 경우 그 조치기록을 3년간 보존하여야 한다.

---

1. 개인신용정보를 가명처리한 경우
    가. 가명처리한 날짜
    나. 가명처리한 정보의 항목
    다. 가명처리한 사유와 근거

2. 개인신용정보를 익명처리한 경우
    가. 익명처리한 날짜
    나. 익명처리한 정보의 항목
    다. 익명처리한 사유와 근거

---

5) 기술적 · 물리적 · 관리적 보안대책 관련 기록(감독규정 별표 3)

신용정보회사 등은 다음의 기록을 보존하여야 한다.

① 개인신용정보처리시스템에 대한 접근권한 부여, 변경 또는 말소에 대한 내역 기록: 최소 3년간 보존

② 외부사용자에게 개인신용정보처리시스템에 대한 접근권한 부여시 권한 부여에 관한 기록: 최소 3년간 보존

③ 개인신용정보처리시스템의 접속기록: 최소 1년 보존
    단, 개인정보 보호법 하위고시인 개인정보의 안전성 확보조치기준에서 5만명 이상의 정보주체에 관한 개인정보를 처리하는 개인정보처리시스템에 해당하거나 고유식별정보 또는 민감정보를 처리하는 개인정보처리시스템에 해당하는 경우에는 2년 이상 보존하도록 하고 있으므로 개인신용정보처리시스템이 이에 해당하는 경우에는 2년 이상 보존

④ 신용정보관리 · 보호인의 업무처리 기록: 3년간 보존

제3부

개인신용정보의 안전한 관리

신용정보관리 · 보호인 지정 및 신용정보활용 체제 공시

일정요건에 해당하는 신용정보회사등은 신용정보 관련 업무를 총괄하는 신용정보관리 · 보호인을 지정하여야 하고 회사의 신용정보활용체제를 수립하여 공시하여야 한다.

1 신용정보관리 · 보호인

1) 신용정보관리 · 보호인의 지정

신용정보법에 따르면, 신용정보회사, 본인신용정보관리회사, 채권추심회사, 신용정보집중기관, 신용정보제공 · 이용자[1])는 1명 이상의 신용정보관리 · 보호인을 지정하여야 한다.

> **신용정보법 제20조(신용정보 관리책임의 명확화 및 업무처리기록의 보존)** ③ 신용정보회사, 본인신용정보관리회사, 채권추심회사, 신용정보집중기관 및 대통령령으로 정하는 신용정보제공 · 이용자는 제4항에 따른 업무를 하는 신용정보관리 · 보호인을 1명 이상 지정하여야 한다. 다만, 총자산, 종업원 수 등을 감안하여 대통령령으로 정하는 자는 신용정보관리 · 보호인을 임원(신용정보의 관리 · 보호 등을 총괄하는 지위에 있는 사람으로서 대통령령으로 정하는 사람을 포함한다)으로 하여야 한다.

---

1) 신용정보법 시행령 제2조 제6항 제7호 가목부터 허목까지 및 제21조 제2항 제1호부터 제21호까지의 자가 이에 해당한다.

신용정보관리·보호인의 자격요건은 회사의 규모 및 지정되는 자가 누구인지에 따라 구분된다.

일반적인 신용정보회사등은 다음 중 하나에 해당하는 자를 신용정보관리·보호인으로 지정하여야 한다.

① 사내이사
② 집행임원(「상법」 제408조의2에 따라 집행임원을 둔 경우로 한정한다)
③ 「상법」 제401조의2제1항제3호에 해당하는 자로서 신용정보의 제공·활용·보호 및 관리 등에 관한 업무집행 권한이 있는 사람
④ 그 밖에 신용정보의 제공·활용·보호 및 관리 등을 총괄하는 위치에 있는 직원

이 중 특정 요건에 해당하는 신용정보회사등[2]은 임원을 신용정보관리·보호인으로 지정하여야 한다(시행령 제17조 제3항 및 제4항). 이때 임원이란 ②, ③에 해당하는 자를 의미한다.

한편, 신용정보회사등이 다른 법령에 따라 준법감시인을 두는 경우에는 해당 준법감시인을 신용정보관리·보호인으로 지정할 수 있다. 이때에는 ①~④의 요건에 해당하지 않는 준법감시인도 신용정보관리·보호인이 될 수 있다. 다만, 이러한 경우에도 앞서 말한 특정 요건에 해당하는 신용정보회사등[3]은 준법감시인이 상기 ①~③ 중 하나의 요건에 해당하는 경우에만 신용정보관리·보호인으로 지정할 수 있다 (시행령 제17조 제5항).

---

[2] 신용정보법 시행령 제17조 제2항에 해당하는 자를 의미한다.
    예) 각주1에 해당하는 자로서 직전 사업연도 말 기준으로 총자산이 2조 원 이상이고 상시 종업원 수가 300명 이상인 자.
[3] 각주2와 동일함.

표 8 신용정보관리 · 보호인 지정요건 정리

회사의 규모	지정된 자	자격요건
각주2에 해당하지 않는 자	준법감시인이 아닌 경우	①~④중 하나에 해당하는 자
	준법감시인인 경우	특별한 제한이 없음
각주2에 해당하는 자	준법감시인이 아닌 경우	②, ③중 하나에 해당하는 자
	준법감시인인 경우	①~③중 하나에 해당하는 자

2) 신용정보관리 · 보호인의 업무

신용정보관리 · 보호인은 다음의 업무를 수행하여야 한다.

신용정보법 제20조(신용정보 관리책임의 명확화 및 업무처리기록의 보존) ④ 제3항에 따른 신용정보관리 · 보호인은 다음 각 호의 업무를 수행한다.

1. 개인신용정보의 경우에는 다음 각 목의 업무

   가. 「개인정보 보호법」 제31조제3항제1호부터 제5호까지에 따른 업무

   나. 임직원 및 전속 모집인 등의 신용정보보호 관련 법령 및 규정 준수 여부 점검

2. 기업신용정보의 경우 다음 각 목의 업무

   가. 신용정보의 수집 · 보유 · 제공 · 삭제 등 관리 및 보호 계획의 수립 및 시행

   나. 신용정보의 수집 · 보유 · 제공 · 삭제 등 관리 및 보호 실태와 관행에 대한 정기적인 조사 및 개선

   다. 신용정보 열람 및 정정청구 등 신용정보주체의 권리행사 및 피해구제

   라. 신용정보 유출 등을 방지하기 위한 내부통제시스템의 구축 및 운영

   마. 임직원 및 전속 모집인 등에 대한 신용정보보호 교육계획의 수립 및 시행

   바. 임직원 및 전속 모집인 등의 신용정보보호 관련 법령 및 규정 준수 여부 점검

⑤ 신용정보관리 · 보호인의 업무수행에 관하여는 「개인정보 보호법」 제31조제4항 및 제6항을 준용한다.

⑥ 대통령령으로 정하는 신용정보회사등의 신용정보관리 · 보호인은 처리하는 개인신용정보의 관리 및 보호 실태를 대통령령으로 정하는 절차와 방법에 따라 정기적으로 점검하고, 그 결과를 금융위원회에 제출하여야 한다.

한편, 대통령령으로 정하는 신용정보회사등[4]의 신용정보관리 · 보호인은 처리하

---

4) 신용정보법 시행령 제17조 제7항 각 호의 자가 이에 해당한다.

는 개인신용정보의 관리 및 보호 실태에 대해 연 1회 이상 점검을 실시한 후, 그 결과를 대표자 및 이사회에 보고하고 금융위원회에 제출하여야 한다(법 제20조 제6항).

법에서 "개인신용정보의 관리 및 보호 실태"라고 되어 있으므로 기업신용정보만을 처리하는 경우에는 보고 및 제출 의무가 적용되지 아니한다.

또한, 신용정보법에서는 신용정보관리·보호인이 ① 개인신용정보 조회 권한이 직급별·업무별로 차등 부여되도록 하여야 한다는 규정과 ② 개인신용정보취급자가 입력하는 조회사유의 정확성 등 신용조회기록의 정확성을 점검하여야 한다는 규정을 별도로 두고 있다. 이는 신용정보업감독규정 [별표 3]「기술적·물리적·관리적 보안대책 마련 기준」에 있는 내용이어서 이러한 내용이 있다는 것 자체를 모르고 있는 경우가 많다.

그러나 신용정보관리·보호인이 준수하여야 하는 구체적인 의무를 부여하고 있다는 점에 매우 의미있는 규정이다. 또한, 동 규정을 위반하게 된다면 신용정보관리·보호인이 행위자로서 제재를 받을 가능성이 생기게 된다는 점에서도 꼭 기억해두어야 한다(일반적으로 신용정보관리·보호인의 상급자는 대표이사이므로 대표이사가 감독자로서 제재를 받을 가능성이 생긴다는 의미이기도 하다).

이외에도, 신용정보업감독규정 [별표 4의2]「신용정보 관리기준」에서, 정보유출 대응매뉴얼(contingency plan) 마련, 관리적 보안대책 시행결과에 따른 시정·개선에 필요한 조치를 신용정보관리·보호인의 업무로 정해놓고 있다. 따라서 해당 업무도 수행할 필요가 있다.

3) 다른 법령의 책임자 지정 규정과의 관계

이 부분은 자문요청을 많이 받는 부분이다. 데이터법이나 금융관련법령에 책임자를 지정할 의무를 부여하고 있는 다양한 규정들이 있고, 지정된 책임자에게 부여되는 업무가 유사하다보니 동일인이 겸직하는 것이 가능한지 등의 이슈가 생기곤 한다.

이와 관련하여, 개별 법령에서의 관련 내용을 살펴보고 신용정보관리·보호인과의 관계에 대해 정리해보도록 하겠다.

가. 개인정보 보호법에 따른 개인정보 보호책임자(법 제31조)

개인정보 보호법에 따르면 개인정보처리자에게 개인정보의 처리에 관한 업무를 총괄해서 책임질 개인정보 보호책임자를 지정할 의무를 부여하고 있다.

> **개인정보 보호법 제31조(개인정보 보호책임자의 지정 등)** ① 개인정보처리자는 개인정보의 처리에 관한 업무를 총괄해서 책임질 개인정보 보호책임자를 지정하여야 한다. 다만, 종업원 수, 매출액 등이 대통령령으로 정하는 기준에 해당하는 개인정보처리자의 경우에는 지정하지 아니할 수 있다.
> ② 제1항 단서에 따라 개인정보 보호책임자를 지정하지 아니하는 경우에는 개인정보처리자의 사업주 또는 대표자가 개인정보 보호책임자가 된다.

개인정보 보호법이 개인정보에 관한 일반법이라는 점을 고려하였을 때, 개인정보처리자인 금융회사도 개인정보 보호책임자를 지정하고 관련 규정을 준수해야 한다. 실제 필자가 업무를 수행하였던 금융회사 중 개인정보 보호책임자를 지정하지 않은 회사는 한 군데도 없었다.

개인정보 보호법에서는 개인정보 보호책임자의 자격을 다음과 같이 정하고 있는데, 이와는 별도로 개인정보보호 경력, 정보보호 경력, 정보기술 경력을 합하여 총 4년 이상 보유하고, 그중 개인정보보호 경력을 최소 2년 이상 보유해야 한다는 자격요건(이하 **"정보보호경력 자격요건"**)을 두고 있다.[5][6]

> 가. 사업주 또는 대표자
> 나. 임원(임원이 없는 경우[7]에는 개인정보 처리 관련 업무를 담당하는 부서의 장)

---

5) 다만 아래의 요건에 해당하는 개인정보처리자의 경우에만 정보보호경력 자격요건이 적용된다(개인정보 보호법 시행령 제32조 제4항).
   1. 연간 매출액등이 1,500억원 이상인 자로서 다음의 어느 하나에 해당하는 자
      가. 5만명 이상의 정보주체에 관하여 민감정보 또는 고유식별정보를 처리하는 자
      나. 100만명 이상의 정보주체에 관하여 개인정보를 처리하는 자
6) 또한, 정보보호경력 자격요건은 2024. 3. 15.부터 시행된 내용으로서 시행일로부터 2년간 적용이 유예된다.
7) 개인정보 처리 업무를 담당하는 임원이 없는 경우가 아니라 회사 전체에 임원이 없는 경우를 의미한다.

한편, 개인정보 보호책임자는 다음의 업무를 수행하여야 한다(개인정보 보호법 제31조 제3항).

> 1. 개인정보 보호 계획의 수립 및 시행
> 2. 개인정보 처리 실태 및 관행의 정기적인 조사 및 개선
> 3. 개인정보 처리와 관련한 불만의 처리 및 피해 구제
> 4. 개인정보 유출 및 오용 · 남용 방지를 위한 내부통제시스템의 구축
> 5. 개인정보 보호 교육 계획의 수립 및 시행
> 6. 개인정보파일의 보호 및 관리 · 감독
> 7. 법 제30조에 따른 개인정보 처리방침의 수립 · 변경 및 시행
> 8. 개인정보 처리와 관련된 인적 · 물적 자원 및 정보의 관리
> 9. 처리 목적이 달성되거나 보유기간이 지난 개인정보의 파기

또한, 2024. 3. 15. 시행된 개인정보 보호법에 따르면 개인정보처리자는 개인정보 보호책임자가 업무를 독립적으로 수행할 수 있도록 다음의 사항을 준수해야 한다(개인정보 보호법 제31조 제6항 및 시행령 제32조 제6항).

> 1. 개인정보 처리와 관련된 정보에 대한 개인정보 보호책임자의 접근 보장
> 2. <u>개인정보 보호책임자가 개인정보 보호 계획의 수립 · 시행 및 그 결과에 관하여 정기적으로 대표자 또는 이사회에 직접 보고할 수 있는 체계의 구축</u>
> 3. 개인정보 보호책임자의 업무 수행에 적합한 조직체계의 마련 및 인적 · 물적 자원의 제공

특히, 개인정보 보호책임자가 개인정보 보호 계획의 수립 · 시행 및 그 결과에 관하여 정기적으로 대표자 또는 이사회에 직접 보고할 수 있는 체계를 구축하여야 한다는 점에 주의할 필요가 있다. 일반적으로 체계를 구축한다는 의미는 내규에 반영한다는 의미이므로 금융회사는 이러한 체계를 내규에 반영해두어야 한다.

나. 금융지주회사법에 따른 고객정보관리인(법 제48조의2)

금융지주회사법에 따르면 금융지주회사 및 그 자회사는 고객정보의 엄격한 관리

를 위하여 그 임원 중에 1인 이상을 고객정보관리인으로 선임하여야 한다.

금융지주회사법 제48조의2(고객정보의 제공 및 관리) ⑥ 금융지주회사등은 고객정보의 엄격한 관리를 위하여 그 임원 중에 1인 이상을 고객정보를 관리할 자(이하 "고객정보관리인"이라한다)로 선임하여야 한다.

고객정보관리인은 고객정보의 엄격한 관리를 위하여 다음의 내용이 포함된 업무지침서를 작성하고, 그 내용을 금융위원회에 보고하여야 한다. 또한 금융지주회사법 제48조의2에 따라 금융지주회사 및 자회사 간에 고객정보를 공유하는 경우 고객정보의 요청 및 제공에 대해 심사하고 승인할 의무가 부여된다.

---

1. 고객정보의 제공목적
2. 특정고객에게 부당한 이익을 제공하기 위한 고객정보의 이용제한 등에 관한 사항
3. 금융지주회사등간 제공가능한 고객정보의 종류
4. 고객정보를 제공 · 열람하는 금융지주회사등의 상호
5. 금융지주회사등간 고객정보를 제공하는 업무처리절차
6. 고객정보에 대한 보안대책
7. 고객정보관리인의 권한 및 임무
8. 업무지침서 위반자에 대한 제재기준 및 절차
9. 고객정보의 취급방침의 공고 또는 통지방법
10. 고객정보 제공내역의 통지방법
11. 영업양도 · 분할 · 합병시 고객정보의 처리방법 및 「신용정보의 이용 및 보호에 관한 법률」 제32조제8항에 따른 의무의 이행방법

다. 전자금융거래법에 따른 정보보호최고책임자(법 제21조의2)

전자금융거래법에 따르면 금융회사 또는 전자금융업자는 전자금융업무 및 그 기반이 되는 정보기술부문 보안을 총괄하여 책임질 정보보호최고책임자를 지정하여야 한다.

전자금융거래법 제21조의2(정보보호최고책임자 지정) ① 금융회사 또는 전자금융업자는 전자금융업무 및 그 기반이 되는 정보기술부문 보안을 총괄하여 책임질 정보보호최고책임자를 지정하여야 한다.

정보보호최고책임자는 그 업무의 특성상 정보보호 또는 정보기술(IT) 분야의 전문성을 가진 자여야 하는데 해당 분야의 전문성과 관련된 구체적인 자격요건은 시행령 [별표 1]「정보보호최고책임자의 자격」에서 정하고 있다.

한편, 직전 사업연도 말을 기준으로 총자산이 2조원 이상이고, 상시 종업원 수가 300명 이상인 금융회사 또는 전자금융업자는 정보보호최고책임자를 임원[8]으로 지정하여야 하며, 직전 사업연도 말을 기준으로 총자산이 10조 원 이상이고, 상시 종업원 수가 1,000명 이상인 금융회사의 정보보호최고책임자는 다음의 업무 외의 다른 정보기술부문 업무의 겸직이 제한된다.

1. 전자금융거래의 안정성 확보 및 이용자 보호를 위한 전략 및 계획의 수립
2. 정보기술부문의 보호
3. 정보기술부문의 보안에 필요한 인력관리 및 예산편성
4. 전자금융거래의 사고 예방 및 조치
그 밖에 전자금융거래의 안정성 확보를 위하여 대통령령으로 정하는 사항

1. 전자금융업무 및 그 기반이 되는 정보기술부문 보안을 위한 자체심의에 관한 사항
2. 정보기술부문 보안에 관한 임직원 교육에 관한 사항

라. 신용정보관리·보호인, 개인정보 보호책임자, 고객정보관리인, 정보보호최고책임자 간의 관계

먼저 신용정보관리·보호인과 개인정보 보호책임자 간의 관계를 살펴보면, 신용정보법이나 개인정보 보호법에서 겸직 가부를 정하고 있지 아니하다. 그러나 두 관리자 간의 업무가 유사하다는 점 및 금융회사의 경우 회사가 처리하는 개인신용정보

---

8) 상법 제401조의2 제1항 제3호에 해당하는 자를 포함한다.

내에 개인정보 보호법상의 개인정보가 포함된다는 점 등을 고려하였을 때 겸직이 가능하다고 해석하여야 한다. 오히려 겸직을 하는 것이 정보보호 관점에서 더 바람직하다고도 볼 수 있다. 개인정보 보호법 해설서[9]에서도 신용정보법에 따른 신용정보관리·보호인을 지정하였을 경우 별도의 개인정보 보호책임자를 지정하지 않고 신용정보 관리·보호인이 개인정보 보호책임자를 대체할 수 있으며 이 때에는 신용정보관리·보호인이 신용정보법에 규정된 신용정보관리·보호인의 업무 외에도 이 법에 규정된 개인정보 보호책임자의 업무를 수행하여야 한다고 설명하고 있다.

다만, 개인정보 보호책임자로 지정되기 위해서는 정보보호경력 자격요건을 충족하여야 하므로 신용정보관리·보호인 중 이러한 요건을 충족하는 자만이 개인정보 보호책임자의 겸직이 가능하다.

신용정보관리·보호인과 고객정보관리인 간의 관계를 살펴보면 신용정보법에서 고객정보관리인이 신용정보관리·보호인 자격요건을 만족하는 경우에는 신용정보관리·보호인으로 본다는 규정을 두고 있다.

> **신용정보법 제20조(신용정보 관리책임의 명확화 및 업무처리기록의 보존)** ⑧「금융지주회사법」제48조의2제6항에 따라 선임된 고객정보관리인이 제6항의 자격요건에 해당하면 제3항에 따라 지정된 신용정보관리·보호인으로 본다.

따라서 자격요건을 만족하는 고객정보관리인이 있다면 그 사람이 자동적으로 신용정보관리·보호인이 된다. 만약 고객정보관리인이 있음에도 불구하고 다른 사람을 신용정보관리·보호인으로 지정하고 싶다면 이는 법에서 허용되지 아니하므로 인정하지 않는다. 대신 고객정보관리인을 신용정보관리·보호인으로 두면서 신용정보관리·보호인을 추가로 더 지정하는 것은 가능하다.[10]

---

9) 개인정보보호위원회, 개인정보 보호 법령 및 지침·고시 해설(2020. 12.)(이하 **"개인정보 보호법 해설서"**), 285페이지.
10) 금융위원회, 법령해석 회신문(180243).

신용정보관리 · 보호인과 정보보호최고책임자 간의 관계를 살펴보면, 신용정보법이나 전자금융거래법에서 겸직 가부를 정하고 있지 아니하다. 전자금융거래법에서 정보보호최고책임자는 "제21조의2 제4항의 업무 외의 다른 정보기술부문 업무"의 겸직을 금지하고 있으므로 신용정보관리 · 보호인의 업무가 제21조의2 제4항의 업무에 해당하는지 여부가 중요하다.

이와 관련하여 법에서 명시적으로 정하고 있는 내용은 없으나 신용정보관리 · 보호인이 수행하는 업무의 목적은 개인신용정보의 안전한 관리와 보호조치이므로, 그 성격상 제21조의2 제4항의 업무 중 하나인 '전자금융거래의 안정성 확보 및 이용자 보호를 위한 전략 및 계획의 수립'이나 '정보기술부문의 보호'와 관련된 업무라고 볼 수 있다. 따라서 신용정보관리 · 보호인과 정보보호최고책임자는 겸직이 가능하다고 해석하는 것이 합리적이다. 실제 상당수의 금융회사가 동일인이 두 직책을 함께 담당하고 있다.

> **⟨!⟩ 참고**
>
> 통상적으로 신용정보관리 · 보호인, 개인정보 보호책임자, 고객정보관리인, 정보보호최고책임자를 칭할 때는 영어 약어를 많이 사용하므로 이 내용도 기억해둘 필요가 있다.
> - 신용정보관리 · 보호인: CIAP(Credit Information Administrator/Protector)
> - 개인정보 보호책임자: CPO(Chief Privacy Officer)
> - 고객정보관리인: CIO(Customer Information Officer)
> - 정보보호최고책임자: CISO(Chief Information Security Officer)

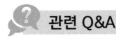 관련 Q&A

Q1 신용정보관리 · 보호인의 수행 업무 중 하나로 "신용정보의 관리 수집 · 보유 · 제공 · 삭제 등 관리 및 보호 계획의 수립 및 시행"이 있는데, 금융회사 내규(신용정보 관련 규정, 지침 등)에 이와 관련한 사항을 반영하면 되는 것인지 아니면 별도의 관리 및 보호 계획서를 마련해야 하는지?

A 반드시 별도의 관리 및 보호 계획서를 마련하여야 하는 것은 아니므로 금융회사 내규에 신용정보의 관리 수집 · 보유 · 제공 · 삭제 등 관리 및 보호 계획에 준하는 내용들이 포함되어 있고 적정한 내용이 반영되어 있다면 해당 업무를 수행한 것으로 볼 수 있다.

Q2 수탁자의 경우에도 신용정보관리 · 보호인을 선임하여야 하는지?

A 수탁자의 경우에도 신용정보관리 · 보호인 지정 규정(제20조)이 준용되므로 수탁자도 신용정보관리 · 보호인을 지정하여야 한다.

> **신용정보법 제17조(처리의 위탁)** ② 신용정보회사등은 신용정보의 처리를 위탁할 수 있으며 이에 따라 위탁을 받은 자(이하 "수탁자"라 한다)의 위탁받은 업무의 처리에 관하여는 <u>제19조부터 제21조까지</u>, 제22조의4부터 제22조의7까지, 제22조의9, 제40조, 제43조, 제43조의2, 제45조, 제45조의2 및 제45조의3(해당 조문에 대한 벌칙 및 과태료규정을 포함한다)을 준용한다.

2 신용정보활용체제

대통령령으로 정하는 신용정보제공 · 이용자[11])는 다음의 사항을 포함하는 신용정보활용체제를 작성하여 홈페이지에 공개하여야 한다.

> **신용정보법 제31조(신용정보활용체제의 공시)** ① 개인신용평가회사, 개인사업자신용평가회사, 기업신용조회회사, 신용정보집중기관 및 대통령령으로 정하는 신용정보제공 · 이용자는 다음 각 호의 사항을 대통령령으로 정하는 바에 따라 공시하여야 한다.
> 1. 개인신용정보 보호 및 관리에 관한 기본계획(총자산, 종업원 수 등을 고려하여 <u>대통령령으로 정하는 자로 한정한다)</u>
>
> > 1. 개인신용평가회사, 개인사업자신용평가회사, 기업신용조회회사 및 신용정보집중기관 중 어느 하나에 해당하는 기관일 것
> > 2. 직전 사업연도 말 기준으로 총자산이 2조원 이상이고 상시 종업원 수가 300명 이상일 것

---

11) 신용정보법 시행령 제2조제6항제7호가목부터 허목까지 및 제21조제2항제1호부터 제21호까지의 자가 이에 해당한다. "마이데이터사업자"는 대상에서 제외된다는 점에 주의할 필요가 있다.

2. 관리하는 신용정보의 종류 및 이용 목적

3. 신용정보를 제공받는 자

4. 신용정보주체의 권리의 종류 및 행사 방법

5. 신용평가에 반영되는 신용정보의 종류, 반영비중 및 반영기간(개인신용평가회사, 개인사업자신용평가회사 및 기업신용등급제공업무 · 기술신용평가업무를 하는 기업신용조회회사로 한정한다)

6. 「개인정보 보호법」 제30조제1항제6호 및 제7호의 사항

7. 그 밖에 신용정보의 처리에 관한 사항으로서 대통령령으로 정하는 사항

> 1. 검증위원회의 심의 결과(법 제26조의3에 따른 개인신용평가체계 검증 대상인 자에 한정한다)

한편, 신용정보업감독규정 [별표 4의2] 「신용정보 관리기준」에서도 신용정보활용체제에 포함되어야 하는 항목을 정하고 있다. 이 내용이 신용정보법 제31조에서 정하고 있는 내용보다 더 구체적이므로 두 규정에 있는 내용을 모두 포함하도록 신용정보활용체제를 작성하는 것이 바람직하다.

[필수적 기재사항]

- 관리하는 신용정보의 종류 및 이용 목적
- 신용정보를 제3자에게 제공하는 경우 제공하는 신용정보의 종류, 제공 대상, 제공받는 자의 이용 목적
- 신용정보의 보유 기간 및 이용 기간이 있는 경우 해당 기간, 신용정보 파기의 절차 및 방법
- 법 제17조에 따라 신용정보의 처리를 위탁하는 경우 그 업무의 내용 및 수탁자
- 신용정보주체의 권리와 그 행사방법
- 법 제20조제3항에 따른 신용정보관리 · 보호인 또는 신용정보 관리 · 보호 관련 고충을 처리하는 사람의 성명, 부서 및 연락처
- 개인신용평점, 기업신용등급 또는 기술신용정보 산정에 반영되는 신용정보의 종류, 반영비중 및 반영기간(개인신용평가회사, 개인사업자신용평가회사 및 기업신용조회회사만 해당)

[임의적 기재사항]

- 신용정보주체의 권익침해에 대한 구제방법
- 신용정보의 열람청구를 접수 · 처리하는 부서

한편, 작성된 신용정보활용체제를 변경하는 경우에는 ① 변경 및 시행의 시기, 변경된 내용을 지속적으로 공개하여야 하며, ② 변경된 내용은 신용정보주체가 쉽게 확인할 수 있도록 변경 전·후를 비교하여 공개하여야 한다.

개인정보 보호법에서 신용정보활용체제에 대응하는 문서가 개인정보 처리방침이다. 개인정보 처리방침은 회사가 정보주체의 개인정보를 어떻게 처리하고 있는지를 알리기 위해 공개하는 문서로서 개인정보 처리에 관한 절차 및 기준 등을 정해 공개한 자율규제 장치의 일종이다.

신용정보활용체제와 개인정보 처리방침과의 관계를 보면, 개인정보 처리방침은 개인정보법 제30조에 따라 개인정보처리자에게, 신용정보 활용체제는 신용정보법 제31조에 따라 일정조건을 충족하는 신용정보제공·이용자에게 수립·공개의무가 부여된다. 따라서 개별 법령에 따라 공개의무가 부여되는 것이므로 각각 공개하거나 각각의 기재사항을 모두 포함하여 함께 공개하여야 한다.

통상적으로는 개인정보 보호법과 신용정보법의 주무부처가 다르다는 점을 고려하여 별도의 문서로 작성하여 공개한다.[12]

---

12) 두 문서에 포함하여야 하는 항목의 대부분이 중복되므로 별도의 문서를 작성하는 것이 어렵지는 않다.

참고

〈개인정보 처리방침에 포함되어야 하는 항목〉

기재사항
제목
개인정보의 처리 목적
처리하는 개인정보의 항목
14세 미만 아동의 개인정보 처리에 관한 사항 권장 해당시
개인정보의 처리 및 보유 기간
개인정보의 파기 절차 및 방법에 관한 사항
개인정보의 제3자 제공에 관한 사항 해당시
추가적인 이용 · 제공이 지속적으로 발생 시 판단 기준 해당시
개인정보 처리업무의 위탁에 관한 사항 해당시
개인정보의 국외 수집 및 이전에 관한 사항 해당시
개인정보의 안전성 확보조치에 관한 사항
민감정보의 공개 가능성 및 비공개를 선택하는 방법 해당시
가명정보 처리에 관한 사항 해당시
개인정보 자동 수집 장치의 설치 · 운영 및 그 거부에 관한 사항 해당시
개인정보 자동 수집 장치를 통해 제3자가 행태정보를 수집하도록 허용하는 경우 그 수집 · 이용 및 거부에 관한 사항 권장 해당시
정보주체와 법정대리인의 권리 · 의무 및 행사방법에 관한 사항
개인정보 보호책임자의 성명 또는 개인정보 업무 담당부서 및 고충사항을 처리하는 부서에 관한 사항
국내대리인 지정에 관한 사항 해당시
정보주체의 권익침해에 대한 구제방법 권장
고정형 영상정보처리기기 운영 · 관리에 관한 사항 해당시
이동형 영상정보처리기기 운영 · 관리에 관한 사항 해당시
개인정보처리자가 개인정보 처리 기준 및 보호조치 등에 관하여 자율적으로 개인정보 처리방침에 포함하여 정한 사항 권장

1 개인신용정보 유출이란?

신용정보법에서는 개인신용정보가 유출되는 경우 회사가 수행하여야 할 신고 및 통지의무에 대해 상세하게 정하고 있다. 통지 및 신고 기한이 상당히 짧게 정해져 있으므로 그 내용을 잘 알고 있다가 회사에서 개인신용정보의 유출이 발생하는 경우 최대한 신속하게 대처하여야 한다.

신용정보법에서는 "유출"과 "누설"이라는 두 가지 용어를 사용하고 있다. 한때, 두 용어의 개념을 구분하여야 한다는 견해도 있었으나 현재에는 신용정보법의 누설 관련 규정인 제39조의4 제1항에서 개인정보 '유출' 규정인 개인정보 보호법 제34조 제1항을 준용하고 있는 점 등을 볼 때 개인신용정보의 '누설'과 개인신용정보의 '유출'은 동일한 개념이라고 해석하고 있다.[13]

신용정보법에서 개인신용정보의 유출에 대해 정의하고 있지는 아니하나 신용정보업감독규정 [별표 4의2] 「신용정보 관리기준」에서 개인신용정보 유출의 예시를 설명하고 있다. 일반적으로 이 내용을 개인신용정보 유출의 정의라고 해석한다.

※ 신용정보회사등이 개인신용정보에 대하여 통제를 상실하거나 권한 없는 자의 접근을 허용한 경우로서 아래의 예시 및 이와 유사한 경우 등에는 개인신용정보 누설로 볼 수 있음.
▸ 개인신용정보가 포함된 서면, 이동식 저장장치, 휴대용 컴퓨터 등을 분실하거나 도난당한 경우

---

13) 본서에서는 '누설'과 '유출'을 구분하지 아니하고 '유출'이라는 용어만 사용하였다.

> ▶ 개인신용정보가 저장된 데이터베이스 또는 개인신용정보처리시스템에 권한 없는 자가 접근한 경우
> ▶ 신용정보회사등의 고의 또는 과실로 개인신용정보가 포함된 파일 또는 종이문서, 기타 저장매체가 권한이 없는 자에게 잘못 전달된 경우

유출의 정의에서 중요한 부분은 ① 고의뿐만 아니라 과실로 인해 개인신용정보가 포함된 파일 또는 종이문서, 기타 저장매체가 권한이 없는 자에게 잘못 전달된 경우에도 유출에 해당한다는 점이다. 즉, 직원의 실수로 개인신용정보가 권한 없는 자에게 전달되는 경우에도 유출에 해당한다.

또한, ② 개인신용정보가 금융회사의 관리·통제권의 범위에서 벗어나 제3자가 그 내용을 알 수 있는 상태에 놓이기만 하면 유출이 된다는 점이다. 따라서 일반적인 수준의 제3자가 정보를 알 수 있는 상태에 놓였다는 점이 중요한 것이지 실제 개인신용정보를 열람했는지 여부는 "유출"을 판단하는데 중요한 요소가 아니다. 실제 열람 여부는 유출 이후 손해배상을 판단할 시 손해가 있었는지 여부에 대한 중요한 기준이 될 뿐이다.

2 개인신용정보 유출 통지 및 신고 절차

1) 유출 통지의무

> **신용정보법 제39조의4(개인신용정보 누설통지 등)** ① 신용정보회사등은 개인신용정보가 업무 목적 외로 누설되었음을 알게 된 때에는 지체 없이 해당 신용정보주체에게 통지하여야 한다. 이 경우 통지하여야 할 사항은 「개인정보 보호법」 제34조제1항 각 호의 사항을 준용한다.
> ② 신용정보회사등은 개인신용정보가 누설된 경우 그 피해를 최소화하기 위한 대책을 마련하고 필요한 조치를 하여야 한다.

개인신용정보가 유출되었음을 알게 되었을 때에는 다음의 내용을 지체없이 신용정보주체에게 통지하여야 한다. "지체없이"의 기간을 법에서 정하고 있지는 아니하나 신용정보법 해설서[14]에서 "5일 이내"로 정하고 있다.[15]

---

1. 유출등이 된 개인정보의 항목
2. 유출등이 된 시점과 그 경위
3. 유출등으로 인하여 발생할 수 있는 피해를 최소화하기 위하여 정보주체가 할 수 있는 방법 등에 관한 정보
4. 개인정보처리자의 대응조치 및 피해 구제절차
5. 정보주체에게 피해가 발생한 경우 신고 등을 접수할 수 있는 담당부서 및 연락처

개인신용정보 유출에 따른 피해가 없는 것이 명백하고 유출된 개인신용정보의 확산 및 추가 유출을 방지하기 위한 조치가 긴급히 필요하다고 인정되는 경우에는 해당 조치를 취한 이후에 신용정보주체에게 알릴 수 있으나 이 경우에는 그 조치의 내용도 함께 알려야 한다(시행령 제34조의4 제3항).

유출 대응 업무를 하다 보면 "5일"이라는 기간이 매우 짧다고 느껴지는 경우가 대부분이다. 특히 은행의 경우에는 지점에서 발생한 유출사고가 본점에 보고되기까지도 일정시간이 소요되므로 신속하게 유출통지가 되지 않는 경우가 종종 발생한다.

따라서, "유출되었음을 알게 되었을 때"를 지점에서 유출을 의심하였을 때로 보아야 할지 본점의 관련 부서에서 유출이 맞다고 최종 확정하였을 때로 보아야 할지 여부가 중요한 이슈가 되는 경우도 생긴다. 지점에서 유출을 의심하였을 때를 기준으로 하면 5일을 넘어가고 본점의 관련 부서에서 유출이 맞다고 최종 확정하였을 때를 기준으로 하면 5일 이내가 되기 때문이다.

따라서, "5일 이내"라는 기간이 순식간에 지나가므로 유출이 의심될 때에는 최대한 신속하게 움직여야 한다는 점을 명심하여야 한다.

---

14) 신용정보법 해설서, 67페이지.
15) 5영업일을 의미한다.

2) 인터넷 홈페이지 게시의무

1만명 이상의 개인신용정보가 유출되는 경우에는 통지의무에 더하여 15일 동안 인터넷 홈페이지 게시할 의무가 부여된다. 개인정보 보호법에 있었던 동일한 의무가 폐지되어 신용정보법이 적용되는 회사에 대해서만 추가로 부여되는 의무이다.

신용정보법 시행령 제34조의4(개인신용정보의 누설사실의 통지 등) ② 신용정보회사등은 법 제39조의4제3항 전단에 해당하는 경우에는 제1항에 따른 방법 외에 다음 각 호의 어느 하나에 해당하는 방법으로 <u>금융위원회가 정하여 고시하는 기간</u> 동안 개인신용정보가 누설되었다는 사실을 널리 알려야 한다.

1. 인터넷 홈페이지에 그 사실을 게시하는 방법
2. 사무실이나 점포 등에서 해당 신용정보주체로 하여금 그 사실을 열람하게 하는 방법
3. 주된 사무소가 있는 특별시·광역시·특별자치시·도 또는 특별자치도 이상의 지역을 보급지역으로 하는 일반일간신문, 일반주간신문 또는 인터넷신문(「신문 등의 진흥에 관한 법률」 제2조제1호가목·다목 또는 같은 조 제2호에 따른 일반일간신문, 일반주간신문 또는 인터넷신문을 말한다)에 그 사실을 게재하는 방법

> 1. 영 제34조의4제2항제1호의 경우: 15일

---

3) 유출 신고의무

1만명 이상의 개인신용정보가 유출된 경우에는 지체없이(5일 이내) 금융위원회 또는 금융감독원에 신고하여야 한다. 실무상으로는 금융감독원에 신고하는 것으로 되어 있다.

신용정보법 제39조의4(개인신용정보 누설통지 등) ③ 신용정보회사등은 대통령령으로 정하는 규모 이상의 개인신용정보가 누설된 경우 <u>제1항에 따른 통지 및 제2항에 따른 조치결과를 지체 없이 금융위원회 또는 대통령령으로 정하는 기관(이하 이 조에서 "금융위원회등"이라 한다)에 신고하여야 한다.</u> 이 경우 금융위원회등은 피해 확산 방지, 피해 복구 등을 위한 기술을 지원할 수 있다.

신용정보법 시행령 제34조의4(개인신용정보의 누설사실의 통지 등) ④ 법 제39조의4제3항 전단에서 "대통령령으로 정하는 규모 이상의 개인신용정보"란 1만명 이상의 신용정보주체에 관한 개인신용정보를 말한다

⑤ 법 제39조의4제3항 전단에서 "대통령령으로 정하는 기관"이란 금융감독원을 말한다.

통지시와 동일하게 개인신용정보 유출에 따른 피해가 없는 것이 명백하고 유출된 개인신용정보의 확산 및 추가 유출을 방지하기 위한 조치가 긴급히 필요하다고 인정되는 경우에는 해당 조치를 취한 후 신고할 수 있으나 이 경우에는 그 조치의 내용을 함께 알려야 한다(시행령 제34조의4 제7항).

4) 통지의무 또는 신고의무 위반시 제재

통지의무나 신고의무를 위반하는 경우에는 3천만원 이하의 과태료가 부과된다.

위반시 부과되는 직접적인 제재인 과태료는 최대 3천만원으로서 크지 아니하나 유출사고가 발생하는 경우 규제기관의 조사를 받게 되는 경우가 대부분인데, 이때 통지 또는 신고를 제대로 하였는지 여부가 조사의 첫인상을 결정한다. 통지 또는 신고의무를 제대로 한 경우에는 유출을 당하긴 했지만 수습을 위해 노력했다는 인상을 주지만 통지 또는 신고의무를 이행하지 않거나 기간을 도과하여 이행한 경우에는 유출된 것도 문제인데 사후조치조차 성실하지 못했다는 인상을 주게 된다.

따라서, 실무상으로는 통지 및 신고의무를 제대로 지키는 것이 매우 중요하다.

> **신용정보법 제52조(과태료)** ③ 다음 각 호의 어느 하나에 해당하는 자에게는 3천만원 이하의 과태료를 부과한다.
> 13. 제39조의4제1항을 위반하여 신용정보주체에게 같은 항 각 호의 사실을 알리지 아니한 자
> 14. 제39조의4제3항을 위반하여 조치결과를 신고하지 아니한 자

5) 신고의무 및 통지의무의 정리

1)~4)에서 설명한 내용을 표로 정리하면 다음과 같다.

표 9 신용정보법의 통지의무 및 신고의무 비교

	통지의무	신고의무
상대방	신용정보주체	금융감독원(금융위원회)

대상	개인신용정보 유출	1만건 이상의 개인신용정보 유출
시기	지체 없이(5영업일 이내)	지체 없이(5영업일 이내)
방법	서면, 전자우편, 모사전송, 전화, 휴대전화 문자전송 또는 이와 유사한 방법	개인신용정보 누설신고서 (신용정보업감독규정 별지 제18호 서식) 제출
위반시 제재	3천만원 이하의 과태료	3천만원 이하의 과태료
비고	1만건 이상의 개인신용정보 유출시 15일간 홈페이지 게시 필요	

6) 개인정보 보호법상의 개인정보 유출시의 의무

금융회사의 경우 신용정보법이 개인정보 보호법에 우선 적용되므로 유출관련 규정도 신용정보법이 우선 적용된다. 그러나 실무상으로는 개인신용정보도 개인정보에 포함되므로 개인신용정보가 유출되었을 시 개인정보 보호법의 유출관련 규정도 함께 준수하여야 한다. 따라서, 개인정보 보호법상의 유출관련 규정도 잘 알아두어야 하는데 특히 두 규정의 차이점을 잘 알아둘 필요가 있다.

2023. 9. 15. 이전까지는 신용정보법과 개인정보 보호법의 유출관련 규정은 거의 차이가 없었다. 따라서, 두 법을 다 준수한다고 해도 추가 부담이 생기는 부분도 거의 없었다. 그러나 2023. 9. 15. 시행된 개정 개인정보 보호법에서 유출관련 규정이 대폭 개정되면서 그 내용에 많은 차이가 생기게 되었다.

신용정보법의 개인신용정보 유출관련 규정도 추후 개인정보 보호법 규정과 유사하게 개정될 가능성이 있으나 현재까지는 관련 개정 논의가 없는 상황이다.

가. 개인정보의 유출

개인정보의 유출이란 법령이나 개인정보처리자의 자유로운 의사에 의하지 않고 개인정보가 해당 개인정보처리자의 관리·통제권을 벗어나 제3자가 그 내용을 알 수 있는 상태에 이르게 된 것을 의미한다(표준 개인정보 보호지침 제25조). 이는 기존에는 유출에 해당하는 행위를 열거하여 정의하던 것을 좀 더 포괄적인 정의로 변경한 것인데 그 의미에 있어서 특별한 변경이 생긴 것이라고 보기 어렵다. 따라서 개인신용정보 유출의 정의와 차이가 없다고 봐도 무방하다.

나. 유출 통지의무

개인정보가 유출되었음을 알게 되었을 때에는 72시간 이내에 정보주체에게 통지하여야 한다(개인정보 보호법 제34조). 통지하여야 하는 항목은 신용정보법과 동일하다. 다만, 통지시 유출등이 된 개인정보의 항목 및 유출등이 된 시점과 그 경위에 관한 구체적인 내용을 확인하지 못한 경우에는 개인정보가 유출된 사실, 그때까지 확인된 내용 및 그 이외의 항목[16]만 우선 통지하고, 추가로 확인되는 내용에 대해서는 확인되는 즉시 통지하는 것도 가능하다.

또한 정보주체의 연락처를 알 수 없는 경우 등 정당한 사유가 있는 경우에는 정보주체가 쉽게 알 수 있도록 자신의 인터넷 홈페이지에 30일 이상 게시하는 것으로 통지를 갈음할 수 있다.

통지기간과 관련하여 개정 개인정보 보호법 안내서[17]에서 다음과 같이 설명하고 있으므로 이 내용도 기억해둘 필요가 있다.

> ◈ 참고
>
> Q. 개인정보처리자는 개인정보가 유출 등 되었음을 알게 되었을 때에는 72시간 이내에 통지하여야 하는데, 통지 기한 산정 시 공휴일 등 근무일 외의 날은 제외해도 되는지?
> 개인정보의 유출 등 통지는 정보주체의 권익 침해 가능성 등을 최소화하기 위한 조치임. 따라서 개인정보처리자는 개인정보 유출 등을 알게 된 이상, 그 사이에 공휴일 등 근무일 외의 날이 포함되어 있다 하더라도 이를 별도로 고려하지 않고 그 시점으로부터 72시간 이내에 통지하여야 함.

다. 유출 신고의무

개인정보 유출이 다음 중 하나에 해당하는 경우에는 72시간 이내에 개인정보 보

---

16) 144페이지 첫 번째 box안의 3.~5.항목.
17) 개인정보보호위원회, 개인정보 보호법 및 시행령 개정사항 안내(2023. 12.).

호위원회 또는 한국인터넷진흥원(KISA)에 신고를 하여야 한다.

> 1. 1천명 이상의 정보주체에 관한 개인정보가 유출등이 된 경우
> 2. 민감정보 또는 고유식별정보가 유출등이 된 경우
> 3. 개인정보처리시스템 또는 개인정보취급자가 개인정보 처리에 이용하는 정보기기에 대한
>   외부로부터의 불법적인 접근에 의해 개인정보가 유출등이 된 경우

실무상으로는 한국인터넷진흥원에 신고하는 것으로 되어 있다. 신고의 경우에도 통지시와 동일하게 유출등이 된 개인정보의 항목 및 유출등이 된 시점과 그 경위에 관한 구체적인 내용을 확인하지 못한 경우에는 개인정보가 유출된 사실, 그때까지 확인된 내용 및 그 이외의 항목[18]만 우선 신고하고, 추가로 확인되는 내용에 대해서는 확인되는 즉시 신고하는 것도 가능하다.

1천명 이상의 정보가 유출되어야 신고대상이 되지만, 민감정보 또는 고유식별정보가 유출되는 경우나 해킹 등 외부의 침해행위로 인한 유출인 경우에는 1건(1명)의 정보만 유출되더라도 신고를 해야 한다.

한편, 개인정보 보호법에서는 개인정보 유출등의 경로가 확인되어 해당 개인정보를 회수·삭제하는 등의 조치를 통해 정보주체의 권익 침해 가능성이 현저히 낮아진 경우에는 신고하지 않을 수 있다는 규정을 두고 있다(시행령 제40조 제1항). 향후 이 규정이 실무상 어느 범위까지 인정될지는 알 수 없으나 신고의무를 제외해주는 규정이 있다는 점은 주목할 일이다.

7) 신용정보법과 개인정보 보호법의 유출시 의무 비교

신용정보법과 개인정보 보호법의 유출 관련 규정을 비교해보면 통지의무는 기간만 다를 뿐 대체로 유사하나 신고의무는 상이한 점이 많다. 앞서 설명한 바와 같이 실무상 개인신용정보가 유출되었다고 판단하는 경우에는 두 법의 의무를 모두 준수하여야 하므로 두 법의 내용을 비교하고 더 강화된 내용을 따를 필요가 있다.

---

18) 144페이지 첫 번째 box안의 3.~5.항목.

표 10 개인정보 보호법과 신용정보법 신고의무 비교

대상	개인정보처리자	신용정보회사등
신고기준	다음 중 어느 하나에 해당하는 경우 1. 1천명 이상의 정보주체에 관한 개인정보가 유출등이 된 경우 2. 민감정보 또는 고유식별정보가 유출등이 된 경우 3. 개인정보처리시스템 또는 개인정보취급자가 개인정보 처리에 이용하는 정보기기에 대한 외부로부터의 불법적인 접근에 의해 개인정보가 유출등이 된 경우	1만명 이상 신용정보주체의 개인신용정보 유출시
신고기한	72시간 이내	5영업일 이내
신고내용	1. 유출등이 된 개인정보의 항목 2. 유출등이 된 시점과 그 경위 3. 유출등으로 인하여 발생할 수 있는 피해를 최소화하기 위하여 정보주체가 할 수 있는 방법 등에 관한 정보 4. 개인정보처리자의 대응조치 및 피해 구제절차 5. 정보주체에게 피해가 발생한 경우 신고 등을 접수할 수 있는 담당부서 및 연락처	좌동
신고면제 사유	개인정보 유출등의 경로가 확인되어 해당 개인정보를 회수·삭제하는 등의 조치를 통해 정보주체의 권익 침해 가능성이 현저히 낮아진 경우	법상 명시적인 면제사유가 없음
홈페이지 게시 의무	없음	1만명 이상 신용정보주체의 개인신용정보 유출시 15일간
근거조항	개인정보 보호법 제34조	신용정보법 제39조의 4

제**3**장 / 개인신용정보 안전성 확보조치

신용정보법과 개인정보 보호법에서 각각 안전성 확보조치의무를 정하고 있는데, 신용정보회사등은 두 법에서 정하고 있는 의무를 모두 준수하여야 한다. 대체로 신용정보법에서 더 강화된 의무를 부여하고 있으므로 신용정보법을 기준으로 하여 조치를 취하면 된다.

다만, 개인정보처리시스템의 접속기록 보관의무의 경우 개인정보 보호법이 더 강화된 의무를 부여하고 있는데 이에 대해서는 이미 개인신용정보의 파기 부분[19]에서 설명하였다.

1 신용정보법에서의 안전성 확보조치 의무

신용정보법 제19조(신용정보전산시스템의 안전보호) ① 신용정보회사등은 신용정보전산시스템(제25조제6항에 따른 신용정보공동전산망을 포함한다. 이하 같다)에 대한 제3자의 불법적인 접근, 입력된 정보의 변경 · 훼손 및 파괴, 그 밖의 위험에 대하여 <u>대통령령으로 정하는 바</u>에 따라 기술적 · 물리적 · 관리적 보안대책을 수립 · 시행하여야 한다.

신용정보법 시행령 제16조(기술적 · 물리적 · 관리적 보안대책의 수립) ① 법 제19조제1항에 따라 신용정보회사등은 신용정보전산시스템의 안전보호를 위하여 다음 각 호의 사항이 포함된 기술적 · 물리적 · 관리적 보안대책을 세워야 한다.
1. 신용정보에 제3자가 불법적으로 접근하는 것을 차단하기 위한 침입차단시스템 등 접근통제 장치의 설치 · 운영에 관한 사항
2. 신용정보전산시스템에 입력된 정보의 변경 · 훼손 및 파괴를 방지하기 위한 사항

---

19) 자세한 내용은 124페이지 참고.

3. 신용정보 취급 · 조회 권한을 직급별 · 업무별로 차등 부여하는 데에 관한 사항 및 신용정보
　 조회기록의 주기적인 점검에 관한 사항
4. 그 밖에 신용정보의 안정성 확보를 위하여 필요한 사항

신용정보회사등은 신용정보전산시스템의 안전한 보호를 위한 기술적 · 물리적 · 관리적 보안대책을 세워야 한다. 이와 관련하여서는 신용정보업감독규정 [별표 3] 「기술적 · 물리적 · 관리적 보안대책 마련 기준」에서 상세하게 설명하고 있는데, 여기에서 정하고 있는 의무를 모두 준수하여야 한다.

2 개인정보 보호법에서의 안전성 확보조치 의무

개인정보 보호법 제29조(안전조치의무) 개인정보처리자는 개인정보가 분실 · 도난 · 유출 · 위조 · 변조 또는 훼손되지 아니하도록 내부 관리계획 수립, 접속기록 보관 등 대통령령으로 정하는 바에 따라 안전성 확보에 필요한 기술적 · 관리적 및 물리적 조치를 하여야 한다.

개인정보 보호법 시행령 제30조(개인정보의 안전성 확보 조치) ① 개인정보처리자는 법 제29조에 따라 다음 각 호의 안전성 확보 조치를 해야 한다.
1. 개인정보의 안전한 처리를 위한 다음 각 목의 내용을 포함하는 내부 관리계획의 수립 · 시행 및 점검
　가. 법 제28조제1항에 따른 개인정보취급자(이하 "개인정보취급자"라 한다)에 대한 관리 · 감독 및 교육에 관한 사항
　나. 법 제31조에 따른 개인정보 보호책임자의 지정 등 개인정보 보호 조직의 구성 · 운영에 관한 사항
　다. 제2호부터 제8호까지의 규정에 따른 조치를 이행하기 위하여 필요한 세부 사항
2. 개인정보에 대한 접근 권한을 제한하기 위한 다음 각 목의 조치
　가. 데이터베이스시스템 등 개인정보를 처리할 수 있도록 체계적으로 구성한 시스템(이하 "개인정보처리시스템"이라 한다)에 대한 접근 권한의 부여 · 변경 · 말소 등에 관한 기준의 수립 · 시행
　나. 정당한 권한을 가진 자에 의한 접근인지를 확인하기 위해 필요한 인증수단 적용 기준의 설정 및 운영
　다. 그 밖에 개인정보에 대한 접근 권한을 제한하기 위하여 필요한 조치

3. 개인정보에 대한 접근을 통제하기 위한 다음 각 목의 조치

    가. 개인정보처리시스템에 대한 침입을 탐지하고 차단하기 위하여 필요한 조치

    나. 개인정보처리시스템에 접속하는 개인정보취급자의 컴퓨터 등으로서 보호위원회가 정하여 고시하는 기준에 해당하는 컴퓨터 등에 대한 인터넷망의 차단. 다만, 전년도 말 기준 직전 3개월 간 그 개인정보가 저장·관리되고 있는 「정보통신망 이용촉진 및 정보보호 등에 관한 법률」 제2조제1항제4호에 따른 이용자 수가 일일평균 100만명 이상인 개인정보처리자만 해당한다.

    다. 그 밖에 개인정보에 대한 접근을 통제하기 위하여 필요한 조치

4. 개인정보를 안전하게 저장·전송하는데 필요한 다음 각 목의 조치

    가. 비밀번호의 일방향 암호화 저장 등 인증정보의 암호화 저장 또는 이에 상응하는 조치

    나. 주민등록번호 등 보호위원회가 정하여 고시하는 정보의 암호화 저장 또는 이에 상응하는 조치

    다. 「정보통신망 이용촉진 및 정보보호 등에 관한 법률」 제2조제1항제1호에 따른 정보통신망을 통하여 정보주체의 개인정보 또는 인증정보를 송신·수신하는 경우 해당 정보의 암호화 또는 이에 상응하는 조치

    라. 그 밖에 암호화 또는 이에 상응하는 기술을 이용한 보안조치

5. 개인정보 침해사고 발생에 대응하기 위한 접속기록의 보관 및 위조·변조 방지를 위한 다음 각 목의 조치

    가. 개인정보처리시스템에 접속한 자의 접속일시, 처리내역 등 접속기록의 저장·점검 및 이의 확인·감독

    나. 개인정보처리시스템에 대한 접속기록의 안전한 보관

    다. 그 밖에 접속기록 보관 및 위조·변조 방지를 위하여 필요한 조치

6. 개인정보처리시스템 및 개인정보취급자가 개인정보 처리에 이용하는 정보기기에 대해 컴퓨터바이러스, 스파이웨어, 랜섬웨어 등 악성프로그램의 침투 여부를 항시 점검·치료할 수 있도록 하는 등의 기능이 포함된 프로그램의 설치·운영과 주기적 갱신·점검 조치

7. 개인정보의 안전한 보관을 위한 보관시설의 마련 또는 잠금장치의 설치 등 물리적 조치

8. 그 밖에 개인정보의 안전성 확보를 위하여 필요한 조치

개인정보처리자는 개인정보가 분실·도난·유출·위조·변조 또는 훼손되지 않도록 안전성 확보에 필요한 기술적·물리적·관리적 조치를 하여야 한다. 이와 관련하여서는 개인정보보호위원회 고시인 「개인정보의 안전성 확보조치 기준」에서 상세하게 설명하고 있으므로 해당 고시에서 정하고 있는 의무를 모두 준수하여야 한다.

제 **4** 부

신용정보주체의 권리 보호

정보전송요구권과 마이데이터

정보전송요구권과 마이데이터는 2020. 8. 5. 시행된 신용정보법에서 새로 도입된 개념이다.

통상적으로 정보전송요구권과 마이데이터는 함께 언급되는데, 정보전송요구 "권"은 하나의 "권리"이고 마이데이터는 하나의 "금융서비스"이기에 둘은 완전히 다른 별개의 개념이다.

그러나 마이데이터 서비스를 구현하기 위한 수단으로 정보전송요구권이 활용되기에 두 개념은 늘 함께 언급된다. 따라서 정보전송요구권과 마이데이터 각각의 개념에 대해서도 잘 알아야 하지만 둘이 실제 어떻게 연결되어 마이데이터 서비스가 구현되는지에 대해서도 잘 알아야 한다.

본 장에서는 마이데이터와 정보전송요구권이 무엇인지에 대해 먼저 설명하고 이어서 실제 정보전송요구권을 활용하여 구현되는 마이데이터 서비스에 대해 어떠한 법률 이슈가 있는지 설명하도록 하겠다. 또한, 정보전송요구권 및 마이데이터와 관련하여서는 법이 아닌 가이드라인[1]에서 많은 내용들을 정하고 있다. 따라서 부득이 가이드라인에 있는 많은 내용을 설명하게 될 터인데, 가이드라인은 법에 비해 훨씬 자주 변경이 되므로 본서를 읽는 시점에 새롭게 변경된 내용이 있는지도 확인하여야 한다.

---

1) 마이데이터와 관련하여서는, 마이데이터 서비스 가이드라인(금융위원회, 금융분야 마이데이터 서비스 가이드라인[2022. 12.])과 마이데이터 기술 가이드라인(금융위원회, 금융분야 마이데이터 서비스 가이드라인[2022. 12.]이 있으며, 두 가이드라인에서 마이데이터뿐만 아니라 정보전송요구권에 대해서도 상세히 설명하고 있다. 본서에서는 두 가이드라인을 통칭하여 **"마이데이터 가이드라인"**이라고 하였다.

1 **마이데이터(본인신용정보관리업)**

1) 마이데이터업의 정의

마이데이터란 신용정보주체가 자신의 개인신용정보의 이용을 허락할 경우 마이데이터 사업자가 신용정보주체의 개인신용정보를 한 곳에 모아 통합관리해주는 서비스를 말한다. 요새 흔히 접할 수 있는, 하나의 앱에서 내 금융자산과 금융거래정보를 모두 확인할 수 있는 서비스가 마이데이터 서비스이다.

이를 법에서 어떻게 정의하고 있는지 살펴보면, 신용정보법에서는 "마이데이터"를 "본인신용정보관리업"이라는 용어로 정의하는데, 개인인 신용정보주체의 신용관리를 지원하기 위하여 개인신용정보를 통합하여 그 신용정보주체에게 제공하는 행위를 영업으로 하는 것이라고 정의하고 있다.

> **신용정보법 제2조(정의)** 이 법에서 사용하는 용어의 뜻은 다음과 같다.
> 9의2. "본인신용정보관리업"이란 개인인 신용정보주체의 신용관리를 지원하기 위하여 다음 각 목의 전부 또는 일부의 신용정보를 <u>대통령령으로 정하는 방식</u>으로 통합하여 그 신용정보주체에게 제공하는 행위를 영업으로 하는 것을 말한다.
>
> **신용정보법 시행령 제2조(정의)** ㉑ 법 제2조제9호의2 각 목 외의 부분에서 "대통령령으로 정하는 방식"이란 신용정보제공·이용자 또는 「개인정보 보호법」에 따른 공공기관이 보유한 개인신용정보 등을 수집하고 수집된 정보의 전부 또는 일부를 신용정보주체가 조회·열람할 수 있게 하는 방식을 말한다.

마이데이터의 핵심은 "통합조회"라고 할 수 있는데, 이러한 본인신용정보 통합조회 서비스(이하 **"통합조회 서비스"**)는 마이데이터업의 고유업무이어서 마이데이터 라이선스를 취득한 자만이 제공 가능하다. 따라서, 회사가 신용정보법에서 본인신용정보관리업으로 정의되어 있는 서비스를 하고 싶다면 마이데이터(=본인신용정보관리업) 라이선스를 받아야 한다.

2) 마이데이터사업자의 겸영업무 및 부수업무

마이데이터사업자는 고유업무인 통합조회 서비스 외에도 법에서 정하고 있는 겸영업무 및 부수업무를 수행할 수 있다. 즉, 마이데이터 라이선스를 취득한 회사는 이러한 업무의 수행이 가능하다. 법에서 수행 가능한 업무를 열거하고 있으므로 법에 기재되어 있지 아니한 업무는 수행이 불가능하다. 너무나 당연한 얘기이나 열거되어 있는 겸영업무나 부수업무라고 하더라도 그 업무와 관련된 개별 업권법에서 허가 또는 등록을 거쳐야만 그 업무를 영위할 수 있다고 정하고 있다면 마이데이터업 허가 외에 해당 업권법에 따른 허가 또는 등록을 거친 경우에만 영위할 수 있다. 예를 들어, 마이데이터사업자가 수행할 수 있는 겸영업무에 "전자금융업"이 있는데, 실제 마이데이터사업자가 전자금융업을 수행하고자 한다면 마이데이터업 허가는 받는 것과는 별개로 전자금융거래법에 따른 전자금융업 등록[2]을 하여야 한다.

[겸영업무] 신용정보법 제11조 제6항

1. 투자자문 · 투자일임업[전자적 투자조언장치를 활용하는 방식(로보어드바이저 방식)으로의 투자자문 및 투자일임업만 수행할 수 있음]
2. 「전자금융거래법」 제28조에 따른 전자금융업
3. 「금융소비자 보호에 관한 법률」 제2조제4호에 따른 금융상품자문업
4. 신용정보업(개인신용평가업, 개인사업자신용평가업, 기업신용조회업 등)
5. 금융관계법률에 따라 허가 · 인가 · 등록 등을 받아 영업 중인 금융회사의 경우 해당법령에서 허용된 고유 · 겸영 · 부대업무
6. 비금융법률이 금지하지 않는 업무(비금융 법률에 따라 행정관청의 인가 · 허가 · 등록 및 승인 등의 조치가 있는 경우 할 수 있는 업무로서 해당 행정관청의 인가 · 허가 · 등록 및 승인 등의 조치가 있는 경우를 포함함)
7. 대출의 중개 및 주선 업무
8. 「온라인투자연계금융업 및 이용자보호에 관한 법률」에 따른 온라인투자연계금융업
9. 「정보통신망 이용촉진 및 정보보호등에 관한 법률」 제23조의3에 따른 본인확인기관의 업무
10. 「금융소비자보호에 관한 법률」 제2조제2호나목에 따른 금융상품 판매대리 · 중개업

---

[2] 전자금융업 중 전자화폐업의 경우에는 허가를 받아야 하나 이외의 전자금융업은 등록을 하여야 한다(전자금융거래법 제28조).

> **[부수업무] 신용정보법 제11조의2 제6항**
>
> 1. 해당 신용정보주체에게 제공된 본인의 개인신용정보를 기초로 그 본인에게 하는 데이터 분석 및 컨설팅 업무
> 2. 신용정보주체 본인에게 자신의 개인신용정보를 관리·사용할 수 있는 계좌를 제공하는 업무
> 3. 전송요구권을 대리행사하는 업무
> 4. 금융상품에 대한 광고, 홍보 및 컨설팅
> 5. 본인신용정보관리업과 관련된 연수, 교육 및 출판, 행사기획 등 업무
> 6. 본인신용정보관리업과 관련된 연구·조사 용역 및 상담업무
> 7. 본인인증 및 신용정보주체의 식별확인 업무
> 8. 업무용 부동산의 임대차
> 9. 기업 및 법인 또는 그 상품 홍보·광고
> 10. 가명정보나 익명처리한 정보를 이용·제공하는 업무
> 11. 데이터 판매 및 중개 업무
> 12. 신용정보주체의 전송요구권의 행사 및 전송요구 철회 등을 보조·지원하는 업무

신용정보법에 따르면 마이데이터사업자가 겸영업무 또는 부수업무를 수행하기 위해서는 업무 수행 전에 금융위원회에 신고하여야 한다.

> **신용정보법 제11조(겸영업무)** ① 신용정보회사, 본인신용정보관리회사 및 채권추심회사는 총리령으로 정하는 바에 따라 <u>금융위원회에 미리 신고하고</u> 신용정보주체 보호 및 건전한 신용질서를 저해할 우려가 없는 업무(이하 "겸영업무"라 한다)를 겸영할 수 있다.
> **제11조의2(부수업무)** ① 신용정보회사, 본인신용정보관리회사 및 채권추심회사는 해당 허가를 받은 영업에 부수하는 업무(이하 "부수업무"라 한다)를 할 수 있다. 이 경우 신용정보회사, 본인신용정보관리회사 및 채권추심회사는 <u>그 부수업무를 하려는 날의 7일 전까지 이를 금융위원회에 신고하여야 한다.</u>

구체적으로 겸영업무를 수행하기 위해서는 미리 신고하여야 한다고 정하고 있고 부수업무를 수행하기 위해서는 7일 전까지 신고하여야 한다고 정하고 있다.

또한, 겸영업무의 수행과 관련하여서는 제출하여야 하는 서류 및 신고서 양식이 정해져 있고(시행규칙 제5조, 감독규정 별지 제7호 서식), 금융감독원장이 적합한지 여부

를 심사한 후 수리한다는 규정을 두고 있다(감독규정 제13조). 따라서 겸영업무 수행에 대해서는 심사절차가 있고 이 심사를 통과한 경우에만 수행이 가능하다.

반면, 부수업무 수행과 관련하여서는 부수업무를 하려는 날의 7일 전까지 금융위원회에 신고하여야 한다고 정하고 있어서 문언상으로는 겸영업무와 동일하게 신고의무를 부여하고 있으나 이에 대한 별도의 심사절차를 두고 있지 않다. 따라서 부수업무는 신고만 잘하면 바로 수행이 가능하다는 의미이다.

이는 신용정보법에서 겸영업무와 부수업무로 정하고 있는 업무의 내용을 볼 때 겸영업무가 훨씬 더 중요한 업무이므로 더 엄격한 수행절차를 두고 있는 것이다.

> **⚠ 참고**
>
> 최근 금융위원회는 기존 마이데이터 서비스의 문제점에 대한 개선방안을 담고 있는 마이데이터 2.0 추진방안을 발표하였다(2024. 4.).
> 추진방안에 따르면, 엄격하게 되어 있는 겸영업무 및 부수업무의 사전신고제를 개선하여 겸영업무의 신고는 업무 영위 후 2주 이내 사후보고하도록 하고 부수업무의 신고는 신고 생략 또는 7일 전 신고로 개선하겠다는 내용을 담고 있다. 따라서 추진방안이 실행된다면 마이데이터사업자의 겸영업무 및 부수업무 신고 부담이 완화될 것이다.
>
> **표 11** 겸영·부수업무 신고 개선 방향
>
> | 구분 | 현행 | 개선 |
> |---|---|---|
> | 겸영업무 | 영위하기 전 신고 | 영위 후 2주 이내 보고 |
> | 부수업무 | 영위하기 7일 전 신고 | 신고 생략
(또는 7일 전 신고) |

마이데이터업 도입 초기에는 비금융회사가 마이데이터업을 취득하였을 시 기존에 수행하고 있던 업무를 계속 수행할 수 있다는 점이 법에서 명확히 드러나 있지 않다는 문제제기가 있었다. 풀어서 설명하면, 마이데이터 라이선스를 받은 회사는 신용정보법에서 겸영업무 또는 부수업무라고 정하고 있는 업무만 수행 가능한데, 여기에 기존에 하고 있던 업무가 기재되어 있지 않다면 마이데이터업 수행이 가능해지면서 기존에 하고 있던 업무는 수행이 불가능하게 되는 모순적인 상황이 발생할 수 있다는 문제제기이다.

그러나 겸영업무의 내용을 살펴보면 "비금융법률이 금지하지 않는 업무(비금융 법률에 따라 행정관청의 인가·허가·등록 및 승인 등의 조치가 있는 경우 할 수 있는 업무로서 해당 행정관청의 인가·허가·등록 및 승인 등의 조치가 있는 경우를 포함함)"가 있는데, 이 항목이 상기 문제가 발생할 상황을 고려하여 포함한 항목이다. 따라서, 비금융회사가 마이데이터 라이선스를 받는다고 하더라도 기존에 수행하던 업무는 "비금융법률이 금지하지 않는 업무"로서 계속 수행하는 것은 아무런 문제가 없다.[3]

3) 마이데이터의 허가 및 유지

가. 허가요건

신용정보법에 따르면 다음과 같은 요건을 갖춘 경우에만 마이데이터업 허가를 받을 수 있다.

신용정보법 제6조(허가의 요건) ① 신용정보업, 본인신용정보관리업 또는 채권추심업의 허가를 받으려는 자는 다음 각 호의 요건을 갖추어야 한다.

1. 신용정보업, 본인신용정보관리업 또는 채권추심업을 하기에 <u>충분한 인력(본인신용정보관리업은 제외한다)과 전산설비 등 물적 시설을 갖출 것</u>

<u>(자본금 요건)</u> 1의4. 본인신용정보관리업을 하려는 경우: <u>5억원 이상</u>

2. <u>사업계획이 타당하고 건전할 것</u>

3. <u>대주주가 충분한 출자능력, 건전한 재무상태 및 사회적 신용을 갖출 것</u>

---

3) 허가 신청시 사업계획 부분에 겸영업무를 기재하도록 하고 있는데, 라이선스 취득 전에 이미 영위하고 있던 업무가 있다면 이 부분에 기재하여야 한다. 기재하는 경우에는 허가신청서 제출을 통해 겸영업무 영위를 신고한 것으로 간주되어, 별도의 겸영업무 신고를 할 필요없이 기존에 영위하고 있던 업무를 수행할 수 있다.

허가요건 중 주요 내용을 살펴보면 다음과 같다.

금융업 라이선스의 경우 최소 10억 이상의 자본금 요건을 두고 있는 경우가 일반적인데, 마이데이터업은 소규모 핀테크 업체들도 라이선스를 취득할 수 있도록 (다른 금융업 라이선스와 비교하여 완화된) 5억원의 최소자본금 요건을 두고 있다. 또한 개인신용평가업, 신용조사업 및 채권추심업 허가시 적용되는 금융기관의 50% 이상 출자 요건도 적용되지 아니하며, 인력요건에 대한 제한도 두고 있지 아니하다.

다만, "충분한 전산설비 등 물적 시설을 갖출 것"이라고 하여,[4] 물적요건은 완화되어 있지 아니한데 소규모 핀테크 업체 입장에서는 그 요건이 상당히 부담스러운 편이다. 이는 마이데이터업을 하는 경우 이론적으로는 전 국민의 개인신용정보가 그 회사로 모일 수 있는 것이므로 해킹 등의 위험성을 고려하여 물적요건은 완화할 수 없었던 것으로 보인다.

한편, "대주주가 충분한 출자능력, 건전한 재무상태 및 사회적 신용을 갖출 것"이라는 요건과 관련하여 구체적인 제한기준(이하 "**대주주 제한요건**")을 두고 있다.

먼저 신용정보법에서의 대주주요건을 알아야 하는데 일반적으로 최대주주 또는 발행주식 총수의 10%이상의 주식을 소유한 자를 의미한다.

---

4) 구체적인 요건은 신용정보업감독규정 [별표 2] 「본인신용정보관리업, 허가에 필요한 정보처리·정보통신설비 요건」에 규정되어 있다.

장 많은 경우의 그 본인(이하 "최대주주"라 한다)

나. 다음 각 1) 및 2)의 어느 하나에 해당하는 자

1) 누구의 명의로 하든지 자기의 계산으로 신용정보회사, 본인신용정보관리회사 및 채권추심회사의 의결권 있는 발행주식 총수의 100분의 10 이상의 주식(그 주식과 관련된 증권예탁증권을 포함한다)을 소유한 자

2) 임원[이사, 감사, 집행임원(「상법」 제408조의2에 따라 집행임원을 둔 경우로 한정한다)을 말한다. 이하 같다]의 임면(任免) 등의 방법으로 신용정보회사, 본인신용정보관리회사 및 채권추심회사의 중요한 경영사항에 대하여 사실상의 영향력을 행사하는 주주로서 대통령령으로 정하는 자

대주주 제한요건으로는 자격요건과 심사 중단사유가 있는데, 먼저 자격요건은 최근 5년간 금융관계법률 또는 「조세범 처벌법」을 위반하여 벌금형 이상에 상당하는 처벌받은 사실이 없어야 한다.[5] 이 부분보다는 심사 중단사유가 더 자주 문제가 되는데, 대주주 상대로 형사소송 절차가 진행되고 있거나 금융위원회, 금융감독원 등에 의한 조사·검사 등의 절차가 진행되고 있는 경우에는 허가심사절차가 중단된다. 관련 규정의 내용을 그대로 옮기면 "중단기간을 심사기간[6]에 산입하지 아니한다"라고만 되어 있으나, 심사가 중단되었음에도 불구하고 심사기간에 산입하는 것은 불합리하므로 심사기간에서 제외한다는 의미이므로 심사절차가 중단된다는 점을 전제하고 있는 규정이다.[7]

신용정보업감독규정 제5조(신용정보업 등의 허가 등의 절차) ⑥ 제5항 전단에 따른 심사기간을 산정할 때에는 다음 각 호의 어느 하나에 해당하는 기간은 심사기간에 산입하지 아니한다. 다만, 금융위원회는 제3호에 따라 심사를 중단한 경우 소송이나 조사·검사 등의 진행경과 등을 고려하여 필요하다고 인정하는 경우 심사를 재개할 수 있으며, 심사를 중단한 날부터 매 6

---

5) 자격 요건과 관련한 상세한 내용은 신용정보법 시행령 [별표 1의2] 「대주주의 요건」에 규정되어 있다.

6) 심사기간은 총 3개월 이내인데, 예비허가 절차를 거치는 경우에는 예비허가 절차는 2개월 이내, 본허가 절차는 1개월 이내이다(신용정보업감독규정 제5조 제5항).

7) 실제 마이데이터업 도입 초기에 하나금융지주의 자회사, 경남은행, 삼성카드 등이 이 요건에 해당하여 심사절차가 중단된 바 있다.

개월이 경과할 때마다 심사 재개 여부를 판단하여야 한다.

3. 대주주를 상대로 <u>형사소송 절차가 진행되고 있거나 금융위원회, 국세청, 검찰청 또는 금융 감독원 등</u>(외국기업인 경우에는 이들에 준하는 본국의 감독기관 등을 포함한다)에 의한 조 사·검사 등의 절차가 진행되고 있고, 그 소송이나 조사·검사 등의 내용이 심사에 중대한 영향을 미칠 수 있다고 금융위원회가 인정하여 심사를 중단한 경우 그 소송이나 조사·검사 등의 절차가 끝날 때까지의 기간(금융위원회가 본문 단서에 따라 소송이나 조사·검사 등의 절차가 끝나기 전 심사재개를 결정한 경우 심사재개시까지의 기간)

해당 규정만 보면, 심사 중단사유인 "형사소송 절차" 및 "금융위원회 등 행정기관에 의한 조사·검사 등의 절차"가 어떠한 절차를 의미하는지 명확하지 아니하며 매 6개월이 경과할 때마다 심사 재개 여부를 판단하는 기준도 명확하지 아니하다. 이와 관련하여, 금융위원회가 보도자료를 통해 그림 7과 같은 기준으로 판단한다고 발표한 바 있다.[8]

그림 7 / 심사절차 중단여부 판단기준

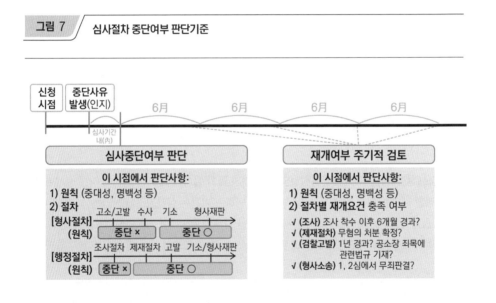

---

8) 금융위원회·금융감독원, 금융업 인허가·승인 심사중단제도 개선방안(2021. 5.).

나. 유지요건

금융관련법령 중에는 허가요건만을 정하고 있을 뿐 유지요건은 따로 정하고 있지 아니한 법령도 있으나 신용정보법에서는 마이데이터 허가시의 물적 설비요건을 계속 갖추고 있을 것을 유지요건으로 정하고 있다. 즉, 다른 허가요건들은 허가를 받은 이후 계속 유지할 법적 의무가 없으나 물적 설비요건 계속 유지하여야 한다. 앞서 물적 설비요건은 완화하기 어려운 요건이라고 설명한 바 있는데, 이와 같은 취지에서 유지요건으로 정하고 있는 것으로 보인다. 위반하는 경우 6개월의 범위에서 기간을 정하여 그 업무의 전부 또는 일부의 정지를 명할 수 있다.

한편, 마이데이터사업자가 허가를 받은 이후에 1년 이상 계속하여 영업을 하지 않는 경우에는 허가가 취소될 수 있다.

신용정보법 제6조(허가의 요건) ④ 신용정보회사, 본인신용정보관리회사 및 채권추심회사는 해당 영업을 하는 동안에는 제1항제1호에 따른 요건을 계속 유지하여야 한다.

> ① 신용정보업, 본인신용정보관리업 또는 채권추심업의 허가를 받으려는 자는 다음 각 호의 요건을 갖추어야 한다.
> 1. 신용정보업, 본인신용정보관리업 또는 채권추심업을 하기에 충분한 인력(본인신용정보관리업은 제외한다)과 전산설비 등 물적 시설을 갖출 것

신용정보법 제14조(허가 등의 취소와 업무의 정지) ① 금융위원회는 신용정보회사, 본인신용정보관리회사 및 채권추심회사가 다음 각 호의 어느 하나에 해당하는 경우에는 허가 또는 인가를 취소할 수 있다.
10. 정당한 사유 없이 1년 이상 계속하여 허가받은 영업을 하지 아니한 경우
② 금융위원회는 신용정보회사, 본인신용정보관리회사 및 채권추심회사가 다음 각 호의 어느 하나에 해당하는 경우에는 6개월의 범위에서 기간을 정하여 그 업무의 전부 또는 일부의 정지를 명할 수 있다.
1. 제6조제4항을 위반한 경우

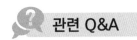 **관련 Q&A**

금융위원회·금융감독원에서 2020. 7. 발간한 "마이데이터업 허가 신청 관련 Q&A"에서는 허가신청시 주의하여야 할 사항을 설명하고 있다. 다음의 내용은 그중 특히 중요한 내용이다.

Q1 예비허가를 생략하고 본허가를 바로 신청할 수 있는지?

A 마이데이터 허가 절차는 원칙적으로 예비허가를 받은 뒤(2개월 이내) 본허가를 받는(1개월 이내)방식이다. 다만, 예외적으로 허가 신청시부터 모든 허가요건을 충분히 충족하고 있다고 판단되는 경우에는 예비허가 절차를 생략할 수 있다.

Q2 마이데이터업 영위를 위해서는 기존 설비와는 별도의 물적 설비를 새로 구축해야 하는지?

A 기존 전산설비가 마이데이터업 허가의 물적요건에서 정한 시스템 구성, 보안체계를 충족하면 기존 전산설비를 활용하는 것도 가능하다. 다만, 기존 전산설비와 혼용으로 인한 보안상 문제가 없도록 조치하고, 개인신용정보 보호를 위한 조치도 하여야 한다.

(예) [허용되는 사례] 기존 업의 영위를 위한 정보처리시스템이 있는 전산실 등 통제구역에 마이데이터업 영위를 위한 DB서버 등 정보처리시스템을 구축

[불허되는 사례] 기존 운영중인 신용조회DB서버를 마이데이터 DB서버로 활용

⇨ 이 Q&A로 인해 마이데이터 DB서버와 다른 업무의 DB서버는 분리하여야 한다고 해석하곤 한다. 필자도 금융회사에 자문할 시 이 Q&A를 언급하면서 마이데이터 서비스를 통해 수집한 정보와 다른 경로를 통해 수집한 정보는 별도로 보관하는 것이 바람직하다고 자문하고 있다.[9]

Q3 서비스의 차별성도 심사항목에 포함되는데, 타 회사와 완전히 다른 서비스를 제공해야 요건을 충족하는 것인지?

A 혁신성을 평가하기 위해 서비스의 차별성을 심사하는 것인데, 완전히 새로운 서비스일 것을 요구하는 것은 아니며, 소비자 편익에 기여할 수 있는 고유의 장점이 있다면 충분하다.

---

9) 다만, 이는 신용정보법에서 명시적으로 정하고 있는 내용은 아니므로 언제든지 해석이 바뀔 가능성이 있다고 보고 있다.

2 정보전송요구권

1) 정보전송요구권의 정의

정보전송요구권이란 신용정보주체가 스스로의 결정에 따라 자신의 개인신용정보를 보유하고 있는 자(이하 "**정보제공자**")로부터 제3자(이하 "**정보수신자**") 또는 본인에게 자신의 개인신용정보를 전송할 것을 요구하는 권리를 의미한다.

신용정보법 제33조의2(개인신용정보의 전송요구) ① 개인인 신용정보주체는 신용정보제공·이용자등에 대하여 그가 보유하고 있는 본인에 관한 개인신용정보를 다음 각 호의 어느 하나에 해당하는 자에게 전송하여 줄 것을 요구할 수 있다.

1. 해당 신용정보주체 본인
2. 본인신용정보관리회사
3. 대통령령으로 정하는 신용정보제공·이용자
4. 개인신용평가회사
5. 그 밖에 제1호부터 제4호까지의 규정에서 정한 자와 유사한 자로서 대통령령으로 정하는 자

> 1. 개인사업자신용평가회사

정보전송요구권은 2020. 8. 5. 시행된 신용정보법에서 처음 도입되었는데, 신용정보주체의 데이터주권을 보장하는 권리이며, 마이데이터 서비스가 가능하게 해주는 권리라고 알려져 있다. 즉, 신용정보주체가 자신의 정보를 이전하라고 지시할 수 있는 권리이므로 데이터주권을 보장하는 권리이며, 정보전송요구권을 이용하여 정보를 한 군데로 모아서 마이데이터 서비스를 제공하므로 마이데이터 서비스가 가능하게 해주는 권리이다.

정보전송요구권과 관련하여서는 ① 왜 이 권리가 데이터주권을 보장하는 권리라고 해석되는지 및 ② 구체적으로 적용 대상은 누구이며, 대상이 되는 정보의 범위는 어떻게 되는지 등 권리의 구체적인 내용을 이해하여야 한다.

2) 정보전송요구권과 데이터주권

정보전송요구권이 도입되기 이전에도 "제3자 제공 동의(제32조)"라는 방식을 통해 개인신용정보를 제3자에게 이전하는 것이 가능하였다. 그러면 두 방법에 어떠한 차이가 있길래 정보전송요구권이 신용정보주체의 데이터주권을 보장하는 권리라고 해석하는 것일까?

제3자 제공 동의

제32조(개인신용정보의 제공 · 활용에 대한 동의) ① 신용정보제공 · 이용자가 개인신용정보를 타인에게 제공하려는 경우에는 대통령령으로 정하는 바에 따라 해당 신용정보주체로부터 다음 각 호의 어느 하나에 해당하는 방식으로 개인신용정보를 제공할 때마다 미리 개별적으로 동의를 받아야 한다.

정보전송요구권

제33조의2(개인신용정보의 전송요구) ① 개인인 신용정보주체는 신용정보제공 · 이용자등에 대하여 그가 보유하고 있는 본인에 관한 개인신용정보를 다음 각 호의 어느 하나에 해당하는 자에게 전송하여 줄 것을 요구할 수 있다.

정보를 이전하고자 하는 의지를 가진 주체가 다르다는 점이 가장 큰 차이점이다. "제3자 제공 동의"는 정보를 가지고 있던 회사가 다른 제3자에게 정보를 보내고 싶을 때 신용정보주체에게 가능한지 여부를 묻는 동의이다. 예를 들어, 정보를 수집한 회사가 자신의 계열사가 정보를 이용하도록 하고 싶을 때 신용정보주체의 허락의사를 확인하기 위해 동의를 받는 것이다. 따라서 정보를 옮기고자 하는 의지를 가진 자는 내가 아닌 내 정보를 수집해서 가지고 있는 회사이고 나는 수동적인 지위에서 "가능하다/가능하지 않다" 둘 중 하나만을 선택할 수 있는 위치에 놓이게 된다.

반면, 정보전송요구권은 신용정보주체가 직접 내 정보를 가지고 있는 회사에게 내가 원하는 제3자에게 정보를 넘기라고 요구할 수 있는 권리이며 이러한 경우 내 정보를 가지고 있는 회사는 법에서 정하고 있는 예외사유에 해당하지 않는 한 정보를 넘겨야 한다. 즉, 내가 직접 능동적으로 제공하는 대상, 제공받는 대상을 정하여 정보를 이동시키는 권리이다.

데이터주권은 데이터에 대한 오너십을 가지고 내 데이터에 대한 처리를 스스로 결정할 수 있는 권리를 말하는데, 이런 면에서 제3자 제공 동의를 살펴보면 내가 스스로 원하는 사람에게 정보를 전달할 수가 없으므로 어찌 보면 데이터주권을 전혀 보장하지 못하는 수단이다. 반면, 정보전송요구권은 정보의 이동과 관련된 모든 절차를 내가 다 결정하는 것이므로 이 권리야말로 데이터주권을 보장하는 권리가 된다.

가끔, 전송을 요구하는 개인신용정보의 항목, 전송요구에 따라 개인신용정보를 제공받는 자, 정기적인 전송을 요구하는지 여부 및 요구하는 경우 그 주기 등 신용정보주체가 정보전송요구권을 행사할 시 기재해야 하는 항목이 많아서 불편하다는 얘기를 듣곤 한다.[10] 그런데 이는 너무 당연한 절차이다. 신용정보주체가 능동적으로 자신의 권리를 행사한다면 스스로 권리와 관련된 내용을 다 정하는 것이 맞기 때문이다.

표 12 제3자 제공 동의와 정보전송요구권 비교

	제3자 제공 동의	정보전송요구권
정보주체의 지위	수동적 지위	능동적 지위
정보이전의 의지를 가지는 자	사업자 (신용정보회사등)	정보주체
정보주체가 결정하는 사항	동의 or 부동의	• 신용정보제공 · 이용자등으로서 전송요구를 받는 자 • 전송을 요구하는 개인신용정보 • 전송요구에 따라 개인신용정보를 제공받는 자 • 정기적인 전송을 요구하는지 여부 및 요구하는 경우 그 주기 • 전송요구의 종료시점 • 전송을 요구하는 목적 • 전송을 요구하는 개인신용정보의 보유기간

---

10) 실제로는, 신용정보주체가 직접 작성하는 것이 아니라 대부분 미리 기재되어 있기는 하지만, 어쨌든 그러한 불편의견이 많다.

3) 정보전송요구권의 구체적인 내용

가. 정보를 제공하는 자

신용정보법에서는 신용정보주체가 개인신용정보의 전송을 요구하는 경우 이에 따라야 하는 정보제공자의 범위를 대통령령으로 정하는 신용정보제공 · 이용자,[11] 공공기관,[12] 본인신용정보관리회사(마이데이터사업자)로 한정하고 있다. 정보제공자에게는 정보전송요구 사실을 검증하고 신용정보주체의 지시에 따라 개인신용정보를 전송할 의무가 부여된다.

> **신용정보법 제22조의9 제3항 제1호**
> 대통령령으로 정하는 신용정보제공 · 이용자나 「개인정보 보호법」에 따른 공공기관으로서 대통령령으로 정하는 공공기관 또는 본인신용정보관리회사(이하 제33조의2에서 "신용정보제공 · 이용자등"이라 한다)

나. 정보를 제공받는 자

신용정보법에서는 신용정보주체의 전송요구에 따라 정보제공자로부터 개인신용정보를 전송받는 정보수신자의 범위를 해당 신용정보주체 본인,[13] 본인신용정보관리회사, 대통령령으로 정하는 신용정보제공 · 이용자,[14] 개인신용평가회사, 개인사업자신용평가회사로 한정하고 있다.

> **신용정보법 제33조의2(개인신용정보의 전송요구)** ① 개인인 신용정보주체는 신용정보제공

---

11) 신용정보제공 · 이용자 중 신용정보법 시행령 제18조의6 제4항에서 정하고 있는 범위에 포함되는 자만 대상에 해당하지만 대부분의 금융기관이 여기에 포함된다. 통신사 또한 대상에 포함된다(「전기통신사업법」 제6조에 따른 기간통신사업을 등록한 전기통신사업자).
12) 행정안전부, 보건복지부, 고용노동부, 국세청, 관세청, 조달청, 공무원연금공단, 주택도시보증공사, 한국주택금융공사, 근로복지공단, 신용회복위원회, 지방자치단체 및 지방자치단체조합, 국민건강보험공단, 국민연금공단
13) 개인신용정보를 제3자가 아닌 본인에게 전송하는 경우를 "다운로드권"이라는 별도의 권리로 구분하는 경우도 있다.
14) 신용정보제공 · 이용자 중 신용정보법 시행령 제28조의3 제1항에서 정하고 있는 범위에 포함되는 자만 대상에 해당하지만 대부분의 금융기관이 여기에 포함된다.

한 권으로 끝내는 금융데이터법

· 이용자등에 대하여 그가 보유하고 있는 본인에 관한 개인신용정보를 다음 각 호의 어느 하나에 해당하는 자에게 전송하여 줄 것을 요구할 수 있다.

1. 해당 신용정보주체 본인
2. 본인신용정보관리회사
3. 대통령령으로 정하는 신용정보제공 · 이용자
4. 개인신용평가회사
5. 그 밖에 제1호부터 제4호까지의 규정에서 정한 자와 유사한 자로서 <u>대통령령으로 정하는 자</u>

> 1. 개인사업자신용평가회사

정보제공자에도 마이데이터사업자가 있고 정보수신자에도 마이데이터사업자가 있다는 점도 유의하여야 한다. 즉, 신용정보주체는 마이데이터사업자에게 보유하고 있는 자신의 개인신용정보를 금융회사 등에게 전송할 것을 요구할 수 있고 금융회사 등에게 보유하고 있는 자신의 개인신용정보를 마이데이터사업자에게 전송할 것을 요구할 수도 있다.

다. 전송 가능 정보의 범위

신용정보법에서는 신용정보주체가 정보전송요구권을 행사하여 전송할 수 있는 정보의 범위를 특정하고 있다. 즉, 1) 제1호~제3호의 요건에 해당하는 정보이면서 2) 시행령 제28조의3 제6항 각 호의 정보인 경우에만 전송이 가능하다.

> **신용정보법 제33조의2(개인신용정보의 전송요구)** ② 제1항에 따라 개인인 신용정보주체가 전송을 요구할 수 있는 본인에 관한 개인신용정보의 범위는 다음 각 호의 요소를 모두 고려하여 <u>대통령령으로 정한다.</u>
>
> 1. 해당 신용정보주체(법령 등에 따라 그 신용정보주체의 신용정보를 처리하는 자를 포함한다. 이하 이 호에서 같다)와 신용정보제공 · 이용자등 사이에서 처리된 신용정보로서 다음 각 목의 어느 하나에 해당하는 정보일 것
>   가. 신용정보제공 · 이용자등이 신용정보주체로부터 수집한 정보
>   나. 신용정보주체가 신용정보제공 · 이용자등에게 제공한 정보
>   다. 신용정보주체와 신용정보제공 · 이용자등 간의 권리 · 의무 관계에서 생성된 정보

2. 컴퓨터 등 정보처리장치로 처리된 신용정보일 것
3. 신용정보제공·이용자등이 개인신용정보를 기초로 별도로 생성하거나 가공한 신용정보가 아닐 것

신용정보법 시행령 제28조의3(개인신용정보의 전송요구)
⑥ 법 제33조의2제2항에 따라 개인인 신용정보주체가 전송을 요구할 수 있는 본인에 관한 개인신용정보의 범위는 다음 각 호와 같다.
1. 법 제2조제9호의2 각 목에 따른 정보
2. 국세, 관세 및 지방세 납부정보
3. 고용보험, 산업재해보상보험, 국민건강보험, 국민연금 및 공적연금에 관한 정보로서 보험료 납부 정보
4. 제18조의6제4항제6호에 따른 전기통신사업자에 대한 통신료 납부정보, 소액결제정보 및 이와 유사한 정보로서 신용정보주체의 거래내역을 확인할 수 있는 정보

먼저, 법 제33조의2 제2항 제1호~제3호의 요건을 살펴보면 전산설비로 처리할 수 있는 모든 개인신용정보가 전송 대상에 해당하는 것처럼 보인다. 대체로 맞는 얘기이지만 다음 두 가지 정보가 범위에서 제외된다는 점을 꼭 기억해야 한다.

① 제1호의 가~다를 살펴보면 신용정보주체로부터 직접 수집한 정보, 신용정보주체가 제공한 정보 또는 권리·의무 관계에서 생성된 정보만 범위에 해당된다. 따라서, 정보전송요구권에 의해 다른 기관으로부터 수집한 정보는 이전대상에 해당되지 아니한다.

예를 들어, 정보제공자에 마이데이터사업자가 포함되어 있으므로 마이데이터사업자에게 다른 금융회사로 정보를 전송하라고 요구할 수 있는데, 이때 대상이 되는 정보에는 마이데이터 서비스를 제공하기 위하여 신용정보주체의 정보전송요구권에 기해 다른 금융회사로부터 전달받은 정보는 포함되지 않는다. 따라서, 실상 마이데이터 사업자에게 전송하라고 요구할 수 있는 정보는 마이데이터 서비스 가입시 가입절차를 통해 회원에게 직접 수집한 정보 또는 마이데이터사업자가 마이데이터 서비스외 다른 서비스를 제공하고 있다면 그 서비스를 제공하면서 수집한 개인신용정보 정도일 것이다.

② 신용정보제공·이용자등이 개인신용정보를 기초로 별도로 생성하거나 가공한 신용정보는 전송 대상에서 제외된다. 이는 금융회사가 자체 역량을 이용하여 새롭게 만들어낸 정보는 그 회사의 노하우가 들어가 있는 정보이므로 설사 신용정보주체의 개인신용정보에 해당한다고 하더라도 임의로 이전이 가능하도록 하는 것이 더 불합리한 것이기 때문이다.

정리하면 전산설비로 처리 가능한 개인신용정보는 대부분 전송대상에 포함되나 ①, ②에서 설명하고 있는 정보는 제외된다.

법 제33조의2 제2항 제1호~제3호의 요건을 만족하는 정보이면서 시행령 제28조의3 제6항에서 정하고 있는 정보의 범위에 포함되는 경우에만 정보전송요구권에 기해 정보이전이 가능하다.

시행령 제28조의3 제6항에서 정하고 있는 정보란 시행령 [별표 1] 「본인신용정보관리업에 관한 신용정보의 범위」에 해당하는 정보, 신용정보업감독규정 제3조의3 제2항에 해당하는 정보, 국세, 관세 및 지방세 납부정보, 고용보험, 산업재해보상보험, 국민건강보험, 국민연금 및 공적연금에 관한 정보로서 보험료 납부 정보, 전기통신사업자에 대한 통신료 납부정보, 소액결제정보 및 이와 유사한 정보로서 신용정보주체의 거래내역을 확인할 수 있는 정보를 의미한다.

[별표 1]에 흔히 생각할 수 있는 대부분의 개인신용정보가 포함되어 있기는 하나 [별표 1]에 없는 정보는 전송이 불가능하므로 본 제한조건으로 인해 전송대상이 확 줄어드는 것은 사실이다. 이는 법률적인 분석을 통해 전송대상을 정한 것이라기 보다는 정보전송요구권을 도입할 시 많은 이해관계자들의 협의를 통해 절충적인 범위를 찾은 것이다.

따라서 전송대상정보의 범위가 종종 변경되곤 하는데, 그 범위가 확대되는 방향으로 변경되고 있다. 한편, [별표 1]의 내용을 개정하기 보다는 마이데이터 가이드라인을 통해 [별표 1]에 포함된다고 해석하는 정보항목을 확대하는 식으로 변경되고 있으니 세세한 정보항목을 확인하고 싶을 때에는 마이데이터 가이드라인을 꼭 살펴보아야 한다.

라. 정보전송요구권과 다른 법률과의 관계

정보전송요구권은 신용정보법에서 정하고 있는 독자적인 권리이므로 신용정보법 내의 다른 규정과의 충돌없이 권리가 보장된다. 그러나 신용정보법 외 다른 법률에서 개인신용정보를 이전할 시 따라야 하는 의무를 정하고 있다면 이러한 규정과는 충돌이 생길 수 있다. 특히 신용정보의 이용 및 보호에 관하여 다른 법률에 특별한 규정이 있다면 해당 법률이 신용정보법에 우선하여 적용된다는 것이 대원칙이므로(법 제3조의2 제1항) 별도의 예외규정을 두고 있지 않다면 다른 법률의 규정이 정보전송요구권보다 우선하여 적용될 여지가 있다. 따라서, 신용정보법에서는 다른 법률에 있는 개인신용정보 이전 규정에도 불구하고 정보전송요구권이 우선하여 보장된다는 점을 명확하게 규정하고 있다.

신용정보법 제33조의2(개인신용정보의 전송요구) ③ 제1항에 따라 본인으로부터 개인신용정보의 전송요구를 받은 신용정보제공 · 이용자등은 제32조 및 <u>다음 각 호의 어느 하나에 해당하는 법률의 관련 규정에도 불구하고 지체 없이 본인에 관한 개인신용정보를 컴퓨터 등 정보처리장치로 처리가 가능한 형태로 전송하여야 한다.</u>

1. <u>「금융실명거래 및 비밀보장에 관한 법률」</u>제4조
2. <u>「국세기본법」</u>제81조의13
3. <u>「지방세기본법」</u>제86조
4. <u>「개인정보 보호법」</u>제18조
5. 그 밖에 제1호부터 제4호까지의 규정에서 정한 규정과 유사한 규정으로서 <u>대통령령으로 정하는 법률의 관련 규정</u>

신용정보법 시행령 제28조의3(개인신용정보의 전송요구) ⑦ 법 제33조의2제3항제5호에서 "대통령령으로 정하는 법률의 관련 규정"이란 다음 각 호의 규정을 말한다.

1. <u>「개인정보 보호법」</u>제17조
2. <u>「관세법」</u>제116조
3. <u>「여신전문금융업법」</u>제54조의5
4. <u>「전자정부법」</u>제42조
5. <u>「과세자료의 제출 및 관리에 관한 법률」</u>제11조
6. <u>「온라인투자연계금융업 및 이용자 보호에 관한 법률」</u>제33조제4항
7. <u>「외국환거래법」</u>제21조

예를 들어, 원칙적으로 금융회사가 금융거래정보를 제3자에게 제공하는 경우 금융실명법 제4조에 따른 명의인의 서면상의 동의를 받아야 한다. 그러나 신용정보주체가 정보전송요구권을 행사한다면 신용정보법 제33조의2 제3항 제1호에 따라 명의인의 서면상의 동의없이도 금융거래정보를 제3자에게 전송할 수 있다.

마. 전송요구 방법 및 절차

i) 전송요구시 특정해야 하는 사항

앞서 설명한 바와 같이 정보전송요구권은 신용정보주체가 능동적으로 자신의 권리를 행사하는 것이므로 권리행사시 신용정보주체가 직접 특정하여야 하는 항목이 많다. 구체적으로, 전송요구를 받는 자, 개인신용정보를 제공받는 자, 전송을 요구하는 개인신용정보, 정기적인 전송을 요구하는지 여부 및 주기, 전송요구의 종료시점, 전송을 요구하는 목적, 전송을 요구하는 개인신용정보의 보유기간을 특정하여야 한다(법 제33조의2 제5항).

표 13 정보전송요구권의 구체적인 항목

분류	내용
전송요구를 받는 자	개인신용정보를 보유하고 있는 정보제공자
개인신용정보를 제공받는 자	개인신용정보를 전송받는 정보수신자 (고객, 마이데이터사업자, 기타수신자 등)
전송을 요구하는 개인신용정보	고객이 전송 요구하고자 하는 개인신용정보
정기적 전송을 요구하는지 여부	정기적으로 개인신용정보를 전송받을지 여부와 전송주기
전송요구 종료시점	개인신용정보 전송요구의 종료시점
전송을 요구하는 목적	개인신용정보 전송을 요구하는 목적
전송을 요구하는 개인신용정보의 보유기간	개인신용정보를 전송받은 정보수신자가 수신한 정보를 보유할 수 있는 기간

ii) 전송주기

전송주기는 ① 정기적 전송과 ② 정기적 전송요구와 상관없이 가능한 비정기적 전송으로 구분된다.

신용정보주체가 정보전송요구권을 행사할 시 정기적 전송을 요구하는지 및 주기를 특정하여야 하는데, 이때의 정기적 전송이란 전송요구권을 행사할 시 신용정보주체가 요청한다면 일정 주기로 정보를 전송하는 것을 의미한다. 예를 들어, 고객이 전송요구권을 행사할 시 "내 정보를 1주일 주기로 하는 정기적 전송으로 ○○은행에 전송해달라"고 요구한다면 그 고객이 추가적인 요구를 하지 않더라도 1주일 간격으로 그 고객의 개인신용정보를 계속 전송하여야 한다.[15] 마이데이터사업자에게 전송하는 경우를 생각해보면, 마이데이터사업자 입장에서는 고객이 정기적 전송을 선택해야만 고객이 앱에 접속하지 않더라도 1주일 간격으로 정보를 가져올 수 있으므로 서비스 가입시 이를 선택하는지 여부가 중요하다.

신용정보법 제33조의2(개인신용정보의 전송요구) ④ 제1항에 따라 신용정보주체 본인이 개인신용정보의 전송을 요구하는 경우 신용정보제공 · 이용자등에 대하여 해당 개인신용정보의 정확성 및 최신성이 유지될 수 있도록 <u>정기적으로 같은 내역의 개인신용정보를 전송하여 줄 것을 요구할 수 있다.</u>

비정기적 전송은 일정한 전송주기와 상관없이 정보가 전송되는 경우를 의미한다.

예를 들어, 마이데이터 앱을 이용하는 고객은 당연히 앱을 열었을 때 자신의 가장 최신정보를 확인하고 싶어할 것이다. 따라서 고객이 앱을 열어서 서비스를 실행하는 경우나 앱 내에서 새로고침 등의 버튼을 누르는 경우에는 정보제공자로부터 최신의 정보를 가져와야 하는데, 이는 일정주기로 정보를 가져오는 것과는 별개의 정보 전송이므로 비정기적 전송이라고 한다.

정기적 전송과 비정기적 전송은 별개의 것이기 때문에 비정기적 전송을 하였다고

---

15) 정기적 전송의 경우에는 정보제공자가 정보수령자에게 비용을 청구하는 것이 가능하다. 이는 "마이데이터와 전송요구권" 부분(186페이지 이하)에서 구체적으로 설명하였다.

한 권으로 끝내는 금융데이터법

하여 정기적 전송 주기나 횟수에 영향을 미치지 않는다.

　iii) 전송방법 및 형태

전송요구를 받은 정보제공자는 요구받은 정보를 컴퓨터 처리가 가능한 방식으로 즉시 전송하여야 한다. "즉시"란 마이데이터 가이드라인에서 5분 이내로 정하고 있다. 한편, 최근 5년 내의 개인신용정보에 대해서만 이러한 방식으로 전송하여야 한다고 정하고 있으므로 최근 5년을 지난 정보에 대해서는 다른 방식으로 전송하는 것도 가능하다. 마이데이터 가이드라인에서는 컴퓨터 등 정보처리장치로 처리 가능한 방식으로의 제공을 우선하되, 출력문서 등과 같이 사람이 인지할 수 있는 방식(컴퓨터 등 정보처리장치로 처리 가능한 방식 외의 방식)으로도 제공할 수 있다고 설명하고 있다.

> **신용정보법 시행령 제28조의3(개인신용정보의 전송요구)** ④ 제3항에 따라 개인신용정보의 전송요구를 받은 신용정보제공 · 이용자등은 전송요구를 받은 개인신용정보를 컴퓨터 처리가 가능한 방식으로 즉시 전송해야 한다. 다만, 최근 5년 내의 개인신용정보가 아닌 경우에는 신용정보제공 · 이용자등이 정하는 방식으로 제공할 수 있다.

불가피한 사유로 전송이 지연되는 경우, 즉 전송요구를 받은 후 5분을 초과한 경우에는 고객에게 즉시 그 사유를 통지하고 사유가 해소된 즉시 개인신용정보를 전송하여야 한다.

> **신용정보법 시행령 제28조의3(개인신용정보의 전송요구)** ⑤ 제4항에 따른 개인신용정보의 전송이 전산시스템 장애 등으로 지연되거나 불가한 경우에는 전송이 지연된 사실 및 그 사유를 개인인 신용정보주체에게 통지하고, 그 사유가 해소된 즉시 개인신용정보를 전송해야 한다.

한편, 다음의 사유가 발생하는 경우에는 전송요구를 거절 또는 정지 · 중단할 수 있다. 이 경우에도, 지체 없이 해당 사실을 통지하여야 한다.

<blockquote>

신용정보법 제33조의2(개인신용정보의 전송요구) ⑧ 제1항에 따라 본인으로부터 개인신용정보의 전송요구를 받은 신용정보제공·이용자등은 신용정보주체의 본인 여부가 확인되지 아니하는 경우 등 대통령령으로 정하는 경우에는 전송요구를 거절하거나 전송을 정지·중단할 수 있다.

신용정보법 시행령 제28조의3(개인신용정보의 전송요구) ⑪ 법 제33조의2제8항에서 "대통령령으로 정하는 경우"란 다음 각 호의 어느 하나에 해당하는 경우를 말한다.
1. 개인인 신용정보주체 본인이 전송요구를 한 사실이 확인되지 않은 경우
2. 신용정보주체 본인이 전송요구를 했으나 제3자의 기망이나 협박 때문에 전송요구를 한 것으로 의심되는 경우
3. 법 제33조의2제1항 각 호의 자가 아닌 자에게 전송해 줄 것을 요구한 경우
4. 법 제33조의2제5항에서 정한 사항이 준수되지 않은 경우
5. 개인인 신용정보주체의 인증정보 탈취 등 부당한 방법으로 인한 전송요구임을 알게 된 경우
6. 그 밖에 제1호부터 제5호까지의 규정에 따른 경우와 유사한 경우로서 금융위원회가 정하여 고시하는 경우

> 전송요구에 응하여 개인신용정보를 제공할 경우 제3자의 정당한 권리 또는 이익을 부당하게 침해하는 경우를 말한다.

</blockquote>

iv) 전송된 정보의 파기(전송된 정보의 보유기간)

신용정보주체가 정보전송요구권을 행사할 시 특정해야 하는 항목 중 하나로 "전송을 요구하는 개인신용정보의 보유기간"이 있으므로 전송된 정보는 여기에 기재되어 있는 기간까지만 보관이 가능하다.

3 마이데이터 서비스와 정보전송요구권

마이데이터 서비스는 신용정보주체의 개인신용정보를 통합하여 관리해주는 서비스이다. 따라서 마이데이터 서비스를 제공하기 위해서는 개인신용정보를 한 곳에 모으는 과정이 선행되어야 한다.

여러 곳에 퍼져있는 신용정보주체의 개인신용정보를 한 곳에 모을 수 있는 방법을

찾아보면 ① 제3자 제공 동의(법 제32조), ② 신용정보주체에게 교부 또는 열람(법 제38조), ③ 정보전송요구권(법 제33조의2)을 생각해볼 수 있다. 그러나, ①은 신용정보주체의 자발적인 의사에 따라 정보를 이전시킬 수 없으므로 모을 수 있는 정보가 한정적이고, ②는 신용정보주체가 직접 일일이 정보를 수령한 후 마이데이터사업자에서 전달하여야 하므로 현실적이지 않다. 따라서, 현행 신용정보법 하에서는 ③ 정보전송요구권만이 마이데이터 서비스를 위한 정보통합을 가능하게 해주는 방법이다. 또한, 이후에 설명하겠지만 정보제공자와 마이데이터사업자 간에 API방식으로 정보를 전송하므로 가장 안전한 전송 방법에 해당한다. 이와 같은 이유에서 마이데이터와 정보전송요구권이 하나로 연결되며 두 개념이 합해져 실제 마이데이터 서비스가 구현된다.

그렇다면 앞에서 공부한 정보전송요구권과 마이데이터와의 연결을 잘 이해할 필요가 있는데, 신용정보법에서 정하고 있는 내용뿐만 아니라 마이데이터 가이드라인에서 정하고 있는 내용도 함께 알아두어야 한다.

1) 마이데이터 서비스의 전송방식

가. API방식을 통한 정보전송(법 제22조의9 제4항)

신용정보주체가 정보전송요구권을 행사하여, 정보제공자에게 자신의 개인신용정보를 마이데이터사업자에게 전송할 것을 요구하는 경우 API 방식으로 전송하여야 한다.

> **신용정보법 제22조의9(본인신용정보관리회사의 행위규칙)** ④ 신용정보제공·이용자등은 개인인 신용정보주체가 본인신용정보관리회사에 본인에 관한 개인신용정보의 전송을 요구하는 경우에는 정보제공의 안전성과 신뢰성이 보장될 수 있는 방식으로서 대통령령으로 정하는 방식으로 해당 개인인 신용정보주체의 개인신용정보를 그 본인신용정보관리회사에 직접 전송하여야 한다.
>
> **신용정보법 시행령 제18조의6(본인신용정보관리회사의 행위규칙 등)** ⑦ 법 제22조의9제4항에서 "대통령령으로 정하는 방식"이란 제3항에 따른 방식 외의 방식으로서 다음 각 호의 요건을 모두 갖춘 방식을 말한다.

1. 개인신용정보를 전송하는 자와 전송받는 자 사이에 미리 정한 방식일 것
2. 개인신용정보를 전송하는 자와 전송받는 자가 상호 식별·인증할 수 있는 방식일 것
3. 개인신용정보를 전송하는 자와 전송받는 자가 상호 확인할 수 있는 방식일 것
4. 정보 전송 시 상용 암호화 소프트웨어 또는 안전한 알고리즘을 사용하여 암호화하는 방식일 것

API란 Application Programming Interface의 약자로서 마이데이터사업자와 정보제공자 간에 개인신용정보를 송수신하기 위해 미리 정의된 표준화된 전송규격 및 절차를 의미한다. 즉, 단일 마이데이터사업자와 단일 정보제공자 간에 API라는 전용통로를 구축하여 정보를 주고받아야 한다는 의미이다. X, Y의 정보제공자가 있고 A, B의 마이데이터사업자가 있다면 X−A, X−B, Y−A, Y−B의 전용통로가 구축되어 있어야 한다는 의미라고 생각하면 된다.

이는 마이데이터사업자에게 정보를 전송하는 경우가 빈번하게 발생하므로 안전한 전송방식을 통하도록 제한을 둔 것이다.

◇ 참고

〈마이데이터사업자 외의 정보수신자에게 정보를 전송하는 경우〉

고객이 정보전송요구권을 행사하는 경우 정보를 수신하는 자에는 마이데이터사업자 이외의 자도 존재한다.[16] 이때의 전송 방식에 대해서는 신용정보법에서 특별히 정하고 있지 아니하며 거점중계기관을 통하여 전송하는 것이 가능하다는 정도의 규정만 두고 있다.

거점중계기관이란 정보제공자를 대신하여 고객의 전송 요구에 따라 개인신용정보를 마이데이터사업자를 제외한 정보수신자에게 전송하는 기관을 의미하는데[17] 거점중계기관을 통한 정보전송에 대해 간략히 설명해보면, 정보제공자는 신뢰할 수 있는 제3의 기관인 거점중계기관에 정보를 전송하고 거점중계기관이 해당 정보를 본인 또는 정보수신자에게 전달한다.

> **신용정보법 제39조의2(개인신용정보의 전송요구권)** ③ 신용정보제공·이용자등은 전송요구권의 행사를 받은 경우로써 본인신용정보관리회사 외의 자에게 개인신용정보를 전송하는 경우 다음 각 호의 거점중계기관을 통하여 개인신용정보를 전송할 수 있다.
> 1. 종합신용정보집중기관

2. 금융결제원

3. 「상법」에 따라 설립된 주식회사 코스콤

4. 「상호저축은행법」제25조에 따른 상호저축은행중앙회, 각협동조찹의 중앙회 및 「새마을금고법」제54조에 따른 새마을 금고 중앙회

5. 「온라인투자연계금융업 및 이용자 보호에 관한 법률」제33조에 따른 중앙기록관리기관

6. 「방송통신발전법 기본법」에 따라 설립된 한국정보통신진흥협회

7. 행정안전부

나. 중계기관을 통한 정보전송(법 제22조의9 제5항)

신용정보법 제22조의9(본인신용정보관리회사의 행위규칙) ⑤ 제4항에도 불구하고 신용정보제공 · 이용자등의 규모, 금융거래 등 상거래의 빈도 등을 고려하여 대통령령으로 정하는 경우에 해당 신용정보제공 · 이용자등은 대통령령으로 정하는 중계기관을 통하여 본인신용정보관리회사에 개인신용정보를 전송할 수 있다.

신용정보법 시행령 제18조의6(본인신용정보관리회사의 행위규칙 등) ⑧ 법 제22조의9제5항에서 "대통령령으로 정하는 경우"란 법 제22조의9제3항제1호의 신용정보제공 · 이용자등의 특성을 고려하여 자산 규모, 관리하고 있는 개인신용정보의 수, 시장 점유율, 외부 전산시스템이용 여부 등 금융위원회가 정하여 고시하는 기준에 해당하는 경우를 말한다.

신용정보업감독규정 제23조의3(본인신용정보관리회사의 행위규칙 등) ③ 영 제18조의6제8항에서 "금융위원회가 정하여 고시하는 기준"이란 신용정보제공 · 이용자등이 다음 각 호의 어느 하나에 해당하지 않는 경우를 말한다.

1. 영 제5조제2항제1호에 따른 은행, 같은 조 제8호에 따른 금융투자업자(투자중개업자에 한한다), 같은 조 제15호에 따른 보험회사, 같은 조 제16호에 따른 여신전문금융회사(신용카드업자에 한한다)인 경우에는 개인신용정보를 처리하는 자로서 다음 각 목에 모두 해당하는 경우

   가. 직전연도 말 기준 자산총액이 10조원 이상인 경우

---

16) 자세한 내용은 "정보전송요구권" 부분(170페이지 이하) 참고.

17) 신용정보법에서는 "거점중계기관"에 대한 정의규정을 두고 있지는 아니하고 마이데이터 가이드라인에서 그 의미를 정의하고 있다.

나. 직전년도 말 기준 해당 업권 전체가 보유하고 있는 개인신용정보의 총 수에서 당해 회사가 보유하고 있는 개인신용정보의 비율(이하 "시장점유율"이라 한다)이 다음의 어느 하나에 해당하는 경우

　1) 시장점유율이 자기보다 높은 자의 시장점유율과 자기의 시장점유율을 합하여 100분의 90 이하인 경우

　2) 해당 회사 단독으로 시장점유율이 100분의 5 이상인 경우

다. 자신의 정보처리 업무를 제3자에게 위탁하거나 자신의 정보처리 업무를 제3자와 공동으로 수행하지 않는 경우

2. 「전기통신사업법 시행령」 제37조의6제1항에 따른 이동통신서비스를 제공하는 전기통신사업자로서 같은 법 시행령 제58조제1항제3호에 따른 "전기통신이용자" 수가 직전연도 말 기준 해당 업권 전체 전기통신이용자의 100분의 15 이상인 경우

3. 법 제2조제5호에 따른 신용정보회사에 해당하는 경우. 다만, 신용조사회사는 제외한다.

4. 법 제2조제9호의3에 따른 본인신용정보관리회사에 해당하는 경우. 다만, 제1호에 따른 금융투자업자가 「상법」에 따라 설립된 주식회사 코스콤에 자신의 정보처리 업무를 위탁한 경우는 제외한다.

신용정보주체로부터 정보전송요구를 받은 일부 정보제공자의 경우에는 직접 정보를 전송하는 것이 아니라 중계기관을 통해서 정보를 전송하는 것이 가능하다. 이는 API방식을 통해 정보를 전송하는 경우 상당한 비용이 투입되어야 하는데, 규모가 작은 금융회사나 보유하고 있는 개인신용정보의 양이 많지 않은 금융회사의 경우에는 이러한 의무가 지나친 부담으로 작용하기 때문이다. 따라서, 자산총액, 보유하고 있는 개인신용정보의 양 등을 고려하여 규모가 크지 않은 중소형 금융회사등은 중계기관을 이용하여 정보를 전송하는 것이 가능하다.

구체적인 정보전송절차를 살펴보면, 금융회사와 중계기관 간에는 API규격에 따를 필요없이 상호협의한 방식으로 정보를 주고받고 중계기관과 마이데이터사업자 간에만 API방식을 통해 정보를 주고받는다.

다. 정기적 전송

앞서 설명한 바와 같이, 신용정보주체는 정보전송요구권을 행사하면서 정기적

전송을 요구하는지 여부 및 주기를 선택할 수 있다.

다만, 마이데이터 가이드라인에서는 마이데이터사업자에 대한 정기적 전송의 주기를 주 1회 이하로 한정하고 있다. 예를 들어, 고객이 마이데이터 앱에 가입하면서 정기적 전송을 선택하는 경우에는 고객의 요청이 없는 경우에도 1주 간격으로 정기적으로 정보를 전송받을 수 있으나 그보다 짧은 주기로 정보를 전송받는 것은 불가능하다. 한편, 마이데이터 가이드라인에서 이 주기는 임시적인 것이며 향후 더 짧아질 수 있다고 설명하고 있으므로, 추후 허용되는 주기가 변할 수 있다.

라. 정보전송 기간

신용정보주체가 정보전송요구권을 행사하여 정보제공자에게 자신의 개인신용정보를 마이데이터사업자에게 전송할 것을 요구하는 경우, 전송요구기간(전송요구 종료시점)을 얼마로 하여야 할지에 대해 법에서 제한을 두고 있지는 아니하다. 그러나 마이데이터 가이드라인에서 최대 1년의 기간까지 개인신용정보의 전송을 요구할 수 있으며, 1년 이내에서 고객이 정한 정보전송 요구의 종료시점이 지나면 개인신용정보 전송을 다시 요구하여야 한다고 정하고 있다. 따라서 신용정보주체가 별도의 의사표시를 하지 않는다면 마이데이터 서비스에서의 전송요구는 1년 후에 종료된다고 생각하여야 한다.

◈ 참고

마이데이터 2.0 추진방안에서, 이용자가 가입 유효기간을 1년에서 최대 5년까지 선택할 수 있도록 하겠다는 내용이 있는데, 이는 최대 전송요구기간을 5년까지 늘리겠다는 의미이다. 따라서 추진방안이 실행된다면 전송요구기간이 최대 5년으로 늘어날 것이다.

다만, 이용자가 6개월간 접속하지 않는 경우에는 정기적인 정보 전송을 중단하고 1년 동안 접속하지 않는 경우에는 이용자 정보를 삭제하여야 한다는 내용도 담고 있으므로 최대 전송요구기간이 늘어나는 대신 파기정책이 좀 더 복잡해질 것으로 보인다.

---

2) 마이데이터사업자의 행위규칙(법 제22조의9)

신용정보법에서는 마이데이터사업자가 준수하여야 하는 행위규칙을 두고 있다. 즉, 마이데이터사업자라면 이 내용을 반드시 지켜야 한다는 규칙을 정해놓고 있다. 따라서, 이 부분의 내용을 제대로 이해한다면 마이데이터 서비스와 관련한 전반적인 내용을 이해하는 데 큰 도움이 될 터인데 그 내용이 상당히 많다. 이어서 설명하는 내용이 주요 행위규칙이므로 잘 알아두어야 한다.[18]

가. 이해상충 방지 내부관리규정 마련(법 제22조의9 제2항)

신용정보법 제22조의9(본인신용정보관리회사의 행위규칙) ② 본인신용정보관리회사는 제11조제6항에 따른 업무 및 제11조의2제6항제3호에 따른 업무를 수행하는 과정에서 개인인 신용정보주체와 본인신용정보관리회사 사이에 발생할 수 있는 이해상충을 방지하기 위한 내부관리규정을 마련하여야 한다.

신용정보법 시행령 제18조의6(본인신용정보관리회사의 행위규칙 등) ② 법 제22조의9제2항에 따른 내부관리규정에 포함돼야 할 세부 사항은 <u>금융위원회가 정하여 고시한다.</u>

신용정보업감독규정 제23조의3(본인신용정보관리회사의 행위규칙 등) ② 영 제18조의6제2항에 따라 내부관리규정에 포함되어야 할 사항은 다음 각 호의 사항을 말한다.
1. 개인신용정보 수집 · 처리의 기록과 보관에 관한 사항
2. 개인신용정보 관리체계의 구성 및 운영절차에 관한 사항
3. 금융소비자(「금융소비자 보호에 관한 법률」제2조에 따른 금융소비자를 말한다. 이하 이 호에서 같다)와의 이해상충이 발생할 수 있는 행위 발생 방지에 관한 사항(금융소비자의 이익에 부합하는 금융상품 추천 · 권유 알고리즘 운영 및 점검에 관한 사항을 포함한다)
4. 개인인 신용정보주체의 신용정보를 편향 · 왜곡하여 분석하지 않도록 방지하기 위한 사항
5. 다음 각 목의 사항을 포함한 임직원이 임무를 수행할 때 준수하여야 하는 절차에 관한 사항
   가. 임직원의 내부관리기준 준수 여부를 확인하는 절차 · 방법
   나. 불공정행위, 금지 및 제한 사항의 위반을 방지하기 위한 절차나 기준에 관한 사항
6. 개인신용정보 관리계획 및 임직원에 대한 교육계획 수립 · 운영에 관한 사항

---

18) 일부 내용은 이미 앞 부분에서 설명하였다(179페이지 이하 참고).

마이데이터사업자는 개인신용정보 통합조회 서비스뿐만 아니라 투자자문·투자일임업, 신용정보업, 대출중개주선업 등과 같은 겸영업무 또는 부수업무에 속하는 서비스도 제공할 수 있다. 그런데, 이러한 서비스를 제공하는 과정에서 신용정보주체와 마이데이터사업자 간에 이해상충이 발생할 가능성이 상당하다. 예를 들어, 마이데이터사업자가 고객에게 적합한 보험을 추천해주는 서비스를 제공하고자 한다면, 고객은 자신에게 가장 적합한 보험상품을 소개받고 싶어하는 반면 사업자는 계열회사인 보험사의 상품을 추천해주고 싶어하는 의도가 생길 수 있다.

따라서 마이데이터사업자는 겸영업무 또는 부수업무를 제공하는 과정에서 신용정보주체와 발생할 수 있는 이해상충을 방지하기 위한 내부관리규정을 마련하여야 한다.[19)]

나. 스크린 스크래핑 금지(법 제22조의9 제3항)

> **신용정보법 제22조의9(본인신용정보관리회사의 행위규칙)** ③ 본인신용정보관리회사는 다음 각 호의 수단을 <u>대통령령으로 정하는 방식</u>으로 사용·보관함으로써 신용정보주체에게 교부할 신용정보를 수집하여서는 아니 된다.
>
> 1. 대통령령으로 정하는 신용정보제공·이용자나 「개인정보 보호법」에 따른 공공기관으로서 대통령령으로 정하는 공공기관 또는 본인신용정보관리회사(이하 이 조 및 제33조의2에서 "신용정보제공·이용자등"이라 한다)가 선정하여 <u>사용·관리하는 신용정보주체 본인에 관한 수단</u>으로서 「전자금융거래법」 제2조제10호에 따른 접근매체
>
> **신용정보법 시행령 제18조의6(본인신용정보관리회사의 행위규칙 등)** ③ 법 제22조의9제3항 각 호 외의 부분에서 "대통령령으로 정하는 방식"이란 같은 항 각 호의 수단(이하 "접근수단"이라 한다)을 다음 각 호의 어느 하나에 해당하는 방법을 통해 위임·대리·대행, 그 밖에 이와 유사한 방식으로 신용정보주체의 이름으로 열람하는 것을 말한다.
> 1. 접근수단을 직접 보관하는 방법
> 2. 개인인 신용정보주체의 접근수단에 접근할 수 있는 권한을 확보하는 방법
> 3. 접근수단에 대한 지배권, 이용권 또는 접근권 등을 사실상 확보하는 방법

---

19) 허가신청시 제출하여야 하는 문서 중 하나이기도 하다.

마이데이터사업자는 전자금융거래법상의 접근매체를 이용하여 정보를 수집하는 것이 금지된다. 접근매체를 이용하여 정보를 수집하는 것을 흔히 스크래핑이라고 부르는데, 마이데이터사업자에게는 스크래핑을 통한 정보수집이 금지된다.

이때, 스크래핑이 금지되는 업무범위를 특정하는 것이 매우 중요하다.

해당 규정을 자구 그대로 해석한다면 마이데이터 라이선스를 받은 금융회사는 회사가 수행하는 모든 업무에 대해 스크래핑을 할 수 없다고 해석된다. 그러나, 금융감독당국은 본인신용정보관리회사가 고객의 정보전송요구권에 근거하여 고객에게 '신용정보를 교부할 목적'인 경우 스크래핑 방식의 수집이 금지되는 것이지 신용정보 교부 목적과 무관한 대출 심사 등 본래의 금융회사 업무를 위한 개인신용정보 수집은 스크래핑 방식이 허용된다고 설명하고 있다. 즉, 마이데이터 서비스와 관련한 정보의 수집에 한해서만 스크래핑 방식이 금지되는 것이다.

당연한 이야기지만 신용정보법에서 마이데이터사업자에 한해서만 스크래핑이 금지된다고 정하고 있으므로 마이데이터사업자가 아닌 금융회사의 경우에는 스크래핑을 통한 정보수집이 금지되지 않는다는 반대해석도 가능하다.

다. 정기적 전송에 대한 과금(법 제22조의9 제6항)

신용정보법 제22조의9(본인신용정보관리회사의 행위규칙) ⑥ 신용정보제공 · 이용자등은 제33조의2제4항에 따라 개인신용정보를 정기적으로 전송할 경우에는 필요한 범위에서 최소한의 비용을 본인신용정보관리회사가 부담하도록 할 수 있다.
⑦ 제4항 및 제5항의 전송의 절차 · 방법, 제6항에 따른 비용의 산정기준 등에 대해서는 대통령령으로 정한다.

신용정보법 시행령 제18조의6(본인신용정보관리회사의 행위규칙 등) ⑪ 법 제22조의9제7항에 따른 비용의 산정기준 등은 전송요구권 행사 대상 개인신용정보의 특성 · 처리비용 및 요청한 개인신용정보의 범위 · 양 등을 고려하여 금융위원회가 정하여 고시한다.

신용정보업감독규정 제23조의4(개인신용정보 전송에 따른 비용의 산정기준) ① 종합신용정보집중기관은 영 제28조의4에 따른 개인신용정보 전송에 관한 협의회(이하 '협의회'라 한다) 논의를 거쳐 영 제18조의6제11항에 따른 비용의 산정기준 등을 정한다.

② 종합신용정보집중기관은 제1항에 따라 비용의 산정기준 등을 마련함에 있어 다음 각 호의 사항을 반영하여야 한다.
1. 비용은 법 제33조의2제4항에 따라 개인신용정보를 정기적으로 전송하는 데 드는 적정원가를 보상할 수 있는 수준·방식으로 산정한다.
2. 제1호에 따른 적정원가는 개인신용정보 전송에 필요한 시스템 구축·운영비 등을 바탕으로 산정한다.
3. 필요한 경우 본인신용정보관리회사의 특성, 본인신용정보관리업의 단계 등을 종합적으로 고려하여 본인신용정보관리회사가 부담하여야 할 비용의 일부를 감액할 수 있다.
4. 비용 산정당시 예측할 수 없었던 불가피한 경제적 또는 경제외적 사유의 발생으로 적정원가의 현저한 증감이 있을 경우에는 증감요인을 반영하여 새로이 비용 산정을 할 수 있다.
③ 종합신용정보집중기관은 구체적 비용 항목, 비용 청구의 방식·시기 등에 대한 내부규약을 마련하여 협의회를 운영하여야 한다.
④ 종합신용정보집중기관은 협의회 논의를 거쳐 금융결제원 등 결제·정산 관련 업무의 전문성이 있는 기관으로 하여금 제1항에 따라 산정된 비용의 정산을 대행하게 하거나 지원하도록 할 수 있다.

신용정보주체가 정기적 전송을 선택하여 정보전송자가 개인신용정보를 정기적으로 전송하는 경우에는 마이데이터사업자에게 비용을 청구할 수 있다. 즉, 비정기적 전송의 경우는 정보전송자가 무상으로 정보를 전송하여야 하나 정기적 전송인 경우에는 관련한 최소한의 비용을 청구할 수 있다.

신용정보업감독규정에서 비용을 산정하는 기준을 정하고 있으나 구체적 비용 항목, 비용 청구의 방식·시기 등에 대한 내부규약은 종합신용정보집중기관이 협의회의 논의를 거쳐 마련·운영하여야 한다(감독규정 제23조의4).

현재 2023년도 과금에 대해서만 정해진 상태인데, ① 전체 호출량 중 정기적 전송 비중은 22%이고 ② 마이데이터 과금액은 '정기적 전송' 데이터 비율과 투입된 비용 원가를 토대로 282억원으로 책정하였으며, ③ 과금액을 '전체 API 호출 성공건수 비중'을 기준으로 마이데이터사업자에게 배분하였다. 한편, 중소형 사업자(직전 3년 매출액 80억원 미만이거나, 서비스 시행일 기준 1년 이내)에 대해서는 과금액의 50%를 감액하기로 하였다.

라. 적요정보 등의 처리제한(감독규정 제23조의3 제1항)

> **신용정보업감독규정 제23조의3(본인신용정보관리회사의 행위규칙 등) 제1항**
>
> 9. 다음 각 목의 어느 하나에 해당하는 정보를 신용정보주체 본인 조회·분석 목적 이외의 목적으로 이용하거나 제3자에게 제공하는 행위
>
>   가. 제3조의3제2항 각 호의 정보
>
>   > 1. 법 제2조제9호의2가목에 따른 신용정보로서 거래유형, 거래 상대방명(법인인 경우에는 법인의 상호 또는 명칭을 말한다) 등 신용정보주체의 계좌 거래내역
>   > 2. 제1호와 유사한 정보로서 신용정보주체 및 거래상대방이 금융거래시 신용정보주체의 계좌 거래내역으로 기록한 정보
>
>   나. 만 19세 미만 신용정보주체의 개인신용정보

마이데이터사업자가 정보전송요구권에 의해 전송받은 정보 중 적요정보 및 만 19세 미만 신용정보주체의 개인신용정보는 통합조회 목적 외의 목적으로 이용하는 것이 불가하며 제3자에게 제공하는 것도 금지된다.

적요정보의 경우에는 엄격한 제한을 두고 있으므로 함부로 사용할 수 없다는 점을 꼭 기억해두도록 하자.

3) 전송받은 개인신용정보의 삭제

신용정보법에서는 마이데이터 서비스에서의 개인신용정보 삭제에 대해 별도로 정하고 있지 않다. 그러나 금융감독당국은 마이데이터 가이드라인을 통해 다음과 같은 엄격한 삭제의무를 부여하고 있다.

- 고객이 더 이상 마이데이터 서비스 이용을 원하지 않아 서비스 탈퇴(회원탈퇴)를 요청할 경우, 마이데이터사업자는 서비스 탈퇴와 동시에 모든 전송요구를 철회하고 해당 고객의 개인신용정보를 즉시 모두 삭제하여야 한다.
- 고객이 개인신용정보의 전송요구를 철회하는 경우 수집한 개인신용정보가 삭제되는 것이 아님을 알리고 고객 필요에 따라 개인신용정보 삭제를 할 수 있도

록 화면을 제공하여야 한다. 고객이 삭제를 요청하는 경우 해당 고객의 개인신
용정보를 즉시 삭제하여야 한다.

- 고객이 최초 정보전송요구 시 특정한 개인신용정보 보유기간이 지났을 경우 또
는 고객이 명시적으로 삭제를 요구할 경우 수집한 개인신용정보를 삭제하여야
한다.

신용정보법에서의 파기기준은 상거래관계 종료일로부터 최장 5년(필수적 정보)이
므로 마이데이터 가이드라인과 불일치하는 면이 있다. 마이데이터 서비스도 상거래
의 하나라고 본다면 서비스 종료일로부터 최장 5년까지 보관이 가능하다고 해석할
수 있기 때문이다. 사견이지만 마이데이터 서비스는 신용정보주체의 모든 개인신용
정보가 한 곳에 모일 수 있는 것이므로 그 위험성을 고려하여 보다 엄격한 기준을 둔
것이라고 생각된다.

4) 자본금 감소 등의 신고의무, 조회시스템 구축의무 등

마이데이터사업자에게는 자본금 감소 등의 사항 변경시 신고 또는 보고의무(법
제8조 제1항), 조회시스템 구축의무(법 제35조 제1항), 전송내역 기록 작성 및 보관의무
(시행령 제18조의6 제10항), 신용정보주체에게 전송 기록을 통지할 의무(시행령 제18조의
6 제10항), 손해배상책임 이행을 위한 책임보험 또는 준비금 적립 의무(법 제43조의3)
등이 부여된다. 놓치기 쉬운 내용이므로 회사에서 마이데이터 서비스를 제공하고 있
다면 또는 제공할 예정이라면 이 의무들을 준수하고 있는지에 대해서도 살펴볼 필요
가 있다.

- 자본금 감소 등의 사항 변경시 신고 또는 보고의무

신용정보법 제8조(신고 및 보고 사항) ① 신용정보회사, 본인신용정보관리회사 및 채권
추심회사가 제4조제2항에 따라 허가받은 사항 중 대통령령으로 정하는 사항을 변경하려
면 미리 금융위원회에 신고하여야 한다. 다만, 대통령령으로 정하는 경미한 사항을 변경

하려면 그 사유가 발생한 날부터 7일 이내에 그 사실을 금융위원회에 보고하여야 한다.

신용정보법 시행령 제8조(신고 및 보고 사항)

신고사항: 자본금 또는 기본재산의 감소, 상호 등 정관의 변경

보고사항: 대표자 및 임원의 변경, 법령의 개정 내용을 반영하거나 법령에 따라 인가 · 허가받은 내용을 반영하는 사항, 정관의 실질적인 내용이 변경되지 아니하는 조문체계의 변경, 자구(字句) 수정 등에 관한 사항

- 조회시스템 구축의무

신용정보법 제35조(신용정보 이용 및 제공사실의 조회) ① 신용정보회사등은 개인신용정보를 이용하거나 제공한 경우 대통령령으로 정하는 바에 따라 다음 각 호의 구분에 따른 사항을 신용정보주체가 조회할 수 있도록 하여야 한다.

신용정보법 시행령 제30조 (신용정보 이용 및 제공사실의 조회 등) 제1항

1. 신용정보회사등으로서 다음 각 목의 어느 하나에 해당하는 자의 경우: 신용정보주체가 조회사항을 편리하게 확인할 수 있도록 하기 위한 개인신용정보조회시스템을 구축하고, 인터넷 홈페이지 등에 그 개인신용정보조회시스템을 이용하는 방법 및 절차 등을 게시하는 방법

   마. 본인신용정보관리회사

- 전송내역 기록 작성 및 보관의무, 전송기록 통지의무

신용정보법 시행령 제18조의6 (본인신용정보관리회사의 행위규칙 등) ⑩ 법 제22조의9 제4항 및 제5항에 따라 개인신용정보를 전송한 신용정보제공 · 이용자등과 개인신용정보를 전송받은 중계기관 및 본인신용정보관리회사는 <u>전송내역에 대한 기록을 작성하고 보관해야 하며, 본인신용정보관리회사는 전송받은 신용정보내역에 관한 기록을 신용정보주체에게 연 1회 이상 통지해야 한다.</u>

- 손해배상책임 이행을 위한 책임보험 또는 준비금 적립 의무

신용정보법 제43조의3(손해배상의 보장) 대통령령으로 정하는 신용정보회사등은 제43조에 따른 손해배상책임의 이행을 위하여 금융위원회가 정하는 기준에 따라 보험 또는 공제에 가입하거나 준비금을 적립하는 등 필요한 조치를 하여야 한다.

> **신용정보법 시행령 제35조의9(손해배상 책임의 이행을 위한 보험 등 가입의무가 있는 신용정보회사등의 범위)** 법 제43조의3에서 "대통령령으로 정하는 신용정보회사등"이란 다음 각 호의 자 중에서 금융위원회가 정하여 고시하는 자를 말한다.
>
> 2의2. 본인신용정보관리회사
>
> **신용정보업감독규정 제43조의9(손해배상책임의 이행을 위한 보험 등 가입 기준) 제1항**
> 2. 전문개인신용평가회사, 기업신용조회회사, <u>본인신용정보관리회사</u>, 영 제2조제6항제7호나목, 바목, 사목, 더목, 버목, 서목(정리금융회사는 제외한다), 같은 호 어목 중 지방은행, 외국은행의 국내지점, 같은 호 저목(명의개서대행회사는 제외한다)의 자 및 영 제21조제2항제9호에 해당하는 자: <u>10억원</u>

 관련 법령해석 및 Q&A

정보전송요구권 및 마이데이터와 관련해서는 마이데이터 기술 가이드라인, 마이데이터 서비스 가이드라인 및 금융감독당국 법령해석 등 다양한 법령해석이 존재한다. 그중 실무상 반드시 알아야 하는 내용만을 추려서 정리하였다.[20] 법에서 정하고 있는 내용이 아닌 규제기관의 해석이므로 향후 변경될 가능성이 있다는 점도 주의하여야 한다.

[마이데이터의 정보전송 관련]
- 마이데이터업 허가가 없는 경우 마이데이터업의 고유업무인 통합조회서비스를 제공할 수 없는 것이지 정보전송요구권에 기해 정보를 수집하여 기존에 영위하던 금융업에 활용하는 것은 가능하다.
- 마이데이터사업자는 마이데이터 서비스와 관련한 정보전송에 대해서만 API를 통해 정보를 수집하여야 하는 것이지 제3자 제공 동의 등 법에서 허용한 기존의 정보수집 방법을 이용하는 것에 대해서는 아무런 제약이 없다.
  ⇨ 정보전송요구권은 2020. 8. 5. 시행된 신용정보법에서 새로 도입된 개념이므로 기존

---

20) 일부 내용은 앞에서 언급한 내용과 중복되나 복습한다는 의미에서 한 번 더 기재하였다.

에 있었던 제3자 제공 동의 등에 영향을 미치지 아니한다는 의미이다.

- 마이데이터사업자도 정보제공자로서의 정보전송의 책임이 있는데, 전송항목의 범위에 "다른 기관으로부터 전송요구에 의하여 수집한 정보"는 포함되지 않는다.

  ⇨ 마이데이터사업자가 보유 중인 정보의 대부분은 정보전송요구권에 기해 다른 금융회사에서 전송받은 정보일 것이므로 마이데이터사업자가 정보제공자로서 전송할 수 있는 정보의 양은 얼마되지 아니할 것이다. 물론 마이데이터사업자가 다른 금융서비스도 제공하는 회사라면 그 서비스에 따른 개인신용정보는 전송대상에 해당하나 엄밀히 말하면 이는 마이데이터사업자로서의 전송이 아닌 신용정보제공·이용자로서의 전송이 된다.

- 중계기관을 이용하여 개인신용정보를 전송할 경우 해당 개인신용정보를 중계기관에서 저장·보관할 수는 없다.

  ⇨ 소규모 금융회사들이 미리 중계기관에 고객 정보를 저장해놓고 중계기관이 알아서 정보를 전송하는 것은 불가능하다는 의미이다. 즉, 매 전송요구시마다 소규모 금융회사가 전송요구를 받아서 전송대상인 정보를 중계기관에 전달하고 중계기관은 자체 API를 통해 정보를 전송한 후 즉시 해당 정보를 삭제하여야 한다.

- 마이데이터사업자는 전송받은 신용정보내역에 관한 기록을 신용정보주체에게 연 1회 이상 통지하여야 하는데, 이 경우 탈회 고객에 대하여도 통지하여야 한다. 다만, 탈회 전 통지를 하였고 연 1회 통지 요건을 충족한 경우 추가 통지할 필요는 없다.

- 정보제공자가 API시스템 구축 및 운영업무를 제3자에게 위탁하는 것은 가능하나 수탁사가 다수의 정보제공자와 위수탁관계를 맺어 동일한 인터페이스로 다수의 마이데이터사업자에게 개인신용정보를 전송하는 형태는 불가하다. 개별 위탁자마다 별도의 전용시스템을 구축하여야 한다.

  ⇨ 정보제공자와 마이데이터사업자 간에는 각각 개별적으로 API라는 전용통로가 있어야 한다는 점을 기억한다면 쉽게 이해되는 해석이다. 그 전용통로를 만드는 업무를 수탁회사가 대신 수행할 수는 있으나 수탁회사가 하나의 통로를 만들어놓고 다수의 정보제공자(금융회사)가 그 통로를 이용하는 것은 불가능하다.

[마이데이터 서비스 운영 관련]

- 타 금융그룹과의 제휴가 어려운 상황이어서 자사 또는 소속 금융그룹 계열사의 금융상품만을 추천하는 방식의 영업만 가능한 경우 소비자와의 이해상충 방지 등 본인신용정보관리회사의 행위규칙을 준수하는 범위 내라면 가능하다.
- 전용 앱이 아닌 뱅킹 앱 등 별도 서비스의 인앱(in-app) 형태로 마이데이터 서비스를 제공하는 경우에도 별도의 마이데이터 서비스 회원가입 및 탈퇴 절차가 필요하다.
- 마이데이터사업자가 아닌 경우 직접 통합조회 서비스를 제공하는 것은 불가능하나 마이데이터사업자와의 제휴를 통해 자신의 서비스 채널에서 마이데이터사업자가 제공하는 개인신용정보 통합조회 화면을 보여주는 것은 가능하다.
  ⇨ 단순히 마이데이터사업자의 화면만 보여주는 것이므로 화면을 변경하거나 관련 데이터를 처리하는 것은 금지된다.
- 마이데이터사업자가 주민등록번호를 처리하는 것은 가능하다.

> **신용정보법 시행령 제37조의2(민감정보 및 고유식별정보의 처리)** ⑤ 본인신용정보관리회사는 개인인 신용정보주체의 신용정보를 통합하여 신용정보주체 본인에게 제공하기 위해 불가피한 경우 개인식별번호가 포함된 자료를 처리할 수 있다. 다만, 개인식별번호를 개인으로부터 직접 수집하는 경우에는 그 개인의 동의를 받아야 한다.

[마이데이터 정보활용 관련]

- 마이데이터 서비스를 통해 수집한 정보를 신용정보주체의 동의를 받아 제3자에게 제공하는 것은 가능하나 제3자 제공(1차) 이후 제3자가 다른 기관으로의 재제공(2차)은 불가하다.
  ⇨ 이 부분은 법률적인 해석이라고 보기에는 무리가 있다. 법률적으로는 신용정보주체로부터 제3자 제공 동의만 제대로 받는다면 계속 재제공한다고 하여도 적법한 제공이 되기 때문이다. 마이데이터사업자가 통합관리 및 데이터분석 업무를 주 업무로 하지 아니하고 정보의 수집 및 판매(제3자 제공)를 주 업무로 할 우려로 인해 이러한 제한을 둔 것으로 보인다.

마이데이터 2.0 추진방안에는 정보의 제3자 제공시의 보안을 강화하기 위하여 금융보안원에 「마이데이터 안심 제공 시스템」을 구축하고 이를 통해서만 제3자 제공이 가능하도록 하겠다는 내용을 담고 있다.
실제 이러한 방식으로만 제3자 제공이 가능하게 된다면 사업자에게 상당한 불편이 따를 것이므로 향후 진행추이를 계속 확인할 필요가 있다.

- 마이데이터사업자로서 정보전송요구권에 기해 수집한 고객의 개인신용정보를 금융지주회사법 제48조의2(고객정보의 제공 및 관리)에 따라 고객 동의없이 계열사간에 제공하는 것은 불가능하다.

  ⇨ 마이데이터사업자가 자주 하는 질의 중 하나이고 금융위원회가 여러 번 법령해석을 한 바 있다. 법령해석에 따르면 마이데이터사업자가 수집한 개인신용정보는 금융지주회사등 외 타 금융회사 등으로부터 취득한 고객의 원천정보이므로 금융지주회사법 제48조의2의 적용대상인 "고객정보"에 해당하지 않는다.[21]

- 정보전송요구에 따라 수집한 정보를 통합조회 서비스의 이용 목적 외의 다른 목적으로 이용하고자 할 경우에는 별도의 전송요구가 아닌 별도의 선택 동의를 받아야 한다.

  ⇨ 전송요구서의 "전송을 요구하는 목적" 부분에 다른 목적을 추가 기재하는 것이 아니라 별도의 수집·이용 동의(선택 동의)을 받아야 한다는 의미이다. 실무상으로는 실수하지 말아야 하는 부분이다.

- 표준 전송요구서 및 표준 수집·이용동의서상에 목적으로 기재되어 있는 "본인신용정보 통합조회, 데이터분석 서비스"에는 '금융상품추천 및 마케팅 서비스'는 포함되지 않는다. 따라서 이와 같은 서비스를 제공하려는 경우에는 별도의 선택 동의를 받아야 한다.

- 마이데이터 서비스를 위한 표준 전송요구서를 변경하고자 하는 경우 고객에게 유리한 경우에 한하여 가능하며, 변경시 고객에게 유리하다는 점은 마이데이터사업자가 증명하여야 한다.

  ⇨ 마이데이터 서비스 가이드라인의 부록 부분에 "알고하는 동의"라는 파트가 있는데, 이 부분에 표준 전송요구서 양식이 수록되어 있다. 현재 마이데이터사업자는 이 양식을 그대로 활용하고 있는데, 고객에게 유리한 변경의 경우에만 표준 양식을 변경할 수 있

---

21) 금융위원회, 법령해석 회신문(210380).

다는 해석이다.

- 마이데이터업 허가를 받기 전에 수집한 개인신용정보에 대해서도 수집 당시 동의를 받은 수집 목적에 마이데이터 업무에 활용하는 것이 포함되어 있다면 계속 이용하는 것이 가능하다.

  ⇨ 신용정보법에서 마이데이터업이 도입되기 이전부터 "마이데이터 업무에 활용"이라는 목적을 기재하고 동의를 받았을 가능성은 없으므로 "본인신용정보 통합조회, 데이터 분석 서비스의 이용"과 같이 해석상 마이데이터 업무에 활용하는 것으로 보이는 목적을 기재한 경우를 의미하는 것으로 보아야 한다.

- 마이데이터 서비스를 통해 수집한 개인신용정보에 대해, 채권추심 목적으로 정보를 활용하는 것에 대한 신용정보주체의 별도 동의를 받은 경우라도 본래 영위하는 업무의 채권추심 목적으로 활용하는 것은 불가능하다.[22]

  ⇨ 신용정보법에서는 채권추심업과 마이데이터업의 겸영을 허용하고 있지 않다(제11조 제6항 및 제7항). 이러한 취지를 고려한다면 추심업무를 수행할 수 있는 금융회사라고 할지라도 신용정보주체의 이익에 반하여 마이데이터업을 통해 취득한 개인신용정보를 본래 영위하는 업무의 채권추심 목적으로 활용할 수는 없다고 보아야 한다.

- 본업의 데이터와 마이데이터 사업을 통해 수집한 고객 데이터를 결합하여 분석하는 것이 가능한지 여부는 그 목적, 결합 대상 정보, 결합 및 분석의 수준 등이 다양할 것이므로 일률적으로 판단하기 어려우며 Case by Case로 가능여부를 판단하여야 한다.

◈ 참고

〈개인정보 보호법에서의 정보전송요구권 및 마이데이터〉

2023. 3. 14. 공포된 개정 개인정보 보호법에 정보전송요구권이 도입되었다. 또한 정보전송요구권 행사 지원 및 개인정보의 관리·분석 업무 등을 수행하는 개인정보관리 전문기관이라는 개념도 도입하였다. 이는 개인신용정보뿐만 아니라 일반 개인정보에 대해서도 정보주체가 자신의 정보의 이동을 요구할 수 있는 권리를 보장하는 것이고 더 나아가 모든 개인정보에 대한 마이데이터 서비스가 가능하게 해주는 변화라고 할 수 있다.

---

22) 금융위원회, 법령해석 회신문(210134).

아직 대통령령이 확정되지 아니하여 구체적인 내용이 정해지지 아니하였고 시행일도 "공포 후 1년이 경과한 날부터 공포 후 2년이 넘지 아니하는 범위에서 대통령령으로 정하는 날"로 되어 있어서 시행일조차 확정되지 아니한 상태이다. 따라서, 향후 개인정보 보호법에서의 정보전송요구권과 마이데이터 서비스가 어떻게 정해지는지에 대해 계속 확인할 필요가 있다.

> **개인정보 보호법 제35조의2(개인정보의 전송 요구)** ① 정보주체는 개인정보 처리능력 등을 고려하여 대통령령으로 정하는 기준에 해당하는 개인정보처리자에 대하여 다음 각 호의 요건을 모두 충족하는 개인정보를 자신에게로 전송할 것을 요구할 수 있다.
>
> 1. 정보주체가 전송을 요구하는 개인정보가 정보주체 본인에 관한 개인정보로서 다음 각 목의 어느 하나에 해당하는 정보일 것
>   가. 제15조제1항제1호, 제23조제1항제1호 또는 제24조제1항제1호에 따른 동의를 받아 처리되는 개인정보
>   나. 제15조제1항제4호에 따라 체결한 계약을 이행하거나 계약을 체결하는 과정에서 정보주체의 요청에 따른 조치를 이행하기 위하여 처리되는 개인정보
>   다. 제15조제1항제2호·제3호, 제23조제1항제2호 또는 제24조제1항제2호에 따라 처리되는 개인정보 중 정보주체의 이익이나 공익적 목적을 위하여 관계 중앙행정기관의 장의 요청에 따라 보호위원회가 심의·의결하여 전송 요구의 대상으로 지정한 개인정보
> 2. 전송을 요구하는 개인정보가 개인정보처리자가 수집한 개인정보를 기초로 분석·가공하여 별도로 생성한 정보가 아닐 것
> 3. 전송을 요구하는 개인정보가 컴퓨터 등 정보처리장치로 처리되는 개인정보일 것
> ② 정보주체는 매출액, 개인정보의 보유 규모, 개인정보 처리 능력, 산업별 특성 등을 고려하여 대통령령으로 정하는 기준에 해당하는 개인정보처리자에 대하여 제1항에 따른 전송 요구 대상인 개인정보를 기술적으로 허용되는 합리적인 범위에서 다음 각 호의 자에게 전송할 것을 요구할 수 있다.
> 1. 제35조의3제1항에 따른 개인정보관리 전문기관
> 2. 제29조에 따른 안전조치의무를 이행하고 대통령령으로 정하는 시설 및 기술 기준을 충족하는 자
>
> **개인정보 보호법 제35조의3(개인정보관리 전문기관)** ① 다음 각 호의 업무를 수행하려는 자는 보호위원회 또는 관계 중앙행정기관의 장으로부터 개인정보관리 전문기관의 지정을 받아야 한다.
> 1. 제35조의2에 따른 개인정보의 전송 요구권 행사 지원

2. 정보주체의 권리행사를 지원하기 위한 개인정보 전송시스템의 구축 및 표준화

3. 정보주체의 권리행사를 지원하기 위한 개인정보의 관리 · 분석

4. 그 밖에 정보주체의 권리행사를 효과적으로 지원하기 위하여 대통령령으로 정하는 업무

제2장 동의서 작성원칙과 정보활용 동의등급제도

신용정보법 및 개인정보 보호법에서는 개인(신용)정보 처리 동의를 받을 시 갖추어야 할 형식적인 요건에 대해 정하고 있다.

본 장에서는 동의서 작성시 고려해야 하는 사항을 총정리하여 설명할 예정이다. 따라서 불가피하게 앞서 설명된 내용과 중복되는 내용이 있을 수 있다는 점을 미리 알리고자 한다.

1 동의서 작성원칙

개인신용정보 처리 동의를 받을 때에는 신용정보주체에게 일정한 사항을 알리고 동의를 받아야 한다. 그 알려야 하는 사항을 정리하면 다음과 같다.

표 14 동의유형별 고지해야 하는 항목 정리

동의유형	고지항목
개인신용정보 수집 · 이용 동의	1. 개인신용정보의 수집 · 이용 목적 2. 수집하려는 개인신용정보의 항목 3. 수집된 개인신용정보의 보유 · 이용 기간 4. 동의를 거부할 권리가 있다는 사실 및 동의 거부에 따른 불이익이 있는 경우에는 그 불이익의 내용[23]

---

23) 신용정보업감독규정 [별표 4의2] 「신용정보 관리기준」에서는 1.~4.에 더하여 동의와 관련하여 녹취를 할 경우 녹취사실, 영 제17조의2 제5항에 따른 금융거래 등 상거래관계가 종료된 날에 관한 사항도 알려야 한다고 정하고 있다. 이를 포함한다면 총 6가지 항목을 고지해야 한다.

개인신용정보 제3자 제공 동의	1. 개인신용정보를 제공받는 자 2. 개인신용정보를 제공받는 자의 이용 목적 3. 제공하는 개인신용정보의 내용 4. 개인신용정보를 제공받는 자(개인신용평가회사, 개인사업자신용평가회사, 기업신용조회회사 및 신용정보집중기관은 제외한다)의 정보 보유 기간 및 이용 기간 5. 동의를 거부할 권리가 있다는 사실 및 동의 거부에 따른 불이익이 있는 경우에는 그 불이익의 내용[24]
개인신용정보 조회동의	1. 개인신용정보를 제공하는 자 2. 개인신용정보를 제공받는 자의 이용 목적 3. 제공받는 개인신용정보의 항목 4. 개인신용정보를 제공받는 것에 대한 동의의 효력기간 5. 동의를 거부할 권리가 있다는 사실 및 동의 거부에 따른 불이익이 있는 경우에는 그 불이익의 내용
금융거래정보 제공동의[25]	1. 거래정보등을 제공받을 자 2. 거래정보등을 제공할 금융회사등 3. 제공할 거래정보등의 내용 및 범위 4. 거래정보등의 제공 목적 5. 동의를 거부할 수 있다는 사실 및 동의 거부에 따른 불이익이 있는 경우에는 그 불이익의 내용 6. 동의서의 작성연월일 7. 동의서의 유효기간
개인(신용)정보 국외이전 동의[26]	1. 이전되는 개인정보 항목 2. 개인정보가 이전되는 국가, 시기 및 방법 3. 개인정보를 이전받는 자의 성명(법인인 경우에는 그 명칭과 연락처를 말한다) 4. 개인정보를 이전받는 자의 개인정보 이용목적 및 보유 · 이용 기간 5. 개인정보의 이전을 거부하는 방법, 절차 및 거부의 효과

---

24) 신용정보업감독규정 [별표 4의2] 「신용정보 관리기준」에서는 1.~5.에 더하여 동의와 관련하여 녹취를 할 경우 녹취사실, 영 제17조의2 제5항에 따른 금융거래 등 상거래관계가 종료된 날에 관한 사항도 알려야 한다고 정하고 있다. 이를 포함한다면 총 7가지 항목을 고지해야 한다.
25) 금융실명법 시행령 제8조 제1항.
26) 개인정보 보호법 제28조의8 제2항.

신용정보법 제34조의2에서 동의를 받을 시의 형식적인 요건에 대해 정하고 있는데, 그 내용은 다음과 같다.

① 동의시 고지하여야 하는 사항 중 그 일부를 생략하거나 중요한 사항만을 발췌하여 신용정보주체에게 알리고 동의를 받는 것이 가능하다. 다만, 이와 같이 하는 경우 동의서 내에 고지사항 전부를 별도로 요청할 수 있다는 사실을 표시하여야 하며 고객이 요청한 경우에는 지체없이 고지사항 전부를 알려주어야 한다. 또한 다음의 고지사항은 반드시 알려야 하므로 생략할 수 없다(시행령 제29조의2 제3항).

---

1. 고지사항 중 다음의 사항
   가. 「개인정보 보호법」 제15조제2항 각 호의 사항을 범주화한 사항
   나. 「개인정보 보호법」 제17조제2항제1호부터 제4호까지의 사항을 범주화한 사항
   다. 「개인정보 보호법」 제18조제3항제1호부터 제4호까지의 사항을 범주화한 사항
2. 고지사항 전부를 별도로 요청할 수 있다는 사실
3. 선택적 동의사항에 대해 부여된 정보활용 동의등급

실무적으로는 필수적 동의 부분은 요약하여 표시하고 선택적 동의 부분은 요약없이 모든 항목을 다 기재한다.

② 선택적 동의의 경우 제3자 제공을 받는 회사나 정보활용의 목적별로 동의 사항을 구분하여 신용정보주체가 개별적으로 동의할 수 있도록 하여야 한다. 즉, 제공받는 자와 이용목적을 일일이 나눠서 동의를 받아야 한다는 의미인데, 실무상으로는 이용목적은 각각 개별적으로 나눠서 동의를 받으나 하나의 목적으로 제공받는 자가 여럿인 경우에는 이는 한꺼번에 묶어서 동의를 받는 경우가 많은 것으로 보인다.

한편, 개인정보 보호법에서도 동의를 받을 시의 형식적인 요건에 대해 정하고 있다. 개인정보 보호법이 개인정보에 관한 일반법이므로 동의서 작성시에는 해당 내용도 준수하여야 한다.[27]

---

27) 업무를 하다 보면, 대부분의 금융회사가 해당 내용을 반영한 동의서를 활용하고 있으나 아직 반영하지 않은 회사도 더러 있다. 따라서 우리 회사의 동의서는 어떠한지 확인해보기 바란다.

한 권으로 끝내는 금융데이터법

개인정보 처리 방법에 관한 고시 제4조(서면 동의 시 중요한 내용의 표시 방법)

중요한 내용에 대해서는 다음의 방법을 통해 종이 인쇄물, 컴퓨터 표시화면 등 서면 동의를 요구하는 매체의 특성과 정보주체의 이용환경 등을 고려하여 정보주체가 쉽게 알아볼 수 있도록 표시하여야 한다.

1. 글씨의 크기, 색깔, 굵기 또는 밑줄 등을 통하여 그 내용이 명확히 표시되도록 할 것
2. 동의 사항이 많아 중요한 내용이 명확히 구분되기 어려운 경우에는 중요한 내용이 쉽게 확인될 수 있도록 그 밖의 내용과 별도로 구분하여 표시할 것

※ 중요한 내용이란?(시행령 제17조 제3항)

1. 마케팅 목적으로 개인정보를 이용하여 정보주체에게 연락할 수 있다는 사실
2. 처리하려는 개인정보의 항목 중 다음의 사항
   가. 민감정보
   나. 여권번호, 운전면허의 면허번호 및 외국인등록번호
3. 개인정보의 보유 및 이용 기간(제공 시에는 제공받는 자의 보유 및 이용 기간)
4. 개인정보를 제공받는 자 및 개인정보를 제공받는 자의 개인정보 이용 목적

2 정보활용 동의등급제도

2020. 8. 5. 시행된 개정 신용정보법에서부터 정보활용 동의등급제도가 도입되었다. 이는 금융회사가 동의서를 제출하면 금융위원회에서 사생활의 비밀과 자유를 침해할 위험, 신용정보주체가 받게 되는 이익 등을 고려하여 정보활용 동의등급을 부여하는 것인데 안심, 다소안심, 보통, 신중, 주의 5단계 중 하나의 등급이 부여된다.

신용정보법 제34조의3(정보활용 동의등급) ① 대통령령으로 정하는 신용정보제공 · 이용자[28]는 정보활용 동의 사항에 대하여 금융위원회가 평가한 등급(이하 이 조에서 "정보활용 동의등급"이라 한다)을 신용정보주체에게 알리고 정보활용 동의를 받아야 한다. 정보활용 동의 사항 중 대통령령으로 정하는 중요사항을 변경한 경우에도 또한 같다.

---

28) 시행령 제29조의2 제2항에 해당하는 자.

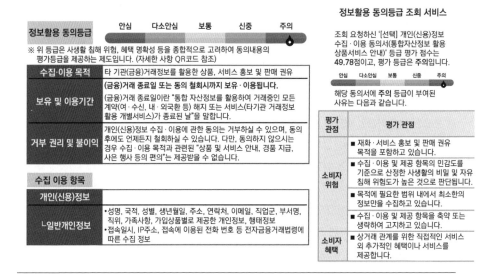

그림 8 동의등급을 반영한 동의서 예시

신용정보법에서는 금융위원회에서 등급을 정한다고 되어 있으나 실무상으로는 신용정보원에서 업무를 위탁받아 수행하고 있다. 정보활용 동의등급은 다음의 기준에 따라 결정된다(법 제34조의3 제2항).

1. 정보활용에 따른 사생활의 비밀과 자유를 침해할 위험에 관한 사항
2. 정보활용에 따라 신용정보주체가 받게 되는 이익이나 혜택
3. 동의서의 소비자 친화도(다음의 내용을 고려)
   1) 보다 쉬운 용어나 단순하고 시청각적인 전달 수단 등을 사용하여 신용정보주체가 정보활용 동의 사항을 이해할 수 있도록 할 것
   2) 정보활용 동의 사항과 금융거래 등 상거래관계의 설정 및 유지 등에 관한 사항이 명확하게 구분되도록 할 것
   3) 신용정보주체가 정보활용 동의사항을 읽기 쉽도록 글자 크기나 줄 간격을 확대하는 등의 방법으로 표기했는지 여부
   4) 법 제34조의2제3항 본문에 따라 고지사항 중 그 일부를 생략하거나 중요한 사항만을 발췌하여 그 신용정보주체에게 알린 것인지 여부

선택적 동의사항에 대해서는 동의서상에 "정보활용 동의등급"을 고지하는 것을 생략할 수 없다(시행령 제29조의2 제3항 제3호). 따라서 금융회사는 필수적 동의사항에 대해서는 정보활용 동의등급 표시를 생략하고 선택적 동의사항에 대해서만 정보활용 동의등급을 표시하는 방식으로 동의서를 구성하곤 한다.

제3장 / **신용정보주체의 권리보장**

신용정보법에서는 신용정보주체의 권리를 보장하기 위한 다양한 규정을 두고 있다.[29] 일부 권리는 개인정보 보호법에서도 규정되어 있는 권리인데, 두 법의 내용이 유사하나 약간 차이가 있다. 금융회사는 일반적으로 신용정보주체에게 두 법에서 정하고 있는 권리를 모두 보장하고 있으므로 개인정보 보호법의 내용도 함께 설명하겠다.

1 **개인신용정보의 열람·정정 청구권**

> **신용정보법 제38조(신용정보의 열람 및 정정청구 등)** ① 신용정보주체는 신용정보회사등에 본인의 신분을 나타내는 증표를 내보이거나 전화, 인터넷 홈페이지의 이용 등 대통령령으로 정하는 방법으로 본인임을 확인받아 신용정보회사등이 가지고 있는 신용정보주체 본인에 관한 신용정보로서 대통령령으로 정하는 신용정보의 교부 또는 열람을 청구할 수 있다.
> ② 제1항에 따라 자신의 신용정보를 열람한 신용정보주체는 본인 신용정보가 사실과 다른 경우에는 금융위원회가 정하여 고시하는 바에 따라 정정을 청구할 수 있다.
> ③ 제2항에 따라 정정청구를 받은 신용정보회사등은 정정청구에 정당한 사유가 있다고 인정하면 지체 없이 해당 신용정보의 제공·이용을 중단한 후 사실인지를 조사하여 사실과 다르거나 확인할 수 없는 신용정보는 삭제하거나 정정하여야 한다.
> ④ 제3항에 따라 신용정보를 삭제하거나 정정한 신용정보회사등은 해당 신용정보를 최근 6개

---

29) 개인신용평점 하락 가능성 등에 대한 설명의무(법 제35조의2), 신용정보제공·이용자의 사전통지(법 제35조의3), 상거래 거절 근거 신용정보의 고지 등(법 제36조), 신용조회사실 통지 요청(법 제38조의2), 무료열람권(법 제39조), 채권자변동정보의 열람 등(법 제39조의2)은 자주 활용되지 않는 규정이므로 본서에서는 설명을 생략하였다.

204   한 권으로 끝내는 금융데이터법

월 이내에 제공받은 자와 해당 신용정보주체가 요구하는 자에게 해당 신용정보에서 삭제하거나 정정한 내용을 알려야 한다.

⑤ 신용정보회사등은 제3항 및 제4항에 따른 처리결과를 7일 이내에 해당 신용정보주체에게 알려야 하며, 해당 신용정보주체는 처리결과에 이의가 있으면 <u>대통령령으로 정하는 바에 따라</u> 금융위원회에 그 시정을 요청할 수 있다. 다만, 개인신용정보에 대한 제45조의3제1항에 따른 상거래기업 및 법인의 처리에 대하여 이의가 있으면 대통령령으로 정하는 바에 따라 「개인정보 보호법」에 따른 개인정보 보호위원회(이하 "보호위원회"라 한다)에 그 시정을 요청할 수 있다.

> 신용정보주체가 법 제38조제5항에 따라 시정 요청을 하려는 경우에는 처리결과의 통지를 받은 날부터 15일 이내에 금융위원회가 정하여 고시하는 시정요청서에 다음 각 호의 서류를 첨부하여 금융위원회에 제출해야 한다.

⑥ 금융위원회 또는 보호위원회는 제5항에 따른 시정을 요청받으면 「금융위원회의 설치 등에 관한 법률」 제24조에 따라 설립된 금융감독원의 원장(이하 "금융감독원장"이라 한다) 또는 보호위원회가 지정한 자로 하여금 그 사실 여부를 조사하게 하고, 조사결과에 따라 신용정보회사등에 대하여 시정을 명하거나 그 밖에 필요한 조치를 할 수 있다. 다만, 필요한 경우 보호위원회는 해당 업무를 직접 수행할 수 있다.

⑦ 제6항에 따라 조사를 하는 자는 그 권한을 표시하는 증표를 지니고 이를 관계인에게 내보여야 한다.

⑧ 신용정보회사등이 제6항에 따른 금융위원회 또는 보호위원회의 시정명령에 따라 시정조치를 한 경우에는 그 결과를 금융위원회 또는 보호위원회에 보고하여야 한다.

신용정보주체는 신용정보회사등에 대해 자신의 개인신용정보의 교부 또는 열람을 청구할 수 있으며, 열람한 본인의 개인신용정보가 사실과 다른 경우에는 정정을 청구할 수 있다. 정정을 청구하고자 할 때에는 정정대상정보와 정정청구사유를 기재하여 서면 또는 인터넷홈페이지를 통해 신청하여야 한다.

정정청구를 받은 금융회사는 정당한 사유가 있다고 판단되면 즉시 제공 및 이용을 중단한 후 조사를 거쳐 해당 개인신용정보를 삭제 또는 정정하여야 한다.

삭제 또는 정정 후에는 사후조치를 하여야 하는데, ① 해당 신용정보를 최근 6개월 이내에 제공받은 자와 해당 신용정보주체가 요구하는 자에게 삭제하거나 정정한 내용을 알려야 하며, ② 청구를 받은 날로부터 7일 이내에 해당 신용정보주체에게 처리결과를 알려야 한다.

해당 신용정보주체가 처리결과에 이의가 있는 경우에는 처리결과의 통지를 받은 날부터 15일 이내에 금융위원회에 시정을 요청할 수 있고 금융위원회는 사실을 조사하여 신용정보회사등에 시정 등을 명할 수 있다. 이때, 신용정보회사등은 시정명령에 따른 결과를 금융위원회에 보고하여야 한다.

◈ 참고

〈개인정보 보호법에서의 열람 · 정정 청구권(제35조 및 제36조)〉

신용정보주체가 정정청구를 하게 되는 절차를 순서대로 정리해보면, ① 우선 열람청구를 하여 자신의 개인(신용)정보를 확인한 후 ② 사실과 다른 점이 있다면 정정청구를 진행할 것이다.

이와 관련하여, 신용정보법에서는 열람청구 처리기간은 정하고 있지 아니하고 정정청구의 처리결과를 7일 이내에 정보주체에게 알려야 한다고만 정하고 있다. 반면 개인정보 보호법에서는 열람청구 및 정정청구를 받았을 시 10일 이내에 열람 · 정정하여야 한다고 정하여 열람청구 및 정정청구 모두 10일 이내에 응해야 한다고 정하고 있다.

따라서, 교부 · 열람청구에 대한 처리기간은 개인정보 보호법의 열람청구 규정에 따라 10일로 정하고, 정정청구의 처리기간은 신용정보법에 따라 7일로 정하면 된다는 해석이 가능하다. 그러나 본 청구권은 정보주체의 권리를 보장하기 위해 부여된 것이므로 그 기간도 정보주체에게 유리하게 해석하여 교부 · 열람 및 열람 후의 정정 · 삭제 모두 청구받은 날로부터 7일 이내에 수행하는 것이 바람직하다.

즉, 교부 및 열람 청구를 받은 날로부터 7일 이내에 교부 또는 열람을 수행하고 열람을 한 신용정보주체가 정정을 청구한다면 정정청구를 받은 날로부터 7일 이내에 삭제 또는 정정처리를 완료하는 것이 바람직하다는 의미이다.

> **개인정보 보호법 제35조(개인정보의 열람)** ① 정보주체는 개인정보처리자가 처리하는 자신의 개인정보에 대한 열람을 해당 개인정보처리자에게 요구할 수 있다.
> ③ 개인정보처리자는 제1항 및 제2항에 따른 열람을 요구받았을 때에는 <u>대통령령으로 정하는 기간</u> 내에 정보주체가 해당 개인정보를 열람할 수 있도록 하여야 한다.
> 개인정보 보호법 제36조(개인정보의 정정 · 삭제) ① 제35조에 따라 자신의 개인정보를 열람한 정보주체는 개인정보처리자에게 그 개인정보의 정정 또는 삭제를 요구할 수 있다. 다만, 다른 법령에서 그 개인정보가 수집 대상으로 명시되어 있는 경우에는 그 삭

제를 요구할 수 없다.

② 개인정보처리자는 제1항에 따른 정보주체의 요구를 받았을 때에는 개인정보의 정정 또는 삭제에 관하여 다른 법령에 특별한 절차가 규정되어 있는 경우를 제외하고는 지체 없이 그 개인정보를 조사하여 정보주체의 요구에 따라 정정·삭제 등 필요한 조치를 한 후 그 결과를 정보주체에게 알려야 한다.

개인정보 보호법 시행령 제41조(개인정보의 열람절차 등) ④ 법 제35조제3항 전단에서 "대통령령으로 정하는 기간"이란 <u>10일</u>을 말한다.

제43조(개인정보의 정정·삭제 등) ③ 개인정보처리자는 제1항과 제2항에 따른 개인정보 정정·삭제 요구를 받은 날부터 <u>10일 이내</u>에…

2 개인신용정보 제공 동의 철회권 등

신용정보법 제37조(개인신용정보 제공 동의 철회권 등) ① 개인인 신용정보주체는 제32조제1항 각 호의 방식으로 동의를 받은 신용정보제공·이용자에게 개인신용평가회사, 개인사업자신용평가회사 또는 신용정보집중기관에 제공하여 개인의 신용도 등을 평가하기 위한 목적 외의 목적으로 행한 개인신용정보 제공 동의를 <u>대통령령으로 정하는 바에 따라</u> 철회할 수 있다. 다만, 동의를 받은 신용정보제공·이용자 외의 신용정보제공·이용자에게 해당 개인신용정보를 제공하지 아니하면 해당 신용정보주체와 약정한 용역의 제공을 하지 못하게 되는 등 계약이행이 어려워지거나 제33조제1항제1호에 따른 목적을 달성할 수 없는 경우에는 고객이 동의를 철회하려면 그 용역의 제공을 받지 아니할 의사를 명확하게 밝혀야 한다.

② 개인인 신용정보주체는 <u>대통령령으로 정하는 바에 따라</u> 신용정보제공·이용자에 대하여 상품이나 용역을 소개하거나 구매를 권유할 목적으로 본인에게 연락하는 것을 중지하도록 청구할 수 있다.

③ 신용정보제공·이용자는 서면, 전자문서 또는 구두에 의한 방법으로 제1항 및 제2항에 따른 권리의 내용, 행사방법 등을 거래 상대방인 개인에게 고지하고, 거래 상대방이 제1항 및 제2항의 요구를 하면 즉시 이에 따라야 한다. 이 때 구두에 의한 방법으로 이를 고지한 경우 <u>대통령령으로 정하는 바에 따른</u> 추가적인 사후 고지절차를 거쳐야 한다.

④ 신용정보제공·이용자는 대통령령으로 정하는 바에 따라 제3항에 따른 의무를 이행하기 위한 절차를 갖추어야 한다.

⑤ 신용정보제공·이용자는 제2항에 따른 청구에 따라 발생하는 전화요금 등 금전적 비용을 개인인 신용정보주체가 부담하지 아니하도록 대통령령으로 정하는 바에 따라 필요한 조치를 하여야 한다.

신용정보법 시행령 제32조(개인신용정보 제공·이용 동의 철회권 등) ③ 제1항 및 제2항에 따른 청구를 받은 신용정보제공·이용자는 청구를 받은 날부터 1개월 이내에 그에 따른 조치를 완료하여야 한다.
④ 법 제37조제3항에 따라 신용정보제공·이용자가 거래 상대방인 개인에게 구두에 의한 방법으로 고지한 경우에는 고지한 날부터 1개월 이내에 고지 내용을 서면, 전자우편, 휴대전화 문자메시지, 인터넷 홈페이지 및 그 밖에 금융위원회가 정하는 방법으로 추가 고지하여야 한다.

신용정보주체에게 제공 동의 철회권(제1항) 및 연락중지 청구권(제2항)을 보장하는 것은 신용정보주체의 개인정보자기결정권을 보장하는 것이므로 어찌 보면 너무나 당연한 권리이다.

가. 제공 동의 철회권과 연락중지 청구권

신용정보주체는 신용정보제공·이용자에게 '개인신용평가회사, 개인사업자신용평가회사 또는 신용정보집중기관에 제공하여 개인의 신용도 등을 평가하기 위한 목적' 외의 목적으로 행한 개인신용정보 제공 동의를 철회할 수 있다. 다만, 신용정보제공·이용자가 해당 개인신용정보를 제공하지 아니하면 1) 신용정보주체와 약정한 계약 이행이 어려워지거나 2) 해당 신용정보주체가 신청한 금융거래 등 상거래관계의 설정 및 유지 여부 등을 판단하기 위한 목적을 달성하기 어려운 경우에는 신용정보주체가 제공 동의 철회의사뿐만 아니라 그 용역의 제공을 받지 아니할 의사도 명확하게 밝혀야 한다.

결국 신용정보제공·이용자는 신용정보주체의 제공 동의 철회로 인해 1), 2)의 상황이 발생하는 경우에는 먼저 1), 2)의 상황이 발생할 수 있다는 점을 알리고 제공 동의 철회의사를 확인해야 한다.

또한, 신용정보주체는 신용정보제공·이용자가 마케팅 목적으로 본인에게 연락하는 것의 중지를 청구할 수 있다.

나. 청구권 행사 절차

신용정보제공·이용자는 서면, 전자문서 또는 구두에 의한 방법으로 제공 동의 철회권 및 연락중지 청구권의 내용, 행사방법 등을 거래 상대방인 신용정보주체에게 고지하여야 하고 구두에 의한 방법으로 고지한 경우에는 고지한 날부터 1개월 이내에 고지 내용을 서면, 전자우편, 휴대전화 문자메시지, 인터넷 홈페이지 등으로 추가 고지하여야 한다.

또한, 신용정보제공·이용자는 제공 동의 철회 또는 마케팅 목적의 연락중지 청구를 받은 경우 청구를 받은 날부터 1개월 이내에 그에 따른 조치를 완료하여야 한다.

한편, 신용정보법 제37조는 "제공 동의 철회권"이라고만 되어 있으나 위임을 받은 시행령 제32조에서는 "제공·이용 동의 철회권"이라고 되어 있다. 신용정보주체의 이용 동의 철회권도 보장하여야 한다는 점 및 신용정보법에 이용 동의 철회에 관한 별도의 규정이 없는 점을 고려하였을 때, 이용 동의 철회시의 절차도 제공 동의 철회사의 절차와 동일하다고 해석하여야 한다.

> ### ◈ 참고
>
> ⟨개인정보 보호법에서의 처리동의 철회권(제37조)⟩
> 개인정보 보호법에서는 처리동의 철회권을 인정하고 있을 뿐만 아니라 이와 구분하여 처리정지 요구권도 인정하고 있다. 처리정지 요구권은 자신의 개인정보 처리 활동에 대한 정지를 요구하는 것이므로 처리동의 철회권보다 적용 범위가 더 넓다. 처리동의 철회권은 정보주체 자신이 동의한 것에 대해서만 동의를 철회할 수 있으나, 처리정지 요구권은 정보주체 자신이 처리에 동의하지 않았더라도 개인정보처리자가 처리하고 있는 정보주체에 관한 모든 개인정보의 처리정지를 요구할 수 있기 때문이다. 정보주체가 처리정지를 요구하는 경우 요구를 받은 날로부터 10일 이내에 조치결과를 통지하여야 한다.
> 개인정보 보호법이 개인정보에 관한 일반법이라는 점을 고려하였을 때 금융회사도 고객이 처리정지를 요구할 수 있는 절차를 마련해두는 것이 바람직하다.

> **개인정보 보호법 제37조(개인정보의 처리정지 등)** ① 정보주체는 개인정보처리자에 대하여 <u>자신의 개인정보 처리의 정지를 요구</u>하거나 개인정보 처리에 대한 동의를 철회할 수 있다.
>
> **개인정보 보호법 시행령 제44조(개인정보의 처리정지 등)** ② 개인정보 처리정지 요구를 받은 날부터 <u>10일 이내</u>에 처리정지 청구에 대한 조치 결과를 해당 정보주체에게 알려야 함.

3 개인신용정보 이용 및 제공사실의 통지요구권

> **신용정보법 제35조(신용정보 이용 및 제공사실의 조회)** ① 신용정보회사등은 개인신용정보를 이용하거나 제공한 경우 대통령령으로 정하는 바에 따라 다음 각 호의 구분에 따른 사항을 신용정보주체가 조회할 수 있도록 하여야 한다. 다만, 내부 경영관리의 목적으로 이용하거나 반복적인 업무위탁을 위하여 제공하는 경우 등 대통령령으로 정하는 경우에는 그러하지 아니하다.
> 1. 개인신용정보를 이용한 경우: 이용 주체, 이용 목적, 이용 날짜, 이용한 신용정보의 내용, 그 밖에 대통령령으로 정하는 사항
> 2. 개인신용정보를 제공한 경우: 제공 주체, 제공받은 자, 제공 목적, 제공한 날짜, 제공한 신용정보의 내용, 그 밖에 대통령령으로 정하는 사항
> ② 신용정보회사등은 제1항에 따라 조회를 한 신용정보주체의 요청이 있는 경우 개인신용정보를 이용하거나 제공하는 때에 제1항 각 호의 구분에 따른 사항을 대통령령으로 정하는 바에 따라 신용정보주체에게 통지하여야 한다.
> ③ 신용정보회사등은 신용정보주체에게 제2항에 따른 통지를 요청할 수 있음을 알려주어야 한다.

신용정보회사등은 개인신용정보를 이용하거나 제공한 경우 개인신용정보를 이용하거나 제공한 날부터 7일 이내에 다음의 1.~2. 사항을 신용정보주체가 조회할 수 있도록 하여야 한다.[30] 조회사항은 그 조회가 의뢰된 날을 기준으로 최근 3년간

---

30) 다만, 내부 경영관리의 목적으로 이용하거나 반복적인 업무위탁을 위하여 제공하는 경우

한 권으로 끝내는 금융데이터법

의 조회사항으로 한다.

> 1. 개인신용정보를 이용한 경우: 이용 주체, 이용 목적, 이용 날짜, 이용한 신용정보의 내용, 해
>   당 개인신용정보의 보유기간 및 이용기간
> 2. 개인신용정보를 제공한 경우: 제공 주체, 제공받은 자, 제공 목적, 제공한 날짜, 제공한 신용
>   정보의 내용, 해당 개인신용정보를 제공받은 자의 보유기간 및 이용기간

또한, 신용정보회사등은 조회를 한 신용정보주체에게 정기적으로 1.~2. 사항에 대한 통지를 요청할 수 있다는 사실을 알려주어야 하고[31] 요청이 있는 경우 그 요청을 받은 때부터 정기적으로 1.~2. 사항을 통지하여야 한다.

신용정보회사등은 조회나 통지에 드는 비용을 신용정보주체에게 부담하게 할 수 있으나 개인신용정보 조회시스템을 통하여 조회사항을 조회할 수 있도록 한 경우에는 신용정보주체가 1년에 1회 이상 무료로 조회할 수 있도록 하여야 한다.

◇ 참고

〈개인정보 보호법에서의 수집 출처 및 이용 · 제공 내역 통지 제도(제20조 및 제20조의2)〉

개인정보 보호법에서는 정보주체 이외의 자로부터 개인정보를 수집한 경우의 출처 통지의무와 개인정보를 이용하거나 제공한 경우의 내역 통지의무를 부여하고 있다(제20조 및 제20조의2). 신용정보법 제35조에 따라 개인신용정보 조회시스템을 구축한다면 이를 통해 개인정보의 이용 · 제공 내역을 알 수 있으므로 개인정보 보호법상의 이용 · 제공 내역 통지의무는 적용되지 않는다. 그러나 수집 출처 통지의무는 신용정보법에는 없는 규정이므로 금융회사도 동 규정을 준수하여야 한다. 개인정보 보호법 해설서에서도 신용정보법은 정보주체 이외로부터 개인정보를 수집하는 경우 정보주체에 대한 수집 출처 통지의무를 규정하고 있지 않으므로, 이에 관하여 개인정보 보호법의 적용을 받는다고 설명하고 있다[32]

등(신용위험관리 등 위험관리와 내부통제, 고객분석과 상품 및 서비스의 개발, 성과관리, 위탁업무의 수행, 업무와 재산상태에 대한 검사, 전송요구권에 따른 정보제공 등)에는 그러하지 아니하다(시행령 제30조 제4항).
31) 개인정보 처리방침에 해당 내용을 포함하여 게시하는 방식도 가능하다.
32) 개인정보 보호법 해설서, 136페이지.

신용정보회사등이 준수하여야 하는 수집 출처 통지의무에 대해 좀 더 자세히 알아보면, 정보주체의 요구가 있는 경우 개인정보 보호법 제20조 제1항 각 호의 모든 사항을 정보주체에게 알려야 한다.

또한, 대통령령으로 정하는 기준에 해당하는 신용정보회사등은 개인정보 보호법 제20조 제2항에 따라 정보주체의 요구가 없는 경우에도 수집 출처를 통지해야 하는데, 이때 잘 알아야 하는 내용은 "제17조 제1항 제1호에 따라 정보주체 이외로부터 개인정보를 수집하여 처리하는 때"에만 동 규정이 적용된다는 점이다. 따라서, 신용정보회사등이 신용정보법상의 개인신용정보 제공 동의에 따라 정보를 제공받은 경우에는 개인정보 보호법 제17조 제1항 제1호가 아닌 신용정보법 제32조 제1항에 따라 개인신용정보를 수집하여 처리하는 것이므로 수집 출처 통지의무가 적용되지 않는다. 신용정보회사등이 개인정보 보호법 제17조 제1항 제1호에 따라 제3자 제공 동의를 받아 처리하는 개인정보가 있다면 그 정보에 대해서만 수집 출처 통지의무가 적용된다.

개인정보 보호법 제20조(정보주체 이외로부터 수집한 개인정보의 수집 출처 등 통지)

① 개인정보처리자가 정보주체 이외로부터 수집한 개인정보를 처리하는 때에는 정보주체의 요구가 있으면 즉시 다음 각 호의 모든 사항을 정보주체에게 알려야 한다.

1. 개인정보의 수집 출처

2. 개인정보의 처리 목적

3. 제37조에 따른 개인정보 처리의 정지를 요구하거나 동의를 철회할 권리가 있다는 사실

② 제1항에도 불구하고 처리하는 개인정보의 종류 · 규모, 종업원 수 및 매출액 규모 등을 고려하여 대통령령으로 정하는 기준에 해당하는 개인정보처리자가 제17조제1항제1호에 따라 정보주체 이외로부터 개인정보를 수집하여 처리하는 때에는 제1항 각 호의 모든 사항을 정보주체에게 알려야 한다. 다만, 개인정보처리자가 수집한 정보에 연락처 등 정보주체에게 알릴 수 있는 개인정보가 포함되지 아니한 경우에는 그러하지 아니하다.

개인정보 보호법 시행령 제15조의2(개인정보 수집 출처 등 통지 대상 · 방법 · 절차)

① 법 제20조제2항 본문에서 "대통령령으로 정하는 기준에 해당하는 개인정보처리자"란 다음 각 호의 어느 하나에 해당하는 개인정보처리자를 말한다. 이 경우 다음 각 호에 규정된 정보주체의 수는 전년도 말 기준 직전 3개월 간 일일평균을 기준으로 산정한다.

1. 5만명 이상의 정보주체에 관하여 법 제23조에 따른 민감정보(이하 "민감정보"라 한다) 또는 법 제24조제1항에 따른 고유식별정보(이하 "고유식별정보"라 한다)를 처리하는 자

2. 100만명 이상의 정보주체에 관하여 개인정보를 처리하는 자

---

4 개인신용정보의 삭제요구권

> **신용정보법 제38조의3(개인신용정보의 삭제 요구)** ① 신용정보주체는 금융거래 등 상거래관계가 종료되고 대통령령으로 정하는 기간이 경과한 경우 신용정보제공·이용자에게 본인의 개인신용정보의 삭제를 요구할 수 있다. 다만, 제20조의2제2항 각 호의 어느 하나에 해당하는 경우에는 그러하지 아니하다.
> ② 신용정보제공·이용자가 제1항의 요구를 받았을 때에는 지체 없이 해당 개인신용정보를 삭제하고 그 결과를 신용정보주체에게 통지하여야 한다.
> ③ 신용정보제공·이용자는 신용정보주체의 요구가 제1항 단서에 해당될 때에는 다른 개인신용정보와 분리하는 등 대통령령으로 정하는 바에 따라 관리하여야 하며, 그 결과를 신용정보주체에게 통지하여야 한다.
> ④ 제2항 및 제3항에 따른 통지의 방법은 금융위원회가 정하여 고시한다.

개인신용정보의 삭제요구권은 제20조의2(개인신용정보의 보유기간 등) 규정과 연결하여 생각하여야 한다. 신용정보주체는 금융거래 등 상거래관계가 종료되고 보유기간(선택적인 개인신용정보: 3개월, 필수적인 개인신용정보: 5년)이 경과한 경우 신용정보제공·이용자에 본인의 개인신용정보의 삭제를 요구할 수 있다.[33] 신용정보제공·이용자는 삭제요구를 받았을 때 지체 없이 해당 개인신용정보를 삭제하고 그 결과를 신용정보주체에게 통지하여야 한다.

또한 개인신용정보를 삭제함으로써 해당 신용정보주체에게 불이익이 발생하는 경우에는 그 정보를 삭제하기 전에 그러한 불이익이 발생할 수 있다는 것을 해당 신용정보주체에게 알려야 한다.

---

33) 물론 제20조의2 제2항 각 호의 어느 하나에 해당하여 계속 보관하는 경우에는 삭제를 요구할 수 없다.

5 자동화평가에 대한 설명 및 이의제기권(법 제36조의2)[34]

본 권리는 신용평가회사등이 신용평가업무를 수행할 시 종사자가 관여하지 아니하고 컴퓨터 등 정보처리장치로만 수행하는 자동화평가가 늘어남에 따라 2020. 8. 5. 시행된 신용정보법에서 도입된 신용정보주체의 권리이다. 여기에서의 "자동화평가"란 신용정보회사등의 종사자가 평가 업무에 관여하지 아니하고 컴퓨터 등 정보처리장치로만 개인신용정보 및 그 밖의 정보를 처리하여 개인인 신용정보주체를 평가하는 행위를 의미한다(법 제2조 제14호).

신용정보주체는 개인신용평가회사 및 대통령령으로 정하는 신용정보제공·이용자[35] (이하 "**개인신용평가회사등**")에게 개인신용평가 등의 행위[36]에 자동화평가를 실시하는지 여부에 대한 설명을 요구할 수 있으며, 자동화평가를 실시하는 경우 다음의 사항에 대한 설명을 요구할 수 있다.

> 가. 자동화평가의 결과
> 나. 자동화평가의 주요 기준
> 다. 자동화평가에 이용된 기초정보의 개요

또한 신용정보주체는 자동화평가를 실시하고 있는 개인신용평가회사등에게 다음의 행위를 요구할 수 있다.

> 1. 해당 신용정보주체에게 자동화평가 결과의 산출에 유리하다고 판단되는 정보의 제출
> 2. 자동화평가에 이용된 기초정보의 내용이 정확하지 아니하거나 최신의 정보가 아니라고 판단되는 경우 다음의 어느 하나에 해당하는 행위
>   가. 기초정보를 정정하거나 삭제할 것을 요구하는 행위
>   나. 자동화평가 결과를 다시 산출할 것을 요구하는 행위

---

34) 규정을 읽어보면 규정의 내용이 매우 복잡하다. 본서에서는 주요 내용만 요약하여 설명하였다.
35) 금융위원회의 설치 등에 관한 법률 제38조 각 호의 자가 이에 해당한다.
36) 법 제36조의2 제1항 제1호 각 목의 행위를 말한다.

표 15 자동화평가 관련 권리의 주요 내용 요약

대상자	개인신용평가회사와 대통령령으로 정하는 신용정보제공 · 이용자
평가의 범위	개인신용평가 대통령령으로 정하는 금융거래의 설정/유지/내용에 관한 의사결정 등
권리의 내용	1. 설명요구권 (자동화평가 실시여부, 결과, 주요 기준, 자동화평가에 이용된 기초정보의 개요) 2. 자동화평가 결과의 산출에 유리하다고 판단되는 정보 제출권 3. 기초정보 정정 및 삭제요구권 4. 자동화평가 결과 재산출 요구권
권리의 제한	1. 법률의 규정, 법령상 의무 준수를 위한 경우 2. 요구 수용시 금융거래 등 상거래관계의 설정 및 유지 등이 곤란한 경우

◈ 참고

〈개인정보 보호법에서의 자동화된 결정에 대한 정보주체의 권리(제37조의2)〉

2024. 3. 15. 시행된 개정 개인정보 보호법에 자동화된 결정에 대한 정보주체의 권리를 보장하는 규정이 신설되었다. 신용정보법상의 권리와 닮은 듯 다른 듯하니 잘 알아둘 필요가 있다.

〈자동화된 결정의 정의〉

신용정보법에서는 "자동화평가"라는 용어를 사용함에 반해 개인정보 보호법에서는 "자동화된 결정"이라는 용어를 사용한다. 자동화된 결정이란 "완전히 자동화된 시스템(인공지능 기술을 적용한 시스템 포함)으로 개인정보를 처리하여 이루어지는 결정"을 의미한다(제37조의2 제1항).

〈정보주체의 권리〉

정보주체는 자동화된 결정이 자신의 권리 또는 의무에 중대한 영향을 미치는 경우 해당 개인정보처리자에게 해당 결정을 거부할 수 있는 권리가 보장된다. 다만, 자동화된 결정이 정보주체의 동의를 받은 경우, 법률에 특별한 규정이 있거나 법령상 의무를 준수하기 위하여 불가피한 경우, 정보주체와 체결한 계약을 이행하거나 계약을 체결하는 과정에서 정보주체의 요청에 따른 조치를 이행하기 위하여 필요한 경우에 따라 이루어지는 경우에는 해당 결정을 거부할 수 없다.

또한, 정보주체는 자동화된 결정에 대해 다음의 사항에 대한 설명 또는 검토를 요구할 수 있다.

1. 해당 자동화된 결정의 기준 및 처리 과정 등에 대한 설명
2. 정보주체가 개인정보 추가 등의 의견을 제출하여 개인정보처리자가 해당 의견을 자

동화된 결정에 반영할 수 있는지에 대한 검토

개인정보처리자는 정보주체가 자동화된 결정을 거부하거나 이에 대한 설명 등을 요구한 경우에는 정당한 사유가 없는 한 자동화된 결정을 적용하지 아니하거나 인적 개입에 의한 재처리 · 다음의 설명 등 필요한 조치를 하여야 한다.

1. 해당 자동화된 결정의 결과
2. 해당 자동화된 결정에 사용된 주요 개인정보의 유형
3. 제2호에 따른 개인정보의 유형이 자동화된 결정에 미친 영향 등 자동화된 결정의 주요 기준
4. 해당 자동화된 결정에 사용된 주요 개인정보의 처리 과정 등 자동화된 결정이 이루어지는 절차

한편 개인정보처리자는 자동화된 결정의 기준과 절차, 개인정보가 처리되는 방식 등 다음의 사항을 정보주체가 쉽게 확인할 수 있도록 공개하여야 한다.

1. 자동화된 결정이 이루어진다는 사실과 그 목적 및 대상이 되는 정보주체의 범위
2. 자동화된 결정에 사용되는 주요 개인정보의 유형과 자동화된 결정의 관계
3. 자동화된 결정 과정에서의 고려사항 및 주요 개인정보가 처리되는 절차
4. 자동화된 결정 과정에서 민감정보 또는 14세 미만 아동의 개인정보를 처리하는 경우 그 목적 및 처리하는 개인정보의 구체적인 항목
5. 자동화된 결정에 대하여 정보주체가 거부 · 설명등요구를 할 수 있다는 사실과 그 방법 및 절차

〈신용정보법과의 비교〉

신용정보법은 재산출요구권까지만 인정되는데 반해, 개인정보 보호법은 거부할 권리까지 인정된다. 따라서 개인정보 보호법의 자동화된 결정에 대한 권리가 신용정보법보다 더 강화된 권리라고 할 수 있다.

한 권으로 끝내는 금융데이터법

제4장 / 손해배상제도

신용정보법에서는 ① 일반적인 손해배상, ② 법정손배배상, ③ 징벌적 손해배상이라는 3가지의 손해배상제도를 두고 있다. 민법에서 정하고 있는 불법행위에 의한 손해배상의 대원칙과 약간의 차이가 있는데, 피해자인 신용정보주체의 손해배상청구 부담이 완화되어 있다.

1 일반 손해배상제도

> **신용정보법 제43조(손해배상의 책임)** ① 신용정보회사등과 그로부터 신용정보를 제공받은 자가 이 법을 위반하여 신용정보주체에게 손해를 가한 경우에는 해당 신용정보주체에 대하여 그 손해를 배상할 책임이 있다. 다만, 신용정보회사등과 그로부터 신용정보를 제공받은 자가 고의 또는 과실이 없음을 증명한 경우에는 그러하지 아니하다.

신용정보회사등 및 그로부터 신용정보를 제공받은 자가 신용정보법을 위반하여 신용정보주체에게 손해를 가한 경우에는 해당 신용정보주체에 대하여 그 손해를 배상하여야 한다. 다만, 신용정보회사등이 고의 또는 과실이 없음을 증명한 경우에는 손해배상책임이 부여되지 아니한다.

일반적인 손해배상의 법리상, 불법행위에 기한 손해배상청구는 원고(피해자)인 신용정보주체가 고의 또는 과실의 존재에 관한 입증책임을 부담한다.[37]

---

37) 민법 제750조 불법행위에 기한 손해배상청구의 경우에는 채권자가 채무자의 고의 또는 과실의 위법행위로 인하여 손해가 발생한 사실과 손해액을 모두 증명하여야 한다(대법원

그러나 신용정보법 위반에 따른 손해배상청구는 고의 또는 과실에 관한 입증책임을 피고인 신용정보회사등이 부담하도록 하고 있다. 즉, 개인신용정보를 처리하는 금융회사가 자신에게 고의 또는 과실이 없음을 스스로 증명하여야 한다. 이는 개인인 신용정보주체가 신용정보법 위반을 입증하는 정보를 찾기도 어려울 뿐만 아니라 주로 기업인 신용정보회사등을 상대로 고의·과실을 증명하는 것이 현실적으로 어렵다는 점을 고려한 것이라고 보아야 한다.

한편, 신용정보법에서는 신용정보의 처리를 위탁받은 자가 이 법을 위반하여 신용정보주체에게 손해를 가한 경우에는 위탁자와 수탁자가 연대하여 그 손해를 배상할 책임이 있다는 규정도 두고 있다.

> **신용정보법 제43조(손해배상의 책임)** ⑥ 제17조제1항에 따라 신용정보의 처리를 위탁받은 자가 이 법을 위반하여 신용정보주체에게 손해를 가한 경우에는 위탁자는 수탁자와 연대하여 그 손해를 배상할 책임이 있다.

2 법정손해배상제도

> **신용정보법 제43조의2(법정손해배상의 청구)** ① 신용정보주체는 신용정보회사등이나 그로부터 신용정보를 제공받은 자가 이 법의 규정을 위반한 경우에는 신용정보회사등이나 그로부터 신용정보를 제공받은 자에게 제43조에 따른 손해배상을 청구하는 대신 300만 원 이하의 범위에서 상당한 금액을 손해액으로 하여 배상을 청구할 수 있다. 이 경우 해당 신용정보회사등이나 그로부터 신용정보를 제공받은 자는 고의 또는 과실이 없음을 입증하지 아니하면 책임을 면할 수 없다.

원칙적으로 손해배상책임이 인정되기 위해서는 손해를 입은 자가 그 손해액을 입증하여야 한다. 그러나 신용정보주체가 신용정보회사등이 신용정보법을 위반함으로

2002. 2. 26. 선고 2001다73879 판결).

서 자신이 입은 피해의 규모를 증명하는 것은 매우 어렵다. 특히 개인신용정보는 무형의 것이므로 유출 등으로 인한 재산적 손해가 발생했다고 인정되는 경우가 드물다. 따라서, 통상적으로 인정되는 유출 등으로 인한 손해는 내 정보가 유출됨으로 인해 입게 되는 정신적 손해, 즉 정신적인 피해에 대한 위자료인데 이에 대한 손해의 규모를 개인이 입증하는 것은 사실상 불가능하다.

이러한 배경하에서 신용정보법은 법정손해배상을 인정하고 있다.

구체적으로, 손해배상을 청구하는 신용정보주체는 구체적인 손해액을 증명할 필요가 없으며, 300만 원 이하의 범위에서 상당한 금액을 손해액으로 하여 배상을 청구할 수 있다. 법정손해배상 청구가 있는 경우 법원은 변론 전체의 취지와 증거조사의 결과를 고려하여 300만 원의 범위 내에서 상당한 손해액을 인정할 수 있다.

또한, 일반 손해배상책임과 동일하게 고의 또는 과실의 입증책임을 신용정보회사등에게로 전환하여 신용정보회사등이 자신에게 고의 또는 과실이 없음을 증명한 경우에만 법정손해배상책임에서 벗어날 수 있다.

3 징벌적 손해배상제도

> **신용정보법 제43조(손해배상의 책임)** ② 신용정보회사등이나 그 밖의 신용정보 이용자(수탁자를 포함한다. 이하 이 조에서 같다)가 고의 또는 중대한 과실로 이 법을 위반하여 개인신용정보가 누설되거나 분실·도난·누출·변조 또는 훼손되어 신용정보주체에게 피해를 입힌 경우에는 해당 신용정보주체에 대하여 <u>그 손해의 5배를 넘지 아니하는 범위에서 배상할 책임이 있다.</u> 다만, <u>신용정보회사등이나 그 밖의 신용정보 이용자가 고의 또는 중대한 과실이 없음을 증명한 경우에는 그러하지 아니하다.</u>

징벌적 손해배상은 가벌성이 큰 위법행위로 인하여 손해가 발생한 경우 실손해보다 배상범위를 더 많이 인정해주는 제도이다.

신용정보법을 위반하는 모든 행위가 아니라 가벌성이 더 심한 행위로서 "고의 또는 중대한 과실로 이 법을 위반하여 개인신용정보가 누설되거나 분실·도난·누출·

변조 또는 훼손되어 신용정보주체에게 피해를 입힌 경우"에만 징벌적 손해배상이 인정된다. 이러한 위법행위로 인하여 신용정보주체에게 손해가 발생한 때에는 법원은 그 손해액의 5배를 넘지 아니하는 범위에서 손해배상액을 정할 수 있다.

또한, 다른 손해배상책임과 동일하게 고의 또는 중대한 과실의 입증책임을 신용정보회사등에게로 전환하여 신용정보회사등이 자신에게 고의 또는 중대한 과실이 없음을 증명한 경우에만 징벌적 손해배상책임을 벗어날 수 있다.

4 손해배상 보장을 위한 보험, 공제가입, 준비금 적립 등

> **신용정보법 제43조의3(손해배상의 보장)** 대통령령으로 정하는 신용정보회사등은 제43조에 따른 손해배상책임의 이행을 위하여 금융위원회가 정하는 기준에 따라 보험 또는 공제에 가입하거나 준비금을 적립하는 등 필요한 조치를 하여야 한다.

신용정보법에서는 신용정보회사등에 대해 신용정보법에서 정한 손해배상책임의 이행을 위하여 보험 또는 공제에 가입하거나 준비금을 적립할 의무를 부여하고 있다.

이는 모든 신용정보회사등에 적용되는 것은 아니고 시행령 제35조의9에서 정한 금융회사등에만 적용된다. 보험 및 공제가입금액, 적립금의 기준은 신용정보업감독규정 제43조의9에서 정하고 있으니 이 부분을 참고하도록 하자.

5 과징금 부과

> **신용정보법 제42조의2(과징금의 부과 등)** ① 금융위원회(제45조의3제1항에 따른 상거래기업 및 법인이 다음 각 호의 어느 하나에 해당하는 행위를 한 경우에는 보호위원회를 말한다)는 다음 각 호의 어느 하나에 해당하는 행위가 있는 경우에는 <u>전체 매출액의 100분의 3 이하에 해당하는 금액을 과징금으로 부과할 수 있다.</u> 다만, 제1호에 해당하는 행위가 있는 경우에는 50억

원 이하의 과징금을 부과할 수 있다.

1. 제19조제1항을 위반하여 개인신용정보를 분실 · 도난 · 누출 · 변조 또는 훼손당한 경우
1의2. 제32조제6항제9호의2에 해당하지 아니함에도 제32조제1항 또는 제2항을 위반하여 신
     용정보주체의 동의를 받지 아니하고 개인신용정보를 제3자에게 제공한 경우 및 그 사정
     을 알면서도 영리 또는 부정한 목적으로 개인신용정보를 제공받은 경우
1의3. 제32조제6항제9호의2 및 제33조제1항제4호에 해당하지 아니함에도 제33조제1항을
     위반하여 개인신용정보를 이용한 경우
1의4. 제40조의2제6항을 위반하여 영리 또는 부정한 목적으로 특정 개인을 알아볼 수 있게 가
     명정보를 처리한 경우
2. 제42조제1항을 위반하여 개인비밀을 업무 목적 외에 누설하거나 이용한 경우
3. 제42조제3항을 위반하여 불법 누설된 개인비밀임을 알고 있음에도 그 개인비밀을 타인에
   게 제공하거나 이용한 경우

손해배상과 과징금이 함께 인정되는 경우가 대부분이므로 손해배상에 대해 학습할 때에는 과징금에 대해서도 함께 공부하여야 한다. 과징금이 부과될 수 있는 행위 및 구체적인 액수에 대해서는 신용정보법 제42조의2(과징금의 부과 등)에서 잘 서술되어 있으므로 필요시 이 부분을 참고하면 된다. 본서에서는 과징금의 의미나 손해배상 및 벌금과의 관계에 대해서만 설명하도록 하겠다.

과징금은 기업이 불법행위를 통해 영리적 이익을 얻은 경우 정부기관에서 그에 대한 제재로서 이익보다 큰 금액을 징수하는 것이다. 따라서 과징금은 정부기관에서 부여하는 행정처분이므로 소송의 결과에 따라 부여되는 손해배상액과는 성격이 다르며, 과징금과 손해배상은 별개의 것으로서 손해배상액의 인정과 과징금의 부과는 동시에 가능하다.

벌금과 과징금을 비교해보면 벌금은 범죄행위를 처벌하기 위해 부과하는 사법상의 제재이다. 따라서 행정처분인 과징금과는 별개의 것으로서 벌금 부과와 과징금 부과도 당연히 동시에 가능하다.

신용정보법의 과징금 규정과 관련하여서는 "전체 매출액의 100분의 3 이하에 해당하는 금액"을 상한으로 두고 있다는 점과 기술적 · 물리적 · 관리적 보안대책을 제

대로 시행하지 못하여 개인신용정보를 분실·도난·누출·변조 또는 훼손당한 경우에는 별도로 50억원의 상한을 두고 있다는 점을 알아두어야 한다. 이에 대해 "기술적·물리적·관리적 보안대책을 제대로 시행하지 못하여 개인신용정보를 분실·도난·누출·변조 또는 훼손당한 경우"도 가벌성이 큰 행위인데, 과징금을 최대 50억원으로 제한하고 있는 점은 문제라는 지적도 있다.

> **신용정보법 제45조의3(보호위원회의 자료제출 요구·조사 등) ①** 보호위원회는 다음 각 호의 어느 하나에 해당하는 경우에는 제45조에 따라 금융위원회의 감독을 받지 아니하는 신용정보제공·이용자(이하 "상거래기업 및 법인"이라 한다)에게 관계 물품·서류 등 자료를 제출하게 할 수 있다.
> 1. 상거래기업 및 법인이 다음 각 목의 규정(이하 "상거래정보보호규정"이라 한다)을 위반하는 사항을 발견하거나 혐의가 있음을 알게 된 경우
>   가. 제15조 및 제17조
>   나. 제19조 및 제20조의2
>   다. 제32조·제33조·제34조·제36조·제37조·제38조·제38조의3·제39조의4·제40조의2 및 제42조
> 2. 상거래기업 및 법인의 상거래정보보호규정 위반에 대한 신고를 받거나 민원이 접수된 경우
> 3. 그 밖에 개인신용정보 보호를 위하여 필요한 경우로서 대통령령으로 정하는 경우

신용정보법에서 신용정보의 범위를 넓게 해석하고 있으므로 금융회사가 아닌 경우에도 신용정보제공·이용자에 해당할 수 있다.[38] 그런데 신용정보법의 주무부처는 금융위원회이므로 신용정보법 적용대상이 된다는 의미는 금융위원회 및 금융감독원의 관리·감독을 받게 된다는 의미가 되는데, 이는 비금융회사에게는 받아들이기 어려운 면이 있다.

따라서, 신용정보법은 이러한 상황을 고려하여 신용정보법이 적용되는 비금융회사에 대해서는 "상거래기업 및 법인"이라고 별도의 묶음으로 구분하고 있다.

---

38) 10페이지에서 설명한 전자상거래업체의 경우를 생각해보자.

상거래기업 및 법인의 경우에는 신용정보법이 적용되기는 하나 신용정보법 준수여부에 대해 금융위원회가 아닌 개인정보보호위원회에서 관리·감독하도록 하고 있다.

또한, 상거래기업 및 법인의 경우에는 신용정보법의 모든 규정이 다 적용되는 것은 아니고 다음의 규정들만 적용된다.

표 16 일반 상거래기업 및 법인에 적용되는 신용정보법 규정

일반 상거래기업 및 법인에 적용되는 신용정보법 규정	
• 제15조 수집 및 처리의 원칙 • 제17조 처리의 위탁 • 제19조 신용정보전산시스템의 안전보호 • 제20조의2 개인신용정보의 보유기간 등 • 제32조 개인신용정보의 제공·활용에 대한 동의 • 제33조 개인신용정보의 이용 • 제34조 개인식별정보의 수집·이용 및 제공	• 제36조 상거래거절 근서 신용정보의 고지 등 • 제37조 개인신용정보 제공 동의 철회권 등 • 제38조 신용정보의 열람 및 정정청구 등 • 제38조의3 개인신용정보의 삭제 요구 • 제39조의4 개인신용정보 누설통지 등 • 제40조의2 가명처리·익명처리에 관한 행위 규칙 • 제42조 업무 목적 외 누설금지 등

Ⅱ

신용정보법외 금융데이터
관련 법령

금융회사에서 요청하는 대부분의 데이터 관련 자문은 신용정보법 또는 개인정보 보호법을 대상으로 한다. 그러나 종종 그외의 법률들도 함께 검토해야 하는 경우가 생기는데, 이를 고려하지 않고 신용정보법과 개인정보 보호법만 검토한다면 잘못된 결론에 이룰 수 있다.

금융데이터를 다루기 위해서 함께 알아야 하는 법률들을 나열해보면, 금융실명법, 금융지주회사법, 전자금융거래법, 여신전문금융업법 등을 들 수 있는데, 이러한 법률들은 개인(신용)정보의 보호 및 활용이 법의 주요 목적은 아니므로 해당 법률의 일부 조항만 개인(신용)정보와 관련이 있다. 따라서, 그 조항의 내용에 대해서만 잘 알고 있으면 된다.

이하에서는 신용정보법 및 개인정보 보호법 이외에 금융데이터 관련 업무를 하기 위해 알아야 하는 규정들을 정리하였다. 이미 앞서 신용정보법에 대해 공부하면서 간략하게 언급된 내용이 대부분이지만 일목요연하게 정리한다는 생각으로 좀 더 상세하게 설명하고자 한다. 양이 많지는 않으나 반드시 알아야 하는 내용이라는 점을 다시 한 번 강조한다.

제1장 금융실명거래 및 비밀보장에 관한 법률

금융실명법은 안전한 금융거래를 목적으로 하는 법률이다.

금융데이터와 관련하여서는, 금융거래정보의 제공에 관한 규정(법 제4조, 제4조의 2, 제4조의3)을 두고 있는데, 이 규정들의 내용을 제대로 이해하여야 한다.

1 금융회사등 및 거래정보등의 정의

1) "금융회사등"이란?

금융실명법 제2조(정의) 이 법에서 사용하는 용어의 뜻은 다음과 같다.

1. "금융회사등"이란 다음 각 목의 것을 말한다.

　가. 「은행법」에 따른 은행

　나. 「중소기업은행법」에 따른 중소기업은행

　다. 「한국산업은행법」에 따른 한국산업은행

　라. 「한국수출입은행법」에 따른 한국수출입은행

　마. 「한국은행법」에 따른 한국은행

　바. 「자본시장과 금융투자업에 관한 법률」에 따른 투자매매업자 · 투자중개업자 · 집합투 자업자 · 신탁업자 · 증권금융회사 · 종합금융회사 및 명의개서대행회사

　사. 「상호저축은행법」에 따른 상호저축은행 및 상호저축은행중앙회

　아. 「농업협동조합법」에 따른 조합과 그 중앙회 및 농협은행

　자. 「수산업협동조합법」에 따른 조합과 그 중앙회 및 수협은행

　차. 「신용협동조합법」에 따른 신용협동조합 및 신용협동조합중앙회

　카. 「새마을금고법」에 따른 금고 및 중앙회

　타. 「보험업법」에 따른 보험회사

파. 「우체국예금 · 보험에 관한 법률」에 따른 체신관서

하. 그 밖에 대통령령으로 정하는 기관

---

1. 「여신전문금융업법」에 따른 여신전문금융회사 및 신기술사업투자조합

2. 「기술보증기금법」에 따른 기술보증기금

3. 「대부업 등의 등록 및 금융이용자 보호에 관한 법률」 제3조에 따라 대부업 또는 대부중개업의 등록을 한 자

4. 「벤처투자 촉진에 관한 법률」 제2조제10호 및 제11호에 따른 벤처투자회사 및 벤처투자조합

5. 「신용보증기금법」에 따른 신용보증기금

6. 「산림조합법」에 따른 지역조합 · 전문조합과 그 중앙회

7. 「지역신용보증재단법」에 따른 신용보증재단

8. 「온라인투자연계금융업 및 이용자 보호에 관한 법률」 제5조에 따라 등록한 온라인투자연계금융업자

9. 「자본시장과 금융투자업에 관한 법률」에 따른 거래소(「자본시장과 금융투자업에 관한 법률」 제392조제2항에 따라 같은 법 제391조제2항제1호의 신고사항과 같은 항 제3호에 따른 신고 또는 확인 요구사항에 대하여 정보의 제공을 요청하는 경우만 해당한다)

10. 「한국주택금융공사법」에 따른 한국주택금융공사

11. 「외국환거래법」 제8조제3항제2호에 따라 등록한 소액해외송금업자

금융실명법은 "금융회사등"을 대상으로 하고 있다. 제2조 제1호에서 해당되는 금융회사를 열거하고 있으므로, 여기에 포함되지 않는 회사는 금융실명법 자체가 적용되지 않는다.

예를 들어, 전자금융거래법에 따른 "전자금융업자"는 제2조 제1호에 포함되어 있지 아니하므로 금융실명법이 적용되지 않는다.

2) "거래정보등"이란?

> **금융실명법 제2조(정의)** 이 법에서 사용하는 용어의 뜻은 다음과 같다.
>
> 2. "금융자산"이란 금융회사등이 취급하는 예금·적금·부금(賦金)·계금(契金)·예탁금·출자금·신탁재산·주식·채권·수익증권·출자지분·어음·수표·채무증서 등 금전 및 유가증권과 그 밖에 이와 유사한 것으로서 <u>총리령으로 정하는 것</u>을 말한다.
>
> > 1. 신주인수권을 표시한 증서
> > 2. 외국이나 외국법인이 발행한 증권 또는 증서
>
> 3. "금융거래"란 금융회사등이 금융자산을 수입(受入)·매매·환매·중개·할인·발행·상환·환급·수탁·등록·교환하거나 그 이자, 할인액 또는 배당을 지급하는 것과 이를 대행하는 것 또는 그 밖에 금융자산을 대상으로 하는 거래로서 총리령으로 정하는 것을 말한다.

금융실명법의 정보관련 규정은 "거래정보등"을 적용대상으로 하고 있다. 다시 말해, "거래정보등"에 해당하지 않는다면 금융실명법이 적용되지 않는다. 따라서 그 정의를 잘 알아야 한다.

금융실명법상의 정의 규정을 살펴보면, "거래정보등"이란 "금융거래의 내용에 대한 정보 또는 자료"를 의미하므로(법 제4조 제1항) "거래정보등"을 알기 위해서는 먼저 "금융거래"의 정의를 알아야 한다. 그런데, "금융거래"란 "금융회사등이 금융자산을…."이라고 정의하고 있으므로 "금융거래"의 정의를 알기 위해서는 먼저 "금융자산"의 정의를 알아야 한다.

따라서 "금융자산", "금융거래", "거래정보등"의 순서로 그 내용을 파악하여야 하는데, 순서대로 정리해보면 ① "금융자산"이란 금융회사가 취급하는 금전, 유가증권, 증서 등을 의미하고(법 제2조 제2호) ② "금융거래"란 이러한 금융자산을 수입(受入)·매매·환매·중개·할인·발행·상환·환급·수탁·등록·교환 등을 하는 것을 의미하며(법 제2조 제3호), "거래정보등"이란 이러한 금융거래의 내용에 대한 정보 또는 자료를 의미한다(법 제4조 제1항).

참고

〈대출 및 보험 거래 내용〉

금융회사등의 대출 및 보험계약에 의한 보험료/보험금은 금융실명법 제2조에서 규정하고 있는 "금융자산"에 포함되지 않으므로 대출거래 및 보험거래는 금융실명법상의 "금융거래"에 해당하지 않는다.

한편, 금융실명법에서 "거래정보등"이라고 되어 있으나 실무상으로는 이를 "금융거래정보"라고 칭하는 경우가 더 많다. 따라서 금융실명법을 언급하면서 "거래정보등"이라는 용어를 사용하든 "금융거래정보"라는 용어를 사용하든 구분없이 동일한 정보를 칭하는 것이라고 생각하여도 무방하다.[1]

2 금융거래정보의 제공

본격적으로 금융실명법상의 금융데이터 관련 규정을 살펴보면, 금융거래의 비밀보장 규정(법 제4조), 거래정보등의 제공사실의 통보 규정(법 제4조의2), 거래정보등의 제공내용의 기록·관리 규정(법 제4조의3)이 있다.

1) 금융거래정보의 제공

금융실명법 제4조(금융거래의 비밀보장) ① 금융회사등에 종사하는 자는 명의인(신탁의 경우에는 위탁자 또는 수익자를 말한다)의 서면상의 요구나 동의를 받지 아니하고는 그 금융거래의 내용에 대한 정보 또는 자료(이하 "거래정보등"이라 한다)를 타인에게 제공하거나 누설하여서는 아니 되며, 누구든지 금융회사등에 종사하는 자에게 거래정보등의 제공을 요구하여서는 아니 된다. 다만, 다음 각 호의 어느 하나에 해당하는 경우로서 그 사용 목적에 필요한 최소한의 범위에서 거래정보등을 제공하거나 그 제공을 요구하는 경우에는 그러하지 아니하다.
1. 법원의 제출명령 또는 법관이 발부한 영장에 따른 거래정보등의 제공

---

1) 이하에서는 "거래정보등"이라는 용어 대신 "금융거래정보"라는 용어를 사용하였다.

2. 조세에 관한 법률에 따라 제출의무가 있는 과세자료 등의 제공과 소관 관서의 장이 상속·
   증여 재산의 확인, 조세탈루의 혐의를 인정할 만한 명백한 자료의 확인, 체납자(체납액 5천
   만원 이상인 체납자의 경우에는 체납자의 재산을 은닉한 혐의가 있다고 인정되는 다음 각
   목에 해당하는 사람을 포함한다)의 재산조회, 「국세징수법」 제9조제1항 각 호의 어느 하나
   에 해당하는 사유로 조세에 관한 법률에 따른 질문·조사를 위하여 필요로 하는 거래정보등
   의 제공

(각 목 생략)

3. 「국정감사 및 조사에 관한 법률」에 따른 국정조사에 필요한 자료로서 해당 조사위원회의 의
   결에 따른 금융감독원장(「금융위원회의 설치 등에 관한 법률」 제24조에 따른 금융감독원
   의 원장을 말한다. 이하 같다) 및 예금보험공사사장(「예금자보호법」 제3조에 따른 예금보험
   공사의 사장을 말한다. 이하 같다)의 거래정보등의 제공

4. 금융위원회(증권시장·파생상품시장의 불공정거래조사의 경우에는 증권선물위원회를 말
   한다. 이하 이 조에서 같다), 금융감독원장 및 예금보험공사사장이 금융회사등에 대한 감독
   ·검사를 위하여 필요로 하는 거래정보등의 제공으로서 다음 각 목의 어느 하나에 해당하는
   경우와 제3호에 따라 해당 조사위원회에 제공하기 위한 경우

(각 목 생략)

5. <u>동일한 금융회사등의 내부 또는 금융회사등 상호간에 업무상 필요한 거래정보등의 제공</u>

6. 금융위원회 및 금융감독원장이 그에 상응하는 업무를 수행하는 외국 금융감독기관(국제금
   융감독기구를 포함한다. 이하 같다)과 다음 각 목의 사항에 대한 업무협조를 위하여 필요로
   하는 거래정보등의 제공

(각 목 생략)

7. 「자본시장과 금융투자업에 관한 법률」에 따라 거래소허가를 받은 거래소(이하 "거래소"라
   한다)가 다음 각 목의 경우에 필요로 하는 투자매매업자·투자중개업자가 보유한 거래정보
   등의 제공

(각 목 생략)

8. 그 밖에 법률에 따라 불특정 다수인에게 의무적으로 공개하여야 하는 것으로서 해당 법률에
   따른 거래정보등의 제공

**금융실명법 시행령 제9조(동일 금융회사등의 내부 또는 금융회사등 상호간의 거래정보등의
제공)** ① 법 제4조제1항제5호에 따라 동일한 금융회사등의 내부에서 업무상 필요한 거래정보
등을 제공하는 경우는 해당 금융회사등의 본점·지점·영업소 및 해당 금융회사등의 위탁을
받거나 그 밖의 계약에 의하여 그 금융회사등의 업무의 일부를 처리하는 자간에 업무상 필요한
거래정보등을 제공하는 경우로 한다.
② 법 제4조제1항제5호에 따라 금융회사등 상호간에 업무상 필요한 거래정보등을 제공하는

경우는 금융회사등이 다른 금융회사등에게 업무상 필요한 거래정보등을 제공하거나 금융회사등이 법령 또는 금융회사등간의 협약 등에 의하여 거래정보등을 수집·관리·제공하는 자나 거래자간의 금융자산이체업무를 취급하는 자에게 업무상 필요한 거래정보등을 제공하는 경우로 한다.

신용정보법 부분에서 설명한 바와 같이, 개인신용정보 중에는 금융거래내역을 나타내는 정보가 포함되어 있는데 이러한 금융거래정보에 대해서는 신용정보법보다 금융실명법이 우선하여 적용된다.[2]

금융실명법 제4조에 따르면, 금융회사등은 명의인의 서면상의 요구나 동의가 있는 경우에만 금융거래정보를 타인에게 제공할 수 있다.

한편, 명의인의 요구시에는 금융회사가 그 요구자가 명의인인지 여부를 확인하도록 하고 있으며, 명의인의 요구에 따른 정보제공은 통지의무에서 제외하고 있다. 법에서 명시적으로 표현하고 있지는 아니하나 이러한 점을 종합적으로 판단하여 명의인의 서면상의 요구란 명의인이 자기자신에게 정보를 달라고 요구하는 경우를 의미한다고 해석하고 있다.[3]

금융실명법 시행령 제7조(명의인의 요구에 의한 거래정보등의 제공) ① 제5조에 따른 금융회사등에 종사하는 자(이하 "금융회사등종사자"라 한다)는 명의인으로부터 거래정보등의 제공을 요구받은 경우에는 그 요구자가 명의인인지의 여부를 확인하여야 한다.
② 금융회사등종사자는 명의인의 상속인 또는 유증에 의한 수증자 등 명의인의 금융자산에 대하여 법률상 명의인의 권한을 행사할 수 있는 지위에 있는 자가 거래정보등의 제공을 요구하는 때에는 그 권한의 유무를 확인하여야 한다.
③ 금융회사등은 명의인의 확인 또는 거래정보등의 제공 과정에서 거래정보등이 다른 사람에게 유출되지 아니하도록 하여야 하며, 이를 위하여 명의인의 확인과 거래정보등의 제공에 관한 방법 및 절차를 정하여야 한다.

---

2) "개인정보 처리 관련 법령 간의 관계" 부분(6페이지) 참고.
3) 명의인(본인)에게 정보를 제공하는 것이므로 요구자가 명의인이 맞는지 확인하는 것이고 본인에게 제공되므로 별도의 통지의무에서 제외하는 것이라는 해석이다.

따라서, 금융거래정보를 제3자에게 제공하는 것과 관련하여서는 명의인의 서면 상의 동의만 그 요건이 된다.

금융실명법의 제3자 제공 규정은, 신용정보법과 달리 "정확성·최신성 유지"를 위해 정보를 제공하는 경우 동의없이 제공이 가능하다는 단서 규정을 두고 있지 아니하므로 원칙적으로 매 제공시마다 동의를 받아야 한다. 다만, 규제기관은 명의인의 자기정보결정권 보장이라는 건별 동의제도의 취지와 무관하게 단순히 절차상 번잡함만 초래하거나 명백하게 명의인의 이익 또는 편의를 저해하는 경우에 한하여 동의요건 완화를 허용할 수 있으며, 이 때에는 재동의 여부를 금융거래정보 제공동의서상의 유효기간인 1년마다 서면·이메일 등으로 확인해야 한다고 설명하고 있다.[4] 즉, 명의인의 이익을 위한 경우에는 1년마다 동의의사를 확인하는 식으로 포괄 동의를 받을 수 있다고 완화된 해석을 하고 있다. 현재, 실무상 이에 해당하는 경우를 비교적 넓게 인정하고 있다.

정리하면 금융실명법상 금융거래정보의 제공은 건별 동의가 원칙이나 대부분의 경우 1년마다 동의의사를 확인하는 것으로 그 요건이 완화된다. 다만, 마케팅 목적의 금융거래정보의 제공은 완화요건이 적용되지 아니하여 무조건 건별 동의를 받아야 한다.[5]

한편, 금융실명법상 제3자 제공 동의를 받을 시에는 명의인, 즉 신용정보주체에게 다음 1.~8.의 사항을 알려야 하는데 신용정보법상의 항목과 약간의 차이가 있다. 따라서 금융실명법상의 제3자 제공 동의를 받을 시에는 동의서 항목을 일부 수정하여야 한다는 점을 알아두어야 한다.

금융실명법 시행령 제8조(명의인의 동의에 의한 거래정보등의 제공) ① 금융회사등은 명의인의 동의에 의하여 명의인 외의 자에게 거래정보등을 제공하려는 경우에는 미리 명의인에게 다음 각 호의 사항을 알리고, 해당 사항이 기재된 동의서(「전자문서 및 전자거래 기본법」 제2조

---

4) 은행연합회, 금융실명거래 업무해설(2016. 8.) 103페이지.
5) 금융회사의 동의서를 보면, 마케팅 목적의 제3자 제공 동의를 받을 시에는 금융거래정보를 제공 항목에서 제외하고 있다.

제1호에 따른 전자문서를 포함한다. 이하 이 조에서 같다)를 제출받아야 한다. 이 경우 명의인이 2명 이상인 경우에는 명의인 전원의 동의서를 제출받아야 한다.

1. 거래정보등을 제공받을 자
2. 거래정보등을 제공할 금융회사등
3. 제공할 거래정보등의 내용 및 범위
4. 거래정보등의 제공 목적
5. 동의를 거부할 수 있다는 사실 및 동의 거부에 따른 불이익이 있는 경우에는 그 불이익의 내용
6. 삭제 〈2017. 6. 20.〉
7. 동의서의 작성연월일
8. 동의서의 유효기간

2) 금융거래정보 제공사실 통보

금융실명법 제4조의2(거래정보등의 제공사실의 통보) ① 금융회사등은 명의인의 서면상의 동의를 받아 거래정보등을 제공한 경우나 제4조제1항제1호 · 제2호(조세에 관한 법률에 따라 제출의무가 있는 과세자료 등의 경우는 제외한다) · 제3호 및 제8호에 따라 거래정보등을 제공한 경우에는 제공한 날(제2항 또는 제3항에 따라 통보를 유예한 경우에는 통보유예기간이 끝난 날)부터 <u>10일 이내에 제공한 거래정보등의 주요 내용, 사용 목적, 제공받은 자 및 제공일 등을 명의인에게 서면으로 통보하여야 한다.</u>

금융회사등이 명의인의 서면상의 동의를 받아 금융거래정보를 제3자에게 제공하거나 일부 동의예외사유에 해당하여 제3자에게 제공하는 경우에는 통보한 날로부터 10일 이내[6]에 제공사실을 명의인에게 알려야 한다.

금융실명법상의 제공동의는 건별 동의가 원칙이므로 제공사실 통보도 건별 통보가 원칙이다. 다만, 제3자에게 정보를 제공하는 행위가 명백하게 명의인의 이익 또는 편익을 위한 경우에는 1년의 범위 내에서 포괄 동의를 받는 것이 가능한데, 이때에는 해당 정보제공사실도 일괄통보에 대한 동의를 받은 후 1년 단위로 통보하는 것

---

6) 금융위원회 법령해석에 따르면 금융기관의 영업일을 기준으로 한다.

이 가능하다.[7)]

신용정보법과 비교하면 신용정보법에서는 신용정보주체의 동의없이 개인신용정보를 제3자에게 제공하는 경우에만 신용정보주체에게 통지할 의무를 부여하고 있으며(신용정보법 제32조 제7항), 이와는 별도로 신용정보주체가 신용정보 제공사실을 조회할 수 있는 시스템을 구축할 의무를 부여하고 있다(신용정보법 제35조 제1항). 그러나 금융실명법에서는 명의인의 서면상의 동의를 받은 경우에도 통지할 의무를 부여하고 있으므로 개인신용정보 중 금융거래정보를 제공하는 경우에는 동의여부와 무관하게 1년에 한 번씩 정보제공 내역을 통지하여야 한다.[8)]

3) 금융거래정보 제공 내역 기록 · 관리

금융실명법 제4조의3(거래정보등의 제공내용의 기록 · 관리) ① 금융회사등은 명의인의 서면상의 동의를 받아 명의인 외의 자에게 거래정보등을 제공한 경우나 제4조제1항제1호 · 제2호(조세에 관한 법률에 따라 제출의무가 있는 과세자료 등의 경우는 제외한다) · 제3호 · 제4호 · 제6호 · 제7호 또는 제8호에 따라 명의인 외의 자로부터 거래정보등의 제공을 요구받거나 명의인 외의 자에게 거래정보등을 제공한 경우에는 다음 각 호의 사항이 포함된 금융위원회가 정하는 표준양식으로 기록 · 관리하여야 한다.
1. 요구자(담당자 및 책임자)의 인적사항, 요구하는 내용 및 요구일
1의2. 사용 목적(명의인의 서면상의 동의를 받아 명의인 외의 자에게 거래정보등을 제공한 경우는 제외한다.
2. 제공자(담당자 및 책임자)의 인적사항 및 제공일
3. 제공된 거래정보등의 내용
4. 제공의 법적 근거
5. 명의인에게 통보한 날
6. 통보를 유예한 경우 통보유예를 한 날, 사유, 기간 및 횟수
② 제1항에 따른 기록은 거래정보등을 제공한 날(제공을 거부한 경우에는 그 제공을 요구받은 날)부터 5년간 보관하여야 한다.

---

7) 은행연합회, 금융실명거래 업무해설(2016. 8.) 118페이지.
8) 물론, 금융실명법에 따른 제3자 제공 동의를 받은 경우에만 통지의무가 부여되므로 금융실명법상의 거래정보등에 해당하지 않는 경우라면 통지의무가 부여되지 않는다.

금융회사등이 명의인의 서면상의 동의를 받아 금융거래정보를 제3자에게 제공하거나 일부 동의예외사유에 해당하여 제3자에게 제공하는 경우에는 거래내역을 기록·관리하여야 한다. 또한, 이때 관리하는 기록은 제공한 날로부터 5년간 보관하여야 한다.

"개인신용정보의 보관 및 파기" 부분[9)]에 정리되어 있는 신용정보법에 따라 회사가 보존해야 하는 서류와 함께 기억해두도록 하자.

---

9) 자세한 내용은 122페이지 참고.

한 권으로 끝내는 금융데이터법

제2장 / 금융지주회사법

금융지주회사법은 금융지주회사와 자회사등[10](이하 **"금융지주회사등"**)을 대상으로 한다. 따라서, 내가 속해있는 회사가 "금융지주회사 또는 자회사등"에 해당하지 않는다면 동 법률이 적용되지 않는다.

금융지주회사법에 있는 금융데이터 관련 규정은 제48조의2 인데, ① 제공가능한 정보항목 및 목적의 범위와 ② 제공절차 및 관리에 대해 잘 알고 있어야 한다.

1 제공가능한 정보항목 및 목적의 범위

금융지주회사법 제48조의2(고객정보의 제공 및 관리) ① 금융지주회사등은 「금융실명거래 및 비밀보장에 관한 법률」 제4조제1항 및 「신용정보의 이용 및 보호에 관한 법률」 제32조·제33조에도 불구하고 「금융실명거래 및 비밀보장에 관한 법률」 제4조에 따른 금융거래의 내용에 관한 정보 또는 자료(이하 "금융거래정보"라 한다) 및 「신용정보의 이용 및 보호에 관한 법률」 제32조제1항에 따른 개인신용정보를 다음 각 호의 사항에 관하여 금융위원회가 정하는 방법과 절차(이하 "고객정보제공절차"라 한다)에 따라 그가 속하는 금융지주회사등에게 신용위험관리 등 대통령령으로 정하는 내부 경영관리상 이용하게 할 목적으로 제공할 수 있다.

1. 제공할 수 있는 정보의 범위
2. 고객정보의 암호화 등 처리방법
3. 고객정보의 분리 보관
4. 고객정보의 이용기간 및 이용목적
5. 이용기간 경과 시 고객정보의 삭제

---

10) 자회사등에는 자회사뿐만 아니라 손자회사 및 증손회사도 포함된다(금융지주회사법 제4조 제1항 제2호).

6. 그 밖에 고객정보의 엄격한 관리를 위하여 대통령령으로 정하는 사항

> 1. 고객정보의 요청 및 제공 시 법 제48조의2제6항에 따른 고객정보관리인의 승인에 관한 사항
> 2. 고객정보의 제공·이용에 대한 점검에 관한 사항

② 금융지주회사의 자회사등인「자본시장과 금융투자업에 관한 법률」에 따른 투자매매업자 또는 투자중개업자는 해당 투자매매업자 또는 투자중개업자를 통하여 증권을 매매하거나 매매하고자 하는 위탁자가 예탁한 금전 또는 증권에 관한 정보 중 다음 각 호의 어느 하나에 해당하는 정보(이하 "증권총액정보등"이라 한다)를 고객정보제공절차에 따라 그가 속하는 금융지주회사등에게 신용위험관리 등 대통령령으로 정하는 내부경영관리상 이용하게 할 목적으로 제공할 수 있다.

1. 예탁한 금전의 총액
2. 예탁한 증권의 총액
3. 예탁한 증권의 종류별 총액
4. 그 밖에 제1호부터 제3호까지에 준하는 것으로서 금융위원회가 정하여 고시하는 정보

> 1. 채무증권의 종류별 총액
> 2. 수익증권으로서「자본시장과 금융투자업에 관한 법률」제229조 각 호의 구분에 따른 집합투자기구의 종류별 총액
> 3. 예탁한 증권의 총액을 기준으로 한 위탁자의 평균 증권보유기간 및 일정기간 동안의 평균 거래회수

③ 제1항 및 제2항에 따라 자회사등이 금융거래정보·개인신용정보 및 증권총액정보등(이하 "고객정보"라 한다)을 제공하는 경우에는「신용정보의 이용 및 보호에 관한 법률」제32조제10항을 적용하지 아니한다.

금융지주회사법 시행령 제27조의2(고객정보의 제공 및 관리) ① 법 제48조의2제1항 및 제2항에서 "신용위험관리 등 대통령령으로 정하는 내부 경영관리"란 각각 고객에게 상품 및 서비스를 소개하거나 구매를 권유하는 업무가 아닌 업무로서 다음 각 호의 업무를 말한다.

1. 신용위험관리 등 위험관리와 내부통제
2. 업무 및 재산상태에 대한 검사
3. 고객분석과 상품 및 서비스의 개발
4. 성과관리
5. 위탁업무 수행

이 조항을 읽어보면 금융지주회사와 자회사등 간에는 "내부 경영관리상 이용하게 할 목적"으로 금융거래정보 및 개인신용정보를 제공할 수 있다.[11] 그런데 해당 조항에 동의를 받아야 한다는 내용이 없으므로 동의없이도 제공이 가능하다는 의미이다.

모든 경우가 아니라 "내부 경영관리상 이용하게 할 목적"으로만 동의없이 제공이 가능하므로 "내부 경영관리상 이용하게 할 목적"이 무엇인지가 중요한데, 이에 대해서도 법에서 정해놓고 있다. 금융지주회사법 시행령 제27조의2 제1항에 따르면 내부경영상 이용하게 할 목적이란 ① 신용위험관리 등 위험관리와 내부통제, ② 업무 및 재산상태에 대한 검사, ③ 고객분석과 상품 및 서비스의 개발, ④ 성과관리, ⑤ 위탁업무 수행 총 다섯 가지 중 하나에 해당하는 경우만을 의미한다. 또한 고객에게 상품 및 서비스를 소개하거나 구매를 권유하는 업무, 즉 타깃 마케팅 업무는 제외된다고 법에서 명시하고 있다.

이 중 "고객분석과 상품 및 서비스의 개발"목적으로 금융지주회사와 자회사등 간에 동의 없이 개인신용정보를 공유할 수 있다는 점이 중요하다. 통상적으로 금융회사에서 수행하는 빅데이터 분석 업무는 상품 및 서비스 개발 목적으로 수행되므로 금융지주회사와 자회사등 간에는 빅데이터 분석 목적으로 신용정보주체의 동의없이 개인신용정보를 공유할 수 있다는 의미가 된다.

다시 말해, 금융지주회사의 각 자회사 등은 고객의 금융거래정보와 개인신용정보를 그룹 공동 DB에 모은 후 "고객 분석과 상품 및 서비스 개발" 목적으로 고객동의없이 이용하는 것이 가능하다.[12] 물론, 이러한 경우에도 타깃 마케팅 목적은 금지되므로 그 활용이 타깃 마케팅 수준까지 가지 않도록 잘 조절할 필요가 있다.

---

11) 제2항에 따르면 "증권총액정보등"도 제공이 가능하다. 다만, 제1항과 제2항의 구조가 동일하므로 본서에서는 제1항에 대해서만 분석하였다. 해당 내용이 제2항에도 동일하게 적용된다.
12) 최근 자회사의 데이터를 한데 모아서 관리하는 데이터댐을 구현한 금융지주회사를 종종 볼 수 있는데, 이 또한 금융지주회사법 제48조의2에 근거하여 데이터를 모으는 경우이다.

2 **제공절차 및 관리**

금융지주회사감독규정 제24조의2(고객정보의 제공 및 관리) ① 법 제48조의2제1항의 "금융위원회가 정하는 방법과 절차"란 다음 각 호와 같다.

1. 고객정보 원장을 제공하지 않을 것

2. 고객정보는 고객정보관리인의 승인을 받은 이용자 외에는 제공받은 정보에 대한 접근이나 활용이 불가능하도록 암호화 등의 조치를 통해 제공할 것

3. 고객정보 가운데 「개인정보 보호법 시행령」 제19조에 따른 고유식별정보는 정보를 제공받는 사람이 식별할 수 없도록 암호화하거나 별도의 관리번호 등으로 변환하여 제공할 것

4. 제공받은 고객정보는 그 이외 정보와 분리하여 보관할 것. 다만, 제공받은 고객정보를 활용해서 새로운 정보를 산출하는 경우에는 그러하지 아니하되, 이 경우에도 제공받은 고객정보에 대해서는 다음 각 목의 이용기간 이내에서 이용할 것

   가. 고객정보관리인의 승인을 받은 경우에는 그 승인받은 기간

   나. 제9호에 따라 고객정보관리인의 승인이 면제된 경우에는 목적 달성을 위해 필요한 기간

5. 정보이용기간은 1개월 이내로 할 것. 다만, 신용위험관리 등 정보제공의 목적을 달성하기 위해 필요한 경우로서 고객정보를 요청한 회사와 제공한 회사의 고객정보관리인의 승인을 받은 경우에는 1개월을 초과하여 정보이용기간을 설정할 수 있다.

6. 이용기간이 경과하였거나 제공목적 달성 등으로 정보가 불필요하게 되었을 때에는 해당 정보를 지체없이 파기할 것

7. 고객정보를 요청하거나 제공하는 경우 해당 회사의 고객정보관리인은 다음 각 목의 사항을 심사하여 승인여부를 결정할 것

   가. 요청 · 제공하는 고객정보의 이용목적이 법 제48조의2제1항의 내부 경영관리에 이용할 목적에 해당하고 구체적이고 타당한지 여부

   나. 요청 · 제공하는 고객정보의 범위와 이용기간이 적정한지 여부

   다. 고객정보 이용자 범위, 이용 후 처리방법 등이 적정한지 여부

8. 금융지주회사의 고객정보관리인은 계열회사의 고객정보 제공 · 이용에 관한 제반사항을 매분기 점검하고 종합점검 결과를 연 1회 감독원장에게 보고할 것

9. 다음 각 목의 어느 하나에 해당하는 고객정보의 요청 · 제공의 경우에는 제5호 및 제7호를 적용하지 아니한다. 다만, 이 경우 고객정보를 요청한 회사의 고객정보관리인은 고객정보의 이용이 제7호 각 목의 사항을 준수한 것인지를 매분기마다 1회 이상 점검하여야 한다.

   가. 영 제27조의2제1항제1호 내지 제3호의 업무 수행

   나. 법, 시행령 및 관련 규정 등의 준수를 위해 필요한 경우

   다. 국제적으로 통용되는 국제법과 국제기준의 준수를 위해 필요한 경우

금융지주회사법에서는 동의없이 자회사 등이 금융거래정보 및 개인신용정보를 공유하는 것을 허용하는 대신에 정보를 공유하는 절차에 대해 일정한 제한 조건을 두고 있다. 고객정보 원장을 제공할 수 없다는 점, 고유식별정보는 암호화 등으로 변환한 뒤에 제공해야 한다는 점, 정보 이용기간을 1개월 이내로 해야 한다는 점,[13] 고객정보관리인이 매분기 점검하고 종합점검 결과를 연 1회 감독원장에게 보고해야 한다는 점이 중요한 내용이다.

또한, 동의없이 정보를 공유하는 것이므로 관련 내용을 신용정보주체에게 알릴 필요가 있다. 따라서 연 1회 이상 고객정보를 제공하는 자, 고객정보를 제공받는 자, 고객정보의 제공목적, 고객정보의 제공항목을 고객에게 통지하여야 한다.

금융지주회사법 제48조의2(고객정보의 제공 및 관리) ④ 제1항 및 제2항에 따라 고객정보를 그가 속하는 금융지주회사등에게 제공하는 경우에는 그 제공내역을 고객에게 통지하여야 한다. 다만, 연락처 등 통지할 수 있는 개인정보를 수집하지 아니한 경우에는 그러하지 아니하다. ⑤ 제4항에 따라 통지하여야 하는 정보의 종류, 통지 주기 및 방법, 그 밖에 필요한 사항은 <u>대통령령으로 정한다.</u>

금융지주회사법 시행령 제27조의2(고객정보의 제공 및 관리) ④ 금융지주회사등은 법 제48조의2제4항에 따라 연 1회 이상 다음 각 호의 사항을 고객에게 통지하여야 한다. 다만, 기존에 금융지주회사등에 제공한 목적 범위에서 고객정보의 정확성·최신성을 유지하기 위한 경우로서 그 고객정보에 대한 다음 각 호의 사항을 통지하면서 해당 목적 범위에서 그 고객정보를 금융지주회사등에 계속 제공한다는 사실을 고객에게 알린 경우에는 그 기존의 통지로 연 1회 이상 하여야 하는 통지를 갈음한다.
1. 고객정보를 제공하는 자

---

13) 신용위험관리 등 정보제공의 목적을 달성하기 위해 필요한 경우로서 고객정보를 요청한 회사와 제공한 회사의 고객정보관리인의 승인을 받은 경우에는 1개월을 초과하여 정보이용기간을 설정할 수 있다. 또한, 시행령 제27조의2 제1항 제1호~제3호의 업무수행을 위해 필요한 경우에는 정보이용기간 제한규정(제5호)이 적용되지 않는다.

2. 고객정보를 제공받는 자

3. 고객정보의 제공목적

4. 고객정보의 제공항목

⑤ 법 제48조의2제4항에 따른 통지는 다음 각 호의 어느 하나의 방법으로 하여야 한다. 다만, 제3항제3호에 따라 고객이 통지 방법을 지정한 경우에는 그 방법에 따르되, 제3호 또는 제4호의 방법으로 통지할 경우 고객정보를 그가 속하는 금융지주회사등에 제공하였다는 사실과 고객이 제3항제1호에 따른 고객정보조회시스템을 이용하여 그 조회사항을 조회할 수 있다는 사실을 고객에게 알려주는 경우로 한정한다.

1. 우편

2. 전자우편

3. 문자메시지

4. 그 밖에 정보통신망을 통하여 수신자에게 부호ㆍ문자ㆍ화상 또는 영상을 전자적 형태로 전송하는 매체나 방식

금융지주회사등은 고객정보를 어떻게 처리하고 있는지를 알려주는 고객정보 취급방침을 정하고 이를 금융지주회사등의 거래상대방에게 통지하거나 공고하고 영업점에 게시하여야 한다. 금융지주회사등이란 "금융지주회사와 자회사등"을 의미하므로 금융그룹의 모든 계열사가 동일한 고객정보 취급방침을 활용하는 것이 일반적이다. 따라서 고객정보 취급방침을 개정하는 경우에도 모든 계열사가 협의하여 개정절차를 진행하곤 한다.

금융지주회사법 제48조의2(고객정보의 제공 및 관리) ⑧ 금융지주회사등은 대통령령이 정하는 바에 따라 고객정보의 취급방침을 정하여야 하며, 이를 당해 금융지주회사등의 거래상대방에게 통지하거나 공고하고 영업점에 게시하여야 한다.

금융지주회사법 시행령 제27조의2 ⑥ 법 제48조의2제8항에 따라 금융지주회사등이 정하는 고객정보 취급방침(이하 이 조에서 "정보취급방침"이라 한다)에는 다음 각 호의 사항이 포함되어야 한다.

1. 제공되는 고객정보의 종류

2. 고객정보의 제공처

3. 고객정보의 보호에 관한 내부방침

4. 고객정보 제공의 법적근거

5. 그 밖에 고객정보의 엄격한 관리를 위하여 필요하다고 인정하여 <u>금융위원회가 고시하는</u> <u>사항</u>

---

1. 금융지주회사등의 상호 및 업종

2. 고객정보가 제공되는 금융지주회사등의 상호 및 업종

3. 고객정보의 제공목적

4. 고객정보에 대한 보안대책

5. 고객정보의 제공에 대한 법적 근거

6. 금융지주회사등이 위법하게 고객정보를 제공하여 고객에게 피해가 발생한 경우 그 구제수단

---

⑦ 금융지주회사등은 정보취급방침을 최초로 정하거나 변경한 경우에는 지체없이 기존의 거래상대방에게 통지하거나 일간신문 등에 공고하고 본점 · 지점 등 영업점과 컴퓨터통신에 게시하여야 한다.

⑧ 금융지주회사등은 금융거래를 개시한 경우에는 거래상대방에게 정보취급방침을 교부 · 설명(컴퓨터통신으로 거래를 개시한 경우에는 통지)하여야 하고, 연 1회 정기적으로 이를 통지 또는 일간신문 등에 공고하여야 한다.

⑨ 제7항 및 제8항의 정보취급방침의 통지는 우편 · 전자우편 등의 방법으로 할 수 있다.

이외에도 고객정보의 엄격한 관리를 위하여 그 임원 중에 1인 이상을 고객정보관리인으로 선임해야 하고, 고객정보관리인은 다음의 내용이 포함된 업무지침서를 작성하여야 한다(감독규정 제24조의2 제3항).

금융지주회사법 제48조의2(고객정보의 제공 및 관리) ⑥ 금융지주회사등은 고객정보의 엄격한 관리를 위하여 그 임원 중에 1인 이상을 고객정보를 관리할 자(이하 "고객정보관리인"이라 한다)로 선임하여야 한다.

⑦ 고객정보관리인은 고객정보의 엄격한 관리를 위하여 <u>금융위원회가 정하는</u> 바에 따라 업무지침서를 작성하고, 그 내용을 금융위원회에 보고하여야 한다.

---

1. 고객정보의 제공목적
2. 특정고객에게 부당한 이익을 제공하기 위한 고객정보의 이용제한 등에 관한 사항
3. 금융지주회사등간 제공가능한 고객정보의 종류
4. 고객정보를 제공 · 열람하는 금융지주회사등의 상호
5. 금융지주회사등간 고객정보를 제공하는 업무처리절차
6. 고객정보에 대한 보안대책
7. 고객정보관리인의 권한 및 임무
8. 업무지침서 위반자에 대한 제재기준 및 절차
9. 고객정보의 취급방침의 공고 또는 통지방법
10. 고객정보 제공내역의 통지방법
11. 영업양도 · 분할 · 합병시 고객정보의 처리방법 및 「신용정보의 이용 및 보호에 관한 법률」 제32조제8항에 따른 의무의 이행방법

실제 금융지주회사등이 금융지주회사법 제48조의2에 근거하여 정보를 공유하는 경우가 종종 발생한다. 신용정보주체의 동의없이 정보를 공유할 수 있는 대신에 다양한 제한조건과 의무가 부여되어 있으므로 이 부분을 잘 준수하여야 한다.

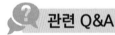 관련 Q&A

Q1 금융지주회사의 자회사 간에 보이스피싱 사기 예방을 목적으로 카드론 정보, 의심거래정보, 계좌 입출금 거래 정보 등을 공유하는 것이 「금융지주회사법」 제48조의2 제1항에 따른 고객의 동의가 필요 없는 내부 경영관리 목적의 정보 제공에 해당하는지 여부[14]

A 금융지주회사 소속 자회사가 보이스피싱 등 사기거래가 의심되는 고객의 개인신용정보, 카드론, 계좌 입출금 등 금융거래정보를 다른 자회사에게 제공하는 것은 금융거래와 관련한 금융사기 등의 예방을 위한 것으로, 이를 내부 경영관리 목적에 해당하는 것으로 해석하기는 어렵다.

---

14) 금융위원회, 법령해석 회신문(190272).

Q2 금융지주회사의 자회사인 보험회사가 다른 자회사인 은행의 담보물권 확인을 용이하게 하기 위해 계약 관련 정보를 「금융지주회사법」 제48조의2 제1항에 따라 제공할 수 있는지 여부[15]

A 금융지주회사의 자회사인 보험회사가 다른 자회사인 은행의 담보물권 확인을 위해 보험계약 정보(보험료 수납정보(미입금, 연체), 계약 실효 여부 등)를 제공하는 것은 은행이 고객과 질권 계약을 체결함에 있어 담보물의 상태를 확인하기 위한 것으로, 이를 내부 경영관리 목적에 해당하는 것으로 해석하기는 어렵다.

Q3 금융지주회사의 각 자회사 등이 고객정보를 그룹 공동DB에 모은 후 고객 세분화ㆍ고객 이탈 등의 특정 이벤트 예측·고객별 적합상품 탐색ㆍ고객관계 관리 등을 위해 '고객 분석과 상품 및 서비스 개발' 목적으로 공동 이용하는 것이 가능한지?[16]

A 금융지주회사 및 그 자회사등은 '고객분석과 상품 및 서비스 개발' 목적으로 그룹 공동DB를 생성하여 다른 자회사 등에게 금융거래정보 및 개인신용정보를 제공하는 것은 가능하다. 다만, 이 경우 「금융지주회사법」 제48조의2 및 동법 시행령 제27조의2, 금융지주회사감독규정 제24조의2에서 정하고 있는 방법과 절차를 준수하여야 한다.

Q4 그룹사 아닌 제휴회사로부터 입수한 정보(예 : 통신정보 또는 통신등급)을 「금융지주회사법」에 따라 내부 경영관리상 이용하게 할 목적으로 그룹 내 다른 자회사등에게 제공할 수 있는지 여부[17]

A 제휴사로부터 취득한 원천정보는 「금융지주회사법」 제48조의2의 고객정보에 해당하지 않으므로 제공할 수 없다. 다만, 제휴사로부터 입수한 정보를 활용ㆍ가공하여 생성된 정보가 신용정보법상의 개인신용정보에 해당하는 경우에는, 금융지주회사법에 따라 내부 경영관리에 이용하게 할 목적으로 자회사등 간에 정보의 제공이 가능하다.

Q5 마이데이터 및 오픈뱅킹으로 수집한 고객의 타 금융회사 정보와 신용평가기관으로부터

---

15) 금융위원회, 법령해석 회신문(190147).
16) 금융위원회, 법령해석 회신문(190187).
17) 금융위원회, 법령해석 회신문(170193).

받은 고객 신용점수 등을 「금융지주회사법」 제48조의2에 따라 계열사간 제공 가능한지 여부[18]

A 「금융지주회사법」은 고객정보 보호 및 개인정보 유출 방지를 위해 고객의 사전 동의 없이 계열사간 공유할 수 있는 고객정보의 범위를 내부 경영관리 목적으로 한정하고 그 제공 내역을 해당 고객에게 통지하도록 의무화하는 등 엄격한 규제를 적용하고 있다. 이러한 제도의 취지를 고려할 때, 금융지주그룹 외 타 금융회사 등으로부터 취득한 고객의 원천 정보는 「금융지주회사법」 제48조의2의 고객정보에 해당하지 않는 것으로 판단된다.

---

18) 금융위원회, 법령해석 회신문(210380).

제3장

그밖의 법령에서의 금융데이터 관련 규정

1 전자금융거래법상의 이용자 정보 사용금지(감독규정 제13조 제1항 제10호)

> **전자금융감독규정 제13조(전산자료 보호대책)** ① 금융회사 또는 전자금융업자는 전산자료의 유출, 파괴 등을 방지하기 위하여 다음 각 호를 포함한 전산자료 보호대책을 수립 · 운용하여야 한다.
>
> 10. 이용자 정보의 조회 · 출력에 대한 통제를 하고 <u>테스트 시 이용자 정보 사용 금지</u>(다만, 법인인 이용자 정보는 금융감독원장이 정하는 바에 따라 이용자의 동의를 얻은 경우 테스트 시 사용 가능하며, 그 외 부하 테스트 등 이용자 정보의 사용이 <u>불가피한 경우 이용자 정보를 변환하여 사용하고 테스트 종료 즉시 삭제하여야 한다</u>)

전자금융거래법 하위고시인 전자금융감독규정에서는 테스트시 이용자 정보를 사용하는 것을 금지하고 있다. 따라서 금융회사가 신용정보주체에게 테스트 목적으로 이용자 정보를 사용하는 것에 대해 동의를 받았다고 하더라도 변환하지 아니한 이용자 정보를 사용하는 것은 금지된다.

다만, 금융감독당국은 비조치의견을 통해 사전 정합성 검증을 위해 데이터를 사용하는 경우 변환되지 않은 이용자 정보를 사용하는 것을 허락한 사례가 있다.[19] 이는 정합성 검증은 실제 발생한 거래지시를 전환시스템으로 재처리하고 그 결과를 실거래 데이터와 비교하는 절차이므로 이용자 정보 · 실거래 데이터 없이 효율적인 검증이 곤란하기 때문이다.

---

19) 금융감독원, 비조치의견(170064).

그러나 이는 극히 예외적인 경우이며, 이러한 경우에도 외부주문에 대한 보안관리방안 및 실제 운영시스템과 동일한 수준의 보안 대책 적용 등 정보 유출을 방지하기 위한 적절한 내부통제기준을 마련한 경우에 한해서만 사용을 허용하였다는 점을 꼭 기억해야 한다.

또한, 운영시스템의 오류 복구시 테스트 시스템을 이용하여 일부 이용자 정보를 변환하지 않고 사용하는 것에 대해서는 "이용자 정보 사용금지" 규정에 위반한다고 해석한 바 있으므로[20] 웬만한 경우에는 이용자 정보를 사용하는 것이 허용되지 않는다.

2 여신전문금융업법상의 신용정보보호(법 제54조의5)

여신전문금융업법 제54조의5(신용정보보호) ① 여신전문금융회사등과 부가통신업자는 신용정보가 분실·도난·유출·변조되지 아니하도록 신용정보의 보호 및 관리에 관한 조치를 하여야 한다.

② 여신전문금융회사등과 부가통신업자는 신용정보를 제3자에 제공하거나 이용하는 경우 신용정보 주체로부터 별도의 동의를 받아야 한다.

③ 여신전문금융회사등과 부가통신업자는 이 법에서 정한 업무 외의 목적을 위하여 신용정보를 수집 또는 사용하여서는 아니 된다.

④ 그 밖에 제1항부터 제3항까지에 관한 방법과 절차 등 세부사항은 대통령령으로 정한다.

여신전문금융업법 시행령 제19조의24(신용정보보호) ① 법 제54조의5제1항에 따른 여신전문금융회사등과 부가통신업자의 신용정보의 보호 및 관리에 관한 조치의 세부내용에 대해서는 「신용정보의 이용 및 보호에 관한 법률」 제19조 및 같은 법 시행령 제16조를 준용한다. 이 경우 "신용정보제공·이용자"는 "여신전문금융회사등과 부가통신업자"로 본다.

② 법 제54조의5제2항에 따라 여신전문금융회사등과 부가통신업자가 신용정보주체로부터 동의를 받는 방식 및 절차 등에 대해서는 「신용정보의 이용 및 보호에 관한 법률」 제32조제1항 및 같은 법 시행령 제28조제2항 및 제3항의 규정을 준용한다. 이 경우 "신용정보제공·이용자"는 "여신전문금융회사등과 부가통신업자"로, "개인신용정보"는 "신용정보"로 본다.

---

20) 금융위원회, 법령해석 회신문(170118).

여신전문금융업법에서는 여신전문금융회사등과 부가통신업자는 신용정보를 제 3자에 제공하거나 이용하는 경우 신용정보주체로부터 별도의 동의를 받아야 한다는 규정을 두고 있다.

이 규정에서 주의하여야 할 점은 "개인신용정보"가 아닌 "신용정보"에 대해 그러한 의무를 부여하고 있으므로 법인신용정보의 제3자 제공 및 이용에 대해서도 동의가 필요하다는 점이다.

여신전문금융회사등과 부가통신업자가 개인신용정보를 제3자 제공 또는 이용하는 경우에는 신용정보법에 따라 동의를 받을 것이므로 동 규정이 문제가 되지 않는다. 그러나 법인신용정보를 제3자 제공 또는 이용하는 경우에는 신용정보법상 동의가 필요하지 아니하므로 동 규정을 놓치고 제공 또는 이용한다면 여신전문금융업법 위반에 해당하게 된다.

종종 잊게 되는 규정이므로 꼭꼭 숙지하여야 한다.

3 정보처리위탁규정상의 국외이전금지(제5조 제1항)

> **정보처리위탁규정 제5조(특정정보의 보호)** ① 제4조에 따라 정보처리를 위탁하는 경우 금융회사는 각 관련 법령상의 안전성 확보조치를 충실히 이행하여야 한다. 이때 개인고객의 고유식별정보는 암호화 등의 보호 조치를 하여야 하며, 특히 국외로 이전되지 않도록 하여야 한다.

정보처리위탁규정에서는 개인고객의 고유식별정보를 국외로 이전하는 것을 금지하고 있다. 따라서 정보처리위탁규정이 적용되는 금융회사가 해외에 소재한 수탁자에게 정보처리업무를 위탁하는 경우라면 수탁자에게 개인고객의 고유식별정보를 이전할 수 없다.

이에 따라, 반드시 개인고객의 고유식별정보의 처리가 필요한 업무를 위탁하는 경우라면 국내에 소재한 회사에 업무를 위탁하여야 한다. 한편, "개인고객의 고유식별정보"의 이전만 금지하고 있으므로 고객이 아닌 임직원의 고유식별정보를 국외로 이전하는 것은 금지되지 않는다.

관련 Q&A

Q1 정보처리위탁규정에 따르면 개인고객 고유식별정보의 국외이전이 금지되는데, 고유식별정보를 복호화가 불가능한 일방향 암호화 처리하여 해쉬값을 생성하여 이전하는 것은 가능한지 여부[21]

A 고유식별정보를 일방향 암호화 처리하여 복호화가 불가능하더라도, 암호화 방식에 따라서는 이미 보유하고 있는 고유식별정보와 매치가 가능하여 정보의 목적 외 이용 등이 기술적으로 가능할 수 있어, 암호화 여부와는 관계없이 고유식별정보의 국외 이전을 일반적으로 허용하기 어려운 측면이 있다.

⇨ 고유식별정보를 암호화한다고 하더라도 고유식별정보의 성격이 계속 유지된다는 해석이다.

Q2 클라우드 시스템 환경에 해당하는 해외 그룹사의 국외 인사관리 시스템에 직원의 고유식별정보를 저장할 수 있는지 여부[22]

A 정보처리위탁규정 제5조에 따라 금융회사가 정보 처리를 위탁하는 경우 국외이전이 금지되는 정보는 개인고객의 고유식별정보이므로 임직원의 고유식별정보의 국외 이전은 금지되지 아니한다.

---

21) 금융위원회, 법령해석 회신문(160670).
22) 금융위원회, 법령해석 회신문(200449).

참고문헌

"금융분야 개인정보보호 가이드라인", 금융위원회/금융감독원/행정안전부, 2016. 12.

"금융분야 주민등록번호 수집·이용 가이드라인", 금융위원회/금융감독원, 2015. 1.

"금융분야 가명·익명처리 안내서", 금융위원회/금융감독원, 2022. 1.

"금융분야 마이데이터 서비스 가이드라인", 금융위원회, 2023. 12.

"금융분야 마이데이터 기술 가이드라인", 금융위원회, 2022. 10.

"정보처리 위탁 관련 FAQ", 금융위원회/금융감독원, 2016. 4.

"금융기관의 업무위탁 등에 관한 규정 업무해설서", 금융감독원, 2021. 1.

"금융투자업자의 업무위탁 매뉴얼", 금융감독원, 2021. 10.

"개인정보 보호법령 및 지침·고시 해설", 개인정보보호위원회, 2020. 12.

"개인정보 보호법령 해석 실무 교재", 개인정보보호위원회, 2021. 11.

"개인정보 보호법 및 시행령 개정사항 안내", 개인정보보호위원회, 2023. 12.

"개인정보 처리 위·수탁 안내서", 개인정보보호위원회, 2020. 12.

"가명정보 처리 가이드라인", 개인정보보호위원회, 2024. 2.

"개인정보 처리방침 작성지침", 개인정보보호위원회, 2024. 4.

"은행권 개인정보 보호준칙", 은행연합회, 2022. 1.

"금융실명거래 업무해설", 은행연합회, 2016. 8.

"주석상법", 한국사법행정학회.

참고 사이트

국가법령정보센터 https://www.law.go.kr

금융위원회 법령해석/비조치의견 사이트 https://better.fsc.go.kr

국회 의안정보시스템 https://likms.assembly.go.kr

마이데이터 종합포털 https://www.mydatacenter.or.kr

개인정보 포털 https://www.privacy.go.kr

저자 약력

정세진

고려대학교 전기전자전파공학부 졸업

한국과학기술원(KAIST) 전자전산학과 석사 졸업

성균관대학교 법학전문대학원 법학전문석사 졸업

고려대학교 정보보호대학원 박사과정

(현) 법무법인 율촌 파트너 변호사

(현) 성균관대학교 법학전문대학원 겸임교수

(현) 한국금융연수원 겸임교수

(전) 김앤장 법률사무소 변호사

(전) LG전자 Digital TV 연구소

한 권으로 끝내는 금융데이터법

초판발행   2024년 9월 5일

지은이   정세진
펴낸이   안종만 · 안상준

편 집   장유나
기획/마케팅   정연환
표지디자인   이영경
제 작   고철민 · 김원표

펴낸곳   (주) 박영사
             서울특별시 금천구 가산디지털2로 53, 210호(가산동, 한라시그마밸리)
             등록 1959. 3. 11. 제300-1959-1호(倫)

전 화   02)733-6771
f a x   02)736-4818
e-mail   pys@pybook.co.kr
homepage   www.pybook.co.kr
ISBN   979-11-303-4777-6 93360

* 파본은 구입하신 곳에서 교환해 드립니다. 본서의 무단복제행위를 금합니다.

정가   19,000원